中国工程院院士

是国家设立的工程科学技术方面的最高学术称号，为终身荣誉。

中国工程院院士传记

# 朱高峰传

刘建辉 编著

人民邮电出版社

图书在版编目（CIP）数据

朱高峰传 / 刘建辉编著. -- 北京 ： 人民邮电出版
社，2025. -- （中国工程院院士传记）. -- ISBN 978-7
-115-66267-5

Ⅰ. K826.16

中国国家版本馆 CIP 数据核字第 2025YB1072 号

## 内 容 提 要

　　本书为"中国工程院院士传记系列丛书"之一。朱高峰，通信技术与管理专家，中国
工程院院士，中国工程院首任常务副院长。作为中国工程院的首批院士和建院初期的组织
者，他为工程院的建立、发展和工作定位做出了具有开创性的工作，并亲力亲为组织了多
项研究课题，弥补了相关领域的空白。本书前两篇六章较详细地记录了朱高峰的家庭背景、
成长历程，以及从事我国电信传输科研工作方面的诸多优秀成果；后两篇十三章则侧重介
绍朱高峰走上领导岗位后，在邮电部的工作经历、工作实践和为邮电通信的发展所作出的
突出贡献；附录一至附录四介绍了朱高峰生平大事年表、主要论著目录，以及广东省信息
化调研和我国工程教育改革与发展的相关内容。

　　本书适合学术研究人员、工程技术人员、科技历史爱好者、传记文学爱好者，以及希
望从院士的经验和成就中获得启发的政策制定者和行业管理者。

◆　编　　著　刘建辉
　　责任编辑　苏　萌
　　责任印制　马振武

◆　人民邮电出版社出版发行　　北京市丰台区成寿寺路 11 号
　　邮编　100164　　电子邮件　315@ptpress.com.cn
　　网址　https://www.ptpress.com.cn
　　北京盛通印刷股份有限公司印刷

◆　开本：700×1000　1/16　　　　彩插：14
　　印张：23.5　　　　　　　　　2025 年 4 月第 1 版
　　字数：304 千字　　　　　　　2025 年 7 月北京第 2 次印刷

定价：128.00 元

读者服务热线：(010)53913866　印装质量热线：(010)81055316
反盗版热线：(010)81055315

中国工程院院士　朱高峰

朱高峰和夫人王春梅

朱高峰一家祖孙三代全家福

朱高峰（中）与部分参与建设的同志出席京济宁光缆干线开通仪式

朱高峰（左二）调研火车邮件押运情况

朱高峰（前排右五）调研西藏那曲牧区通信时与牧民合影

朱高峰（左三）访问澳门邮电司（澳门邮电局前身），左四为澳门邮电司时任司长罗庇士

朱高峰（左四）向中亚五国邮电部部长介绍亚欧光缆工程

朱高峰（中）出席西藏自治区电信项目签字仪式

朱高峰（右二）与四川西部地区邮电系统少数民族职工合影

朱高峰（右）出席亚欧通信光缆研讨会
（左为新疆维吾尔自治区人民政府原副主席王友三）

朱高峰（左三）与部分省邮电管理局的老同志合影

朱高峰（中）与中国邮政新疆维吾尔
自治区分公司的同志在冰川前留影

朱高峰（左五）在广西北海市邮电局调研

朱高峰（左一）在宁夏坐羊皮筏子过黄河

朱高峰（左二）考察青海通信设施时在日月山留影

朱高峰（后排左六）在青海通天河边与邮电职工合影

朱高峰在西藏那根拉山口留影

朱高峰在青海西宁电信机房检查工作

朱高峰（左三）在新疆塔城巴克图国际邮件交换站与职工合影

朱高峰（前排左八）与西藏那曲邮电职工合影

朱高峰（左二）出席全国省会自动拨号完成仪式
（左一为西藏自治区人民政府原副主席毛如柏）

朱高峰（前排左三）与中国工程院机关工作人员合影

朱高峰（前排左三）与部分中国工程院院士在上海江南造船厂合影

朱高峰（左二）出席澳门特别行政区科技委员会顾问聘书颁授仪式
及"科技与创新"专题讲座

朱高峰（右）与中国工程院沈国舫院士参加庆祝澳门回归招待会

朱高峰（左）与中国科学院孙家栋院士合影

朱高峰（左）与中国工程院王涛院士参加天安门国庆活动

朱高峰（中）在香港特别行政区与中国工程院钟掘院士（右）合影

朱高峰（左二）出席京津冀新春茶话会时与部分院士合影

朱高峰讲课

朱高峰（右）与中国工程院张心湜院士

朱高峰（右）与中国工程院原院长朱光亚院士

朱高峰在孙中山雕像前留影

朱高峰（右三）在基层营业柜台调研

朱高峰（中）与中国工程院柳百成（左）院士、李三立（右）院士参加国庆活动

朱高峰在中国普天信息产业集团公司（PTIC）商讨电信装备发展事宜（前排从左至右
分别为张庆忠、任正非、江廷林、朱高峰、周寰、侯为贵）

朱高峰（左）看望侯祥麟院士夫妇

朱高峰（右）看望中国工程院姜泗长院士

朱高峰（左）看望中国工程院师昌绪院士

朱高峰（右）看望原邮电部部长文敏生

朱高峰（左）看望中国工程院张光斗院士

朱高峰（左）看望中国工程院侯德原院士

朱高峰（右）和本书作者

# "中国工程院院士传记"丛书

# 总　序

　　20 世纪是中华民族千载难逢的伟大时代。千百万先烈前贤用
鲜血和生命争得了百年巨变、民族复兴，推翻了帝制，肇始了共和，
击败了外侮，建立了新中国，独立于世界，赢得了尊严，不再受辱。
改革开放，经济腾飞，科教兴国，生产力大发展，告别了饥寒，实
现了小康。工业化雷鸣电掣，现代化指日可待。巨潮洪流，不容阻抑。

　　忆百年前之清末，从慈禧太后到满朝文武开始感到科学技术的
重要，办"洋务"，派留学，改教育。但时机瞬逝，清廷被辛亥革
命推翻。五四运动，民情激昂，吁求"德、赛"升堂，民主治国，
科教兴邦。接踵而来的，是国民大革命、10 年内战、14 年抗日和
解放战争。恃科学救国的青年学子，负笈留学或寒窗苦读，多数未
遇机会，辜负了碧血丹心。

　　1928 年 6 月 9 日，蔡元培主持建立了中国近代第一个国立综
合性科研机构——中央研究院，设理化实业研究所、地质研究所、
社会科学研究所和观象台四个研究机构，标志着国家建制科研机构
的诞生。20 年后，1948 年 3 月 26 日遴选出 81 位院士（理工 53 位，
人文 28 位），几乎都是 20 世纪初留学海外、卓有成就的科学家。

　　中国科技事业的大发展是在新中国成立以后。1949 年 11 月 1
日成立了中国科学院，郭沫若任院长。1950—1960 年有 2500 多名
留学海外的科学家、工程师回到祖国，成为大规模发展中国科技事
业的第一批领导骨干。国家按计划向苏联、东欧各国派遣 1.8 万名
各类科技人员留学，全都按期回国，成为建立科研和现代工业的骨
干力量。高等学校从新中国成立初期的 200 所增加到 600 多所，年

招生增至 28 万人。到 21 世纪初，高等学校 2263 所，年招生 600 多万人，科技人力总资源量超过 5000 万人，具有大学本科以上学历科技人才达 1600 万人，已接近最发达国家水平。

新中国成立 60 多年来，从一穷二白成长为科技大国。年产钢铁从 1949 年的 15 万吨增加到 2011 年的粗钢 6.8 亿吨、钢材 8.8 亿吨，几乎是 8 个最发达国家（G8）总年产量的 2 倍。水泥年产 20 亿吨，超过全世界其他国家总产量。中国已是粮、棉、肉、蛋、水产、化肥等第一生产大国，保障了 13 亿多人口的食品和穿衣安全。制造业、土木、水利、电力、交通、运输、电子通讯、超级计算机等领域正迅速逼近世界前沿。"两弹一星"、高峡平湖、南水北调、高公高铁、航空航天等伟大工程的成功实施，无可争议地表明了中国科技事业的进步。

党的十一届三中全会以后，实行改革开放，全国工作转向以经济建设为中心。加速实现工业化是当务之急。大规模社会性基础建设，大科学工程、国防工程等是工业化社会的命脉，是数十年、上百年才能完成的任务。中国科学院张光斗、王大珩、师昌绪、张维、侯祥麟、罗沛霖等学部委员（院士）认为，为了顺利完成中华民族这项历史性任务，必须提高工程科学的地位，加速培养更多的工程科技人才。中国科学院原设的技术科学部已不能满足工程科学发展的时代需要。他们于 1992 年致书党中央、国务院，建议建立"中国工程科学技术院"，选举那些在工程科学中做出重大的、创造性成就和贡献、热爱祖国、学风正派的科学家和工程师为院士，授予终身荣誉，赋予科研和建设任务，请他们指导学科发展，培养人才，对国家重大工程科学问题提出咨询建议。中央接受了他们的建议，于 1993 年决定建立中国工程院，聘请 30 名中国科学院院士和遴选 66 名院士共 96 名为中国工程院首批院士。于 1994 年 6 月 3 日，召开了中国工程院成立大会，选举朱光亚院士为首任院长。中国工程院成立后，全体院士紧密团结全国工程科技界共同奋斗，在各条战线上都发挥了重要作用，做出了新的贡献。

中国的现代科技事业比欧美落后了 200 年。虽然在 20 世纪有了巨大进步，但与发达国家相比，还有较大差距。祖国的工业化、现代化建设，任重道远，还需要有数代人的持续奋斗才能完成。况且，世界在进步，科学无止境，社会无终态。欲把中国建设成科技强国，屹立于世界，必须持续培养造就数代以千万计的优秀科学家和工程师，服膺接力，担当使命，开拓创新，更立新功。

中国工程院决定组织出版"中国工程院院士传记"丛书，以记录他们对祖国和社会的丰功伟绩，传承他们治学为人的高尚品德、开拓创新的科学精神。他们是科技战线的功臣，民族振兴的脊梁。我们相信，这套传记的出版，能为史书增添新章，成为史乘中宝贵的科学财富，俾后人传承前贤筚路蓝缕的创业勇气、魄力和为国家、人民舍身奋斗的奉献精神。这就是中国前进的路。

宋健

2012 年 6 月

# 序

借中国工程院推动给院士们写传记之由，刘建辉同志主动提出为我写传。20 世纪 80 年代，我到邮电部工作，曾与建辉长期共事，后来也一直有较多联系。他对我的经历和工作比较了解。建辉现已退休，但还在从事邮票和集邮研究工作。他文笔精湛，著作不断，无疑是进行这一工作的最佳人选。一年多来，我们多次交谈，我也尽可能地提供一些书面材料。

我的生平可以分为 3 个大的阶段，第一阶段是从出生到毕业（1935—1958 年，共 23 年）；第二阶段是就业工作阶段（1958—2002 年，共 44 年，其中 1958—1982 年在技术岗位上从事研发工作，1982—2002 年在邮电部和中国工程院工作）；第三阶段是退出工作岗位以后（2002 年至今，从事中国工程院的调研与咨询工作）。

要说明一点，由于我在 1994 年当选为首批中国工程院院士，因此没有在 1995 年满 60 岁时退休。在较长的时间内，社会对院士制度不了解，普遍认为院士是不退休的，但实际上院士是一个荣誉称号，并非一种职业，也不是工作岗位。当选院士以后，如果没有特殊情况，这个称号会是终身的，这与一般人们理解的"院士不退休"完全不是一回事，因此大多数院士们所在的单位也不会主动要求院士们办理退休。实际上，60 岁退休是一条基准线，如果工作需要且个人精力允许的话，是可以延迟退休的，但由于上述误解，很长一段时间内，绝大多数院士未办理退休。中央了解此事后，下发文件，规定一般情况下，院士 70 岁应办理退休。实际上，很多院士在办理退休后仍以各种形式参与各种工作，有人在原工作单位继续从事研发工作，有人应聘到其他单位从事研究、教学工作，有人负责某个单位的咨询、顾问工作，还有人参加中国工程院组织的或其他政府部门、企事业单位的咨询课题等，不一而足。

在研发工作阶段，我从事的是通信领域的有线传输系统的相关工作，20多年里参与了除中同轴电缆系统研发外的该领域各类系统的研发工作。当然，起初是较浅层的参与，后来逐渐深入，从调研到提出与制定系统研发方案、进行系统设计，从技术指标的确定到各部分指标的分配，以及试制装备的总体测试改进、进行实际线路测试试验（试验段）。由于长途通信系统需要长距离的设备，设计阶段在室内、厂内是无法完全预测实际运行中的问题和情况的，因此，除场内测试外，一定要在实际线路上验证，有时需要反复验证。由于实际线路情况复杂，机线之间的配合、周围环境的影响、多段叠加的效应等都需要在现场进行实际测试和体验，因此线路试验所花的时间和精力往往远大于厂所内部研发工作所花的时间和精力，如对称电缆60路载波通信系统，仅在石家庄郊外试验就花了3年多的时间（包括发现问题后回厂对设备进行改进的时间），中同轴电缆1800路载波通信系统北京—天津段前后两个阶段的试验也花了两年多的时间，第一阶段即花了一整年的时间（不包括施工安装时间），然后回厂对设备改进几回后进行线路试验，合格后再往下延伸。

通过多次新设备系统研发的工作历练，我不仅在技术层面有所提升，对工程的基本概念和主要思路也有了更深刻的理解，主要有两点：一是理论与实践的关系，理论再丰富也需要在实践中应用和验证，而在实践中需要排除各种干扰因素，取得真实结果，这远非在实验室里摆弄几下就能解决的，即所谓"实践出真知"；二是系统观念的建立，往往局部组件或子系统在独立测试时表现良好，一旦整合到整个系统中就会出现问题，即"系统大于局部之和"，这在复杂的大系统中尤为常见。

从技术岗位到管理岗位可能是很多人在职业生涯中都会经历的转变，但我从一个技术人员、具体项目的负责人转为高层管理人员确实是步子迈得太大了、太快了，并且没有像有些同志那样分管相对熟悉的技术工作，而是分管主要业务工作。当时不少人都以诧异的目光看待——究竟你能做些什么？好在文敏生部长的领导、信任和期望，使我没有怯场，我决心做好本职工作。邮电部当时政企合一，作为一个庞大的业务系统，其发展在一定程度上落后于国际水平，难以满足改革开放后的新形势需求。在文敏生部长的领导下，邮电部确立了以服务改革开放和人民群众为核心的发展目标，并通过"引进、消化吸收、再创新"的三步走战略来实现这些目标。应该说，前面说到的对实践和系统研发的体验，对我从事管理工作起到了指导作用。在工作中，我始终坚持求真务实，务求真正解决问题，靠着真诚的态度、分析问题的能力以及领导的支持，我还是很快适应了新的工作岗位。

1994年，我转到中国工程院工作后花了一段时间了解科学技术界的情况，尤其是中国工程院这样的非政府行政机构、非实体机构的工作，我以前没有接触过，经过一段时间才逐渐适应新岗位，并建立和完善了各种工作流程和制度，但求真务实的原则是一直在坚持的。

在书中，建辉同志主要介绍的是我的成功经历，但实际上几十年来我还是有不少不成功甚至失败的经历。所谓不成功无非两种情况：一是看到了问题，想解决而未能解决；二是项目不成功，或者当时看似成功了，但后来"反转"了，再者就是虽然研发成功了，但未能实现预期应用。

从研发成果来看，在团队的共同努力下，我参与的所有项目在研发阶段都取得了成功。但从应用来看，真正得到大面积应用的只有明线12路载波通信系统。中同轴电缆1800路载波通信系统则主要在京沪杭和京汉广两条主要的通信干线上发挥了重要作用，特别是在改革开放初期，对于支撑长途通信传输起到了关键作用。由于信息技术发展速度太快，在中同轴电缆4380路载波通信系统研发成功时，数字传输系统和光纤光缆已经开始起步。这些新技术的发展，使得传统的模拟系统和铜电缆被逐步地"排挤"出了历史的舞台，在这个过渡时期也没有再新建大型项目。而我本人也因为工作的变动，未能参与数字和光纤系统的研发工作。至于对称电缆60路载波通信系统，则因为时代原因错失了被推广应用的机会。单四芯组60路载波通信系统的研发同样处于上述期间，当时研究所的研发力量全力转向了中同轴电缆1800路载波通信系统，因此没有更多的精力和机会去推广单四芯组60路载波通信系统了。

从管理成果来看，随着电信维护体制的改革，内部分配上的经济核算制的设计和推行、邮政中心局体制的确立、邮票设计体制的改革、亚欧光缆项目的提出和推动等在当时都取得了成功，但后来由于各种原因，有的项目被取消了，有的项目自然消亡了。例如，邮票图稿评议委员会的成立得到了社会上特别是美术界的极力赞同和支持，张仃、华君武、黄永玉等老一辈德高望重的美术家，不顾年事已高、事务繁忙，均亲自参加评审。他们有一个评价——邮票是量大面广的美术作品，应该被重视和支持。经济核算制则随着整个邮电组织体制的变革，也不再被频繁提及。至于邮票发行体制，全世界其他国家都不区分普通邮票和纪特邮票，并且所有邮票均在邮局柜台上出售，只有中国不在邮政柜台上出售纪特邮票而是另设渠道出售。虽然我个人当时极力想改变这种情况，但由于精力有限，终未成功，类似事例不一而足。

一个人一辈子有成功也有失败，有如意也有不如意，是为常态。晚年回首，保持心态平和最为重要。衷心感谢刘建辉同志的辛勤劳动，对协同他工作的黄澄清、王迪同志，以及承担了大量文字稿件整理等工作的任博同志，在此一并感谢。

朱高峰

2023 年 7 月

# 前　言

　　癸卯伊始，万象更新……舒畅、痛快、开心，那种轻松在每个人的脸上荡漾。

　　老朋友聚餐，是必不可少的。其中一位老邮电人神秘兮兮地问我："朱部长好吗？"这是一位比较熟悉我和朱高峰关系的人。

　　我说："挺好呀，87岁了，腰不弯，背不驼，耳聪目明，精神矍铄。"他又问："还像过去那样吗？"我一愣，瞬间明白了。他口中的"那样"显然带有潜台词。

　　朱高峰副部长在邮电系统工作期间，我曾多年在他身边工作，让我至今难忘的是他对于私人宴请，无论是邮电系统内还是系统外的，以及一切可能影响公务的私人宴请都会拒绝。他对吃吃喝喝向来没有好感，也不喜欢参与。一次拒绝、两次拒绝容易，一生都能守住底线可不是一件容易的事。当然，任何事都有两面性，尤其是对于一位高级领导干部来说。有人称赞他自律，有人却给他贴上了"脱离群众"的标签。所以，"那样"就成了"脱离群众"的潜台词。如果不熟悉朱高峰的人听到这些传言，对他的印象肯定会大打折扣。从20世纪80年代后期开始，这样的传言逐渐成形，并定格在一部分干部的印象中。尽管我曾多年在他身边工作，但始终无法理解，"脱离群众"这4个字怎么能落到朱高峰头上！难道有请必到、吃吃喝喝才能避免"脱离群众"？难道沉迷于杯觥交错就能"接近群众"？我对此不认同。所以，这也是我主动承担写作《中国工程院院士传记——朱高峰传》（以下简称《朱高峰传》）的目的——还原一个完整的、真实的朱高峰。

　　朱高峰于1982年被任命为邮电部副部长，1994年又调任中国工程院的常务副院长。他在邮电部领导岗位工作的 12 年，正是我国改革开放朝气蓬勃地向纵深发展的关键时期，也是邮电通信系统从"落后"向现代化通信网大步迈进的攻关阶段。朱高峰大刀阔斧地对电信和邮政系统进行改革；呕心沥血地布局和拓展我国电信的物理网及加强、完善对外通信的渠道建设；潜心研究邮电通信的性质特点和运行规律并运用于实际工作中；在邮电部的管理工作中，要求严格，一丝不苟，不怕你不懂，就怕你不懂装懂；不折不扣地贯彻执行中央廉政建设的各项要求，人前人后从来不走样；注重对基层的调查研究和走访看望基层职工，去过相当多的地市和县的邮电局，成为走访基层单位最多的部领导之一。

对于朱高峰的工作成绩、工作作风和工作态度，可以说大多数干部是认可的。朱高峰每次出差之前，都会让秘书电话通知相关省局，明确两点要求：一是住宿必须安排在邮电招待所，如果没有招待所，就住在办公室；二是就餐必须在职工食堂，且就餐标准严格按中央要求执行。这些要求非常具体，可操作性强，体现了他对工作细节的严谨把控。他坚决反对在地方经营的饭店就餐，即使已经安排了也会让接待单位取消，一定要到职工食堂就餐。为了确保严格执行中央的要求，朱高峰不仅要求省局领导对下督办，还要求秘书每到一地，凡是到饭点时，都要去职工食堂检查饭菜的安排，一旦发现有超出规定范围的菜品，一律要求撤下。朱高峰对中央指示的敬畏和不折不扣的执行态度，令所有在场的邮电人印象深刻且无比钦佩。在《朱高峰传》里，这样的场景多次出现。希望读者能够通过这些细节走近朱高峰，看到一个真实、严谨、自律的朱高峰。

《朱高峰传》中还记录了一件令人印象深刻的事。20 世纪 80 年代初，中国邮票总公司将 1974—1982 年发行的纪念邮票和特种邮票装订成册，作为样票供邮电部领导参考，每册定价 200 多元。这本邮册不仅包含了《庚申年》邮票（猴票），还有《齐白石作品选》《奔马》《从小爱科学》等诸多那个时期发行的经典邮票，其市场价格已经远超这本邮册的定价。当时我把这件事告诉了朱高峰，没想到他却说："你看看谁喜欢邮票、喜欢集邮，转让给他吧。"我有些惊讶，提醒他："这本邮册很珍贵啊！"朱高峰却平淡地表示："物尽其用，我不能拿它去做买卖呀。"说完，他便低头继续工作了。最终，按照朱高峰的要求，这本邮册的购买资格转给了机关里一位痴迷集邮的年轻人。

1971年年底，中同轴电缆1800路载波通信系统的研制工程处在天津召开2109工程试验总结会。由于测试过程比较顺利，工程处领导和上级相关负责人都很高兴，认为试验段任务已经圆满完成了，下一步可以转入京沪正式工程建设了。然而，作为项目主要负责人的朱高峰却十分清醒——如果不逐一解决试验中发现的问题，不对试验设备进一步改进，这种"带病"的设备是绝不能仓促转入正式工程建设的，这是他坚守的底线。但会议的发展方向却没能按朱高峰设想的进行，反而呈现出一边倒的肯定和赞扬。如果按照这样的情形发展下去，最可能的结果是尚存问题的测试设备即刻转入正式工程建设。此时的朱高峰承受着前所未有的压力。其他人发言结束后，在一线指挥的朱高峰能顺着前面发言的调子讲吗？作为一名正直的科研工作者，即便面对各级领导，他依然选择实事求是地将试验中发现的问题一一阐明，并强调必须将问题解决后再推进下一步工作。这是他的态度，也是他的原则。朱高峰的发言震撼了整个会场。最终，各方经过商议，采纳了朱高峰的建议：先解决发现的问题，制作出Ⅱ型机后到京津段再进行一次测试。在面对集体决策时，朱高峰能够坚持自己的观点，不随波逐流，避免了一次决策失误给国家造成的损失。

经过一年多的奋战，Ⅱ型机终于在朱高峰和他的科研团队夜以继日的努力下研制出来了。Ⅱ型机又再次被送到线路上进行试验。试验结果符合要求！面对"巴黎统筹委员会"的严密封锁，朱高峰和他的团队在没有任何国外资料可以借鉴的情况下，经过两年多的艰苦鏖战，终于研制出了中同轴电缆 1800 路载波通信系统。

　　夸张一点地说，我国境内但凡有人居住的地方，就在邮电部门的服务范围内。所以，"点多面广"是邮电服务的特点之一。有人居住，就要提供邮电的普遍服务；有服务，就要有邮电职工的值守。在我国，许多邮电职工常年坚守在边疆地区，那些地方往往是高山高原，空气稀薄、天气寒冷、条件艰苦是他们生活与工作中面对的常态。朱高峰曾多次说过，有机会就要多去别人（主要指邮电部及省邮电管理局的干部）没到过的地方，去看看基层的员工。他不仅是这样说的，更是这样做的。1990 年、2000 年和 2005 年，朱高峰 3 次前往西藏。2000 年，他受邀在西藏自治区干部大会上作过一次科普报告。2005 年赴藏时，他专程前往海拔近 5000 米的那曲市一个邮局，看望坚守在那里的邮电职工。5000 米的海拔，氧气稀薄，生活在平原上的人就是不走动，呼吸都很困难。但朱高峰依然按照既定的工作节奏，先查看了邮电设施，随后与职工座谈，最后在会上发表讲话。西藏自治区通信管理局的领导和地方政府的领导担心朱高峰一路奔波身体吃不消，劝他不必讲话了，但他执意坚持。直到与职工告别后，他才感到胸闷、两腿发软，不由自主地蹲在了地上，大家急忙扶他休息片刻才好些。所以，朱高峰下基层从来都不是游山玩水，也不是蜻蜓点水、一带而过，他抱定的是一种责任，这种责任驱使他即便在严重缺氧的情况下，仍然不忘自己的使命。

　　这就是朱高峰，一个平凡且普通的部级领导干部，他将全部的智慧、精力、热情都献给了这片生他养他的土地。即便已到鲐背之年，他依然心系国家建设，积极为国家的发展建言献策。他始终践行中央廉洁做人、廉洁做事的要求，对自己、对家人、对身边的工作人员严格要求，一丝不苟。两袖清风、一尘不染，正是他一生的真实写照。敬请读者抽出些许时间，读一读这本《朱高峰传》，它会娓娓道来，为你还原一个完整的、真实的朱高峰。

# 目 录

引 子

2022 年 5 月 30 日上午，国务院机关事务管理局第二招待所的大会议室内灯光璀璨，气氛隆重热烈。

中国工程院第十六次院士大会暨第十四届光华工程科技奖颁奖仪式即将在这里隆重举行。中共中央政治局委员、国务院副总理刘鹤将出席大会。

会场座无虚席。主席台上悬挂的红底白字横幅上写着"中国工程院第十六次院士大会"。

这次大会的一项重要议程是为一位 87 岁高龄的中国工程院院士颁发"光华工程科技奖成就奖"。

这是一个什么奖项？什么人才能获此殊荣？

根据中国工程院官方网站的记载，自 2002 年起，历届"光华工程科技奖成就奖"获得者如下。

2002 年第四届①"光华工程科技奖成就奖"获得者：张光斗（1912 年 5 月 1 日—2013 年 6 月 21 日），出生于江苏省常熟市，水利水电工程专家和工程教育家，中国水利水电事业的主要开拓者之一，清华大学原副校长，中国科学院和中国工程院资深院士。

2004 年第五届"光华工程科技奖成就奖"获得者：师昌绪（1920 年 11 月 15 日—2014 年 11 月 10 日），中国著名的材料科学家、战略科学家，中国科学院和中国工程院资深院士，国家最高科学技术奖获得者。1980 年当选为中国科学院院士，1994 年当选为中国工程院院士，1995 年当选为第三世界科学院院士（现发展中国家科学院院士），2010 年荣获国家最高科学技术奖，2015 年被评为"感动中国 2014 年度人物"。

2008 年第七届"光华工程科技奖成就奖"获得者：朱光亚（1924 年 12 月 25 日—2011 年 2 月 26 日），中国核科学事业的主要开拓者之一，吉林大学物理学科创始人之一，"两弹一星功勋奖章"获

① 光华工程科技奖原设在国防科工委，自 2002 年起转至中国工程院，颁奖的届别则沿用下来，因此中国工程院颁的奖是从第四届开始。

得者。1950年获美国密执安（密歇根）大学博士学位；1980年当选为中国科学院学部委员（院士）；1991年任中国科学技术协会主席；1994年被选聘为首批中国工程院院士，并任中国工程院院长、党组书记；1996年5月被推举为中国科学技术协会名誉主席；2011年入选"感动中国年度人物"。

2012年第九届"光华工程科技奖成就奖"获得者：潘家铮（1927年11月12日—2012年7月13日），水工结构和水电建设专家，被称为"三峡大坝的总设计师"，中国科学院院士、中国工程院院士，清华大学双聘教授、博士生导师，科幻小说作家。

2014年第十届"光华工程科技奖成就奖"获得者：钱正英（1923年7月4日—2022年10月22日），水利水电专家、中国工程院院士。钱正英参与了黄河、长江、淮河、珠江、海河等江河流域的整治规划，负责水利水电重大工程的决策性研究。1974—1988年担任中华人民共和国水利部部长，第七届、第八届、第九届全国政协副主席。

2016年第十一届"光华工程科技奖成就奖"获得者：钟南山，生于1936年10月20日，呼吸病学专家，广州医科大学附属第一医院国家呼吸系统疾病临床医学研究中心主任，中国工程院院士，中国医学科学院学部委员，中国抗击非典型肺炎、新冠疫情的领军人物，中华医学会第二十三届理事会会长，呼吸疾病全国重点实验室创始主任，国家卫生健康委员会高级别专家组组长、国家健康科普专家。

2018年第十二届"光华工程科技奖成就奖"获得者：徐匡迪，生于1937年12月11日，钢铁冶金专家，中国工程院院士、美国国家工程院外籍院士、俄罗斯工程科学院外籍院士、瑞典皇家工程科学院外籍院士，上海市原市长，中国工程院原院长，京津冀协同发展专家咨询委员会组长，上海科技大学第一届校务委员会主任，上海大学教授、博士生导师，中国冶金学家、战略科学家。

2021年第十三届"光华工程科技奖成就奖"获得者：彭士禄

（1925 年 11 月 18 日—2021 年 3 月 22 日），革命英烈彭湃之子，中国工程院首批及资深院士，中国核动力专家，中国第一任核潜艇总设计师，被誉为"中国核潜艇之父"，是中国核动力领域的开拓者和奠基者之一，时代楷模。

"光华工程科技奖成就奖"是国家批准设立的对在工程科学技术及管理领域取得突出成绩和重要贡献的中国工程师、科学家的最高荣誉奖励。它犹如一颗明珠，在中国科技人才的塔尖上熠熠生辉。

2002—2021 年的整整 20 年里，除第六届和第八届"光华工程科技奖成就奖"空缺外，共有 8 位顶级工程专家获此殊荣。他们是中国工程科技界最耀眼的那些星。

他们中有人在国外取得了卓越的学术成就，拥有优越的工作环境和生活条件，但听到祖国的召唤，就像听到了冲锋的号角，无视高薪诱惑，无惧阻挡逼迫，挺起脊梁，毅然踏上归国的征程……

他们中有人默默投身于尖端科研和国家战略武器的研究工作，就连他们的父母、妻儿都不知道他们在何处工作、从事何种工作。就这样几十年如一日，不能通信，不能打一个电话，就像突然从人间蒸发了一样。他们在最危险的环境里从事最危险的工作，却从来没有一句怨言，他们心中只有一个信念：填补这个领域的空白，为祖国的科技事业贡献力量。

他们中有人为了让中国老百姓的家中灯火明亮，让工厂的机器不再因拉闸限电而停转，几十年如一日，奔走在大山之巅、江水之畔。他们用双脚丈量土地，用智慧和汗水规划出了一座又一座水库、电站，当中国老百姓的家里夜夜通明、月月通明、年年通明的时候，却很少有人知道他们的名字……

无疑，他们是我国这座雄伟大厦的基石，是实现中华民族伟大复兴的"脊梁"。即便历经千秋万代，他们也依然会受到中华儿女的敬仰。

就在此时，聚光灯下，随着大会主持人的宣布，一位头发花白、身板挺拔、神采奕奕的老人走上了"光华工程科技奖成就奖"的领奖台。

朱高峰在颁奖大会上

朱高峰，中国工程院院士、信息通信技术和管理专家，为中国的通信事业奋斗了一辈子的人接过了这个沉甸甸的奖牌……

第|一|篇

# 家世与成长
## （1935—1958年）

# 第一章　从宁波到上海

人的成长，无一不受家庭和环境的影响，并被烙上深深的印记。

朱高峰祖籍浙江宁波，父母都是宁波人。父亲的老家在宁波镇海县（现镇海区）庄市镇朱家岸村，母亲则是宁波城里人。近代以来，从宁波走出去，到上海谋生活，是不少老上海人祖辈的共同选择。朱高峰的父母同样沿着这条老宁波人的路径，来到了他们憧憬能过上好日子的地方 —— 上海。1935年5月27日，朱高峰在上海出生。

同样是物华天宝的宁波，朱高峰的父母为何非要到上海谋生活呢？这还要从上海的地理环境，以及200年来上海在中国的角色转变说起。上海位于中国东部沿海地区，地处长江入海口，在古代陆路交通不发达的情况下，水运是最经济、最实惠的商贸运输方式。而上海不仅背靠长江、面朝大海，还拥有终年不冻港和深水码头的优势，这使得北方众多沿海城市难以与之比肩。此外，上海毗邻文化底蕴深厚且经济繁荣的苏州、杭州和南京，辐射两湖、巴蜀、鲁豫、冀晋和闽赣等广阔区域，并与韩国、日本、菲律宾、新加坡等国的距离适中，这种独特的地理优势是中国其他城市所不具备的。以1843年11月17日上海开埠为标志，中国城市发展史上一场划时代的沧桑之变随之启动。开埠后，对外贸易的迅猛增长成为上海近代腾飞的基础。港口的年吞吐量迅速攀升，贸易额也大幅增长，使上海在短短数十年内成为全国最大的对外贸易口岸，并迅速跃升为远东第一大都市。上海的卓越性不仅体现在经济的繁荣多元，还表现在文化的高度包容与思想的自由博洽。宁波虽是鱼米之乡，但地少人多。按照现代人的理念——哪里有机会，哪里就是目的地。充满希望的上海自然成为他们心中向往的地方。从那时起，一批又一批的宁波人沿着祖辈的足迹闯荡上海谋生。一代代人在这个充满希望与诱惑的大城市扎根，做生意、开商铺，成功融入了上海这座天然包容的城市。

宁波人凭借丰富的码头经验和敏锐的商业嗅觉，迅速成为上海滩的主角之一。到了清末民初，在上海的宁波人已达40多万人。

上海开埠，带来的绝不仅是商业的兴起及周边人流的聚集。对于中国的许多知识分子来说，外国的科技知识、人文教育、法律规范在上海的出现，是一次重要的文化和知识交流的机会。在各个领域传播的新知识，无论是科学、技术，还是经济、艺术、哲学，激起了中国知识分子的强烈求知欲，就像18世纪法国百科全书派大师们对知识的如饥似渴一样。在抗日战争爆发前，全国超过半数的出版社集中在上海，上海已经成为辐射长江三角洲乃至全国的制版印刷中心。朱高峰的父母正是凭借灵敏的嗅觉和准确的判断，毫不犹豫地将全家人的生计押在了制版印刷业上。这种浓厚的文化氛围，正在潜移默化地影响着千千万万的上海家庭。注重后代的教育，用新式教育培养子女，已经成为一代代上海人潜意识中的自觉。

## 一、制版立家，子女勤奋

朱高峰的父亲和祖父都是独子，无兄弟姐妹。他的母亲则有三个妹妹。他的外祖母一直跟着他的母亲生活，对朱高峰幼时的养育有较大影响。祖母在抗日战争胜利后曾到上海和朱高峰一家共同生活了一段时间，新中国成立前已去世。在朱高峰的三个姨中，三姨对他的教育有重要影响，她长期从事教师职业，与她的妹妹一同居住在上海，直到1991年去世。

朱高峰的父母虽然没有上过大学，但都具备一定的文化素养。20世纪30年代，受上海印刷出版业繁荣发展的影响，朱高峰的父亲曾赴日本学习印刷制版技术。学成归国后，他在上海创办了一家制版社，主要从事图片的制版和修版工作。民国时期的上海，过年时流行一种习俗：家里大扫除后要张贴一些年画。这些年画题材丰富，既有风景山水，也有才子佳人等内容。当时上海有几家专门印制年画的店铺，其产品畅销全国。虽然天津的杨柳青等地也有传统年画，但上海的年画因引进国外先进的制版技术和印刷设备而独树一帜，被称为"新年画"，其印制和发行的规模在当时也相对较大。年画的生产过程包括选题、绘制画稿、照相制版、修版和分色印刷等环节，其中照相制版是较核心的技术。凭借在制版领域的专长，朱高峰的父亲将业务拓展至年画的整个生产流程，并创办了庐山画片社。当时上海共有十几家规模不一的年画社，庐山画片社属于中小型，拥有十余名员工，其中大部分是学徒。这些学徒在完成学艺后，多数选择留社继续发展，其中几位后来在印刷界崭露头角，还有人后来到北京工作了。

朱高峰的母亲年轻时曾当过小学教师，后来与他父亲一起经营庐山画片社。她除操持家务外，还在店中帮忙工作，有时还和工人一起干一些体力活。她一共生育了八个子女，朱高峰排行第四，上有两个哥哥和一个姐姐，下有三个弟弟和一个妹妹，但不知为何，六个男孩中五个都在幼年时去世，唯有朱高峰幸运地活了下来。

20世纪50年代，随着全国公私合营政策的推行，印刷制版业这一整体规模不大的行业很快实现了全行业合营。在这一进程中，不仅实现了公私合营，很多店铺也合并了。朱高峰的父亲对公私合营是完全赞成的。在组织的安排下，他到上海印刷学校担任教员，并将自己在印刷制版领域积累的丰富经验编纂成书。朱高峰的父亲身体一直不好，年轻时患过肺结核，后又罹患心脏病、哮喘等疾

朱高峰（后排左二）、王春梅（后排左一）、朱高峰父亲（前排右二）、
朱高峰母亲（前排左二）、朱高峰姐姐、朱高峰妹妹、外甥和外甥女

病，于1968年年初去世。他的母亲性格内向，后来患直肠癌，当
时医疗条件有限，在地区医院进行了手术，未能根治，于1971年8
月去世。父母去世前，朱高峰请假回去，都见了最后一面。

朱高峰的姐姐朱云仙比他年长4岁，学习成绩一直很好。1949
年上海解放，她从南洋中学高中毕业后，坚持前往北京求学，并考
取了北京大学外语系。当时北京大学的外语教学分为西语系和东语
系，新中国成立后又增设了俄语系，朱云仙被俄语系录取。遗憾的
是，她后来罹患胰腺癌，于1992年去世，享年62岁。妹妹朱霞仙
比朱高峰小10岁，属于生在旧社会、长在红旗下的一代。她就读
于上海中学，学习成绩也一直很好，毕业后，她选择在上海工学院
继续深造，完成学业后一直在上海工作。

## 二、4岁上学，身体瘦弱

朱高峰是家里唯一的男孩。望子成龙是很多中国传统家庭父母对子女的普遍期望，对于朱高峰这样的家族来说，父母自然也希望他能够接受良好的教育，成为社会的栋梁之材。

尽管如此，父母对朱高峰并不溺爱，在他4岁时就送他上了小学。学校是离家不远的飞虹小学，步行大概10分钟。不论是在家还是在学校，朱高峰都是一个循规蹈矩的好孩子。只是时间久远，他对小学的情况已无从记起。

1945年年初，已到了抗日战争的后期，美军对上海的日军展开了多轮轰炸，导致上海有些人外出逃难。家里商量后，母亲带着姐姐和朱高峰前往崇明避难，当时三姨正在崇明教书。时年小学六年级的朱高峰就在三姨工作所在的陈家镇小学插班就读，一个学期后小学毕业。尽管时间不长，但这一段经历还是给朱高峰留下了很深的印象。

抗日战争胜利后，朱高峰一家回到上海。由于姐姐就读于南洋中学，朱高峰也报考了南洋中学。南洋中学是上海知名的私立学校，教学质量高，学风严谨，但学费相对较高。当时朱高峰的家庭经济条件尚可，可以负担姐弟的学费。经考试录取后，朱高峰也就读于南洋中学。当时学校的高中部位于郊区大木桥路，由于校舍不够，初中部设在市内，并且分为一部和二部。朱高峰上的是一部，在北京路盐业

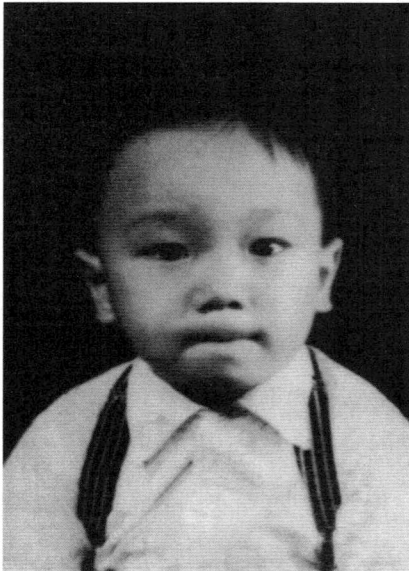

幼时的朱高峰

大楼里。南洋中学教学管理严格，课堂秩序井然。对朱高峰来说，学习没有什么困难，但有一段时间他的身体不太好，虽未查出具体病症，但体质较为虚弱。为此，母亲时常在课后陪他到公园散步。当时学校规定每个学生每天需完成一张大楷和一张小楷毛笔字练习。考虑到朱高峰的身体状况，母亲特意到学校向老师说明了情况，于是学校免了朱高峰的写字任务。以至于后来在工作中，他的批示常常难以辨认。为了

少年时的朱高峰

避免误解，秘书都用纸条把批示誊抄一遍后再退回原处。朱高峰曾不无调侃地说，这一免，让他写的字一辈子都不好认。

中国虽缺少了一位书法家，但成就了一位邮电通信管理领域的技术专家。

## 三、数理化科，极富天赋

1948年，朱高峰初中毕业后升入南洋中学高中部。因为校址在郊区，要住校，这是朱高峰第一次离家过集体生活。南洋中学高中部的条件不错，校园中有树、草，还有小河、小桥。入学第一天，朱高峰就和几个同学到小河旁捉小螃蟹玩。在校3年，朱高峰搬过几次宿舍，住过平房，也住过二层的楼房，一间宿舍通常可以容纳6～8名学生。一日三餐，8人一桌，一般米饭可以随意吃，但菜是有限的，动作稍慢的同学就不够吃了。好在星期六下午放学

后回家吃饭，可以增加一些"油水"，到星期天晚上或星期一早上再返回学校。

学校师资力量较强，不仅拥有高水平的专职教师队伍，还聘请了大学教师兼任部分课程的教学工作，如物理课的教师赵菊人就是来自大学的兼职教师。其他教师也都有丰富的教学经验，无论是数理化，还是文史地和英文，他们都给朱高峰留下了很深的印象，至今回忆起来仍历历在目，如解析几何教师赵善继，化学教师桂君协，语文教师葛啸易，历史教师季平子，地理教师骆宝本，英语教师孙竞存、董志新与蒋孟起、代数教师王季梅，体育教师汪文源，政治教师徐鑫等。这些教师中，不少人后来离开了南洋中学到高校任教。长寿的教师有赵善继、季平子和徐鑫。赵善继老师在朱高峰最后一次去看望他时已经虚岁100岁了，身体很好，耳聪目明，思维清晰，还记得当年的事，可以下楼在院子里散步。他的健康长寿主要得益于乐观豁达的心态。在南洋中学110周年校庆时，赵老师还出席了。另一位是季平子老师，当年他是一位青年教师，比学生们大不了太多，长得很精神，说话时偶尔会脸红，因此学生们给他起了个"秋海棠"的外号，他后来一直在上海工作和生活。几年前，朱高峰也曾去看望过他，但当时他的身体状况已不如赵老师，不再出门活动了。

在同学中，朱高峰属于年龄较小的学生，与他同龄的只有几位，大多数同学年龄都比他年长，有的甚至大四五岁。整个年级共有100多名学生，分为甲班、乙班、丙班，朱高峰就读于乙班。甲班和丙班都有女同学，但乙班全是男同学，被戏称为"和尚班"。

1949年春，上海局势动荡，学校教学时常中断。直到5月上海解放后，社会秩序逐渐恢复，学校教学才重新步入正轨。1950年，败退到台湾的国民党残匪还曾多次派飞机轰炸上海，但规模不大。当时朱高峰所在的学校地处郊区，基本上没受什么影响，总体上学习还是正常的。新中国成立前，南洋中学高二、高三的部分课

中学时期的朱高峰

堂是用英语教学的，新中国成立后就改用中文教学了。后来他再也没有专门学过英语。即便如此，朱高峰的英文底子也比较好。改革开放后，他在涉外工作中展现的英语能力还是得益于中学时期打下的基础，尽管时隔多年，英语的"童子功"还是派上了用场。

朱高峰自幼天资聪颖，禀赋很高，尤其在数理化方面表现突出，不仅在班里，就是在全校也属于尖子生。当时学校社团比较多，朱高峰发起成立了一个数学互助社，吸引了一批数学成绩优异的同学加入。虽然社团活动并不频繁，但有一件事是一直在坚持的，即在每次考试后写出自己的解题答案。当时期末考试采取全校集中考试的形式，在图书馆的大礼堂里，各班同学按一个竖行排列，因此每个人左右两侧都是不同年级的同学，且同一场考试中各年级考的科目也不尽相同。朱高峰几乎每场考试都是第一个交卷，考完出来后就写解题答案，通常在整个考试结束时，他的答案已在社团园地上贴出来了。正因为如此，他的学习成绩和能力在全校的学生中颇负盛名，令人刮目相看。

校学生会改选期间，校园里洋溢着浓厚的民主氛围，候选人主动参与竞选，然后大家投票，最后根据得票数决定当选者。在一些同学的鼓励下，朱高峰决定竞选学生会学习部部长。当时校园里到处贴满了竞选海报或用粉笔写的宣传语 —— 请投 ××× 一票。经过竞选，朱高峰当选为学习部

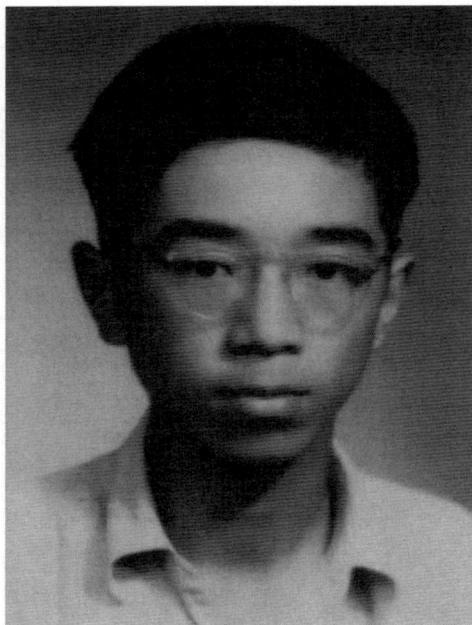

青少年时期的朱高峰

部长，并参加了学生会的各项活动。学习部还有两位副部长，分别是高二年级的李世虬和张仲文，两人都是品学兼优的学生，尤其是李世虬，能力更全面。值得一提的是，李世虬未毕业就参军了，到了北京的军校，而张仲文则在中学毕业后前往北京俄语专修学校（简称"俄专"）学习。

学校非常注重体育教育，配备了篮球场、排球场等多种运动设施。虽然朱高峰平时不好动，没有加入篮球队，但却加入了排球队，并经常练习排球，有时还会练习单杠、双杠等器械。周末如果不回家，他会和室友一起外出走走，偶尔还会去日晖港江边游玩。因此，他的校园生活还是很丰富的。

朱高峰还参与了一项课外活动。由于学校地处上海郊区，周边居民多为工农家庭，他们的孩子不少上不起学。为此，学校高年级的同学自发组织创办了一所夜校，招收附近的孩子来上学。夜校主要招收小学生，同时附设一个初中班。这个夜校的校长是陆道熊同

学。朱高峰曾在初中班教过这些孩子们数学。

## 四、入学清华，选拔留苏

1951年夏，朱高峰高中毕业后参加了高考。报考哪所大学呢？其实这个答案早已埋在了这个青年的心里，清华大学物理系是他心心念念的学校和专业。当时他的很多同学都报考了工科专业，想毕业以后积极投身到国家的经济建设中。但朱高峰认为，国家建设需要方方面面的人才，虽然工科人才不可或缺，但其他领域的人才同样重要。他立志未来从事科学研究工作。要说明的一点是，朱高峰的父母对孩子报考学校一事，始终持开放态度，尊重孩子的决定，不加干涉。此外，由于新中国成立初期百废待兴，国家建设需要大量各方面的人才，上海曾动员高中毕业生不要报考大学，而是直接参加市政建设，甚至劝说已被大学录取的学生放弃入学，其中有的同学去信表示要退出。朱高峰也曾写信响应号召，但当他被清华大学录取后，当地并没有做任何干预。

高考录取后，朱高峰开始准备入学事宜。当时清华大学由高年级学生组织迎接新生，包了一列从上海开往北京的专列。第一次离家远行，朱高峰还是很兴奋的。那时的火车都是硬座，从上海到北京行驶了两夜一天，途中在南京换乘轮渡到浦口转车。高年级学生经验丰富，晚上在座位下或走廊上铺几张纸就能睡觉，朱高峰也照着学，两个晚上就这样过去了。出远门，家里都为学生们准备了一路上的餐食，路上经过车站碰到卖各种吃食的人，也会买一些。第三天早上，火车抵达北京，清华大学派了大巴车将新生接到学校。由于新生比较多，校方安排所有新生都暂住学校的大礼堂。因为朱高峰的姐姐在北京大学（北京大学当时在沙滩红楼），他把被窝铺好，就坐校车进城去看望姐姐了。当晚即返回了学校。

虽然只在清华大学学习了一年，但这为他个人的后续成长奠定了重要基础。大学一年级以基础课程为主，涵盖数学、物理、化学、外语等学科。当时工学院的同学主要忙于机械制图，每逢星期天，图书馆里常见大批学生埋头制图，而理学院没有这门课程，且数理化都是中学学过的，只是难度有所加深。考入物理系的学生大多数是中学时期的尖子生，所以许多人比较自负，但很快就碰了钉子。物理课有一位助教，负责批改班上学生的实验报告和测验卷子，他对学生要求极其严格，甚至比教授还要严苛。虽然客观上来说，对学生严格要求是有好处的，但他的方式过于刻板，如学生在每次实验前都要看资料并写出预习报告，报告要经他阅批通过后，学生才能正式上课做实验。做完实验后还要写正式报告，再次经他阅批通过。他在学生报告的批语中常常带有讽刺挖苦的语气，导致一些同学感觉受到了伤害，申请转系。这个班级的人数本就比上一届少，现在又有这么多人想转系。这一情况引起了系领导的高度重视。系主任王竹溪教授亲自到班上召开座谈会，听取学生意见后批评了这位助教的做法，事态才得以平息，以后的学习就逐步正常了。

期中有一次小考，当天朱高峰因故请假未能参加，老师安排他参加下一堂电机系的考试。虽然电机系和物理系的物理课深度相同且合班上课，但考试内容不同，电机系的试题相对简单。在这种情况下，朱高峰取得了第一的成绩，并受到授课老师刘绍唐的表扬。事后，朱高峰谦虚地表示，这只是偶然情况。

当时清华大学采取流动教室制度，各班级没有固定教室，学生需根据课程安排前往相应院系上课。因为数学系和物理系在同一栋楼（科学馆）内，所以上课比较方便。但上化学课就要到化学馆去，距离科学馆比较远。那时每堂课50分钟，课间休息只有10分钟。如果第一堂课在科学馆上，第二堂课是化学课，下了课就必须跑步到化学馆，否则会迟到。尤其在冬季寒风凛冽时，疾跑一段路后，往往需要几分钟才能平复呼吸。

体育课由马约翰先生统一负责，其他教师分班授课。首先是上大课，由马先生主讲。他特别强调洗冷水澡的好处，给学生们留下了深刻的印象。当时北京的自来水温度较低，从南方来的同学起初不适应，后来慢慢就习惯了。然而，到了冬季，室外温度降至零下，室内温度也不高，冷水洗澡确实令人难以忍受。另一件有意思的事是，第一堂正式体育课没有教授同学们跑步或球类运动，而是教爬墙、翻墙，这引发了同学们的私下议论：难道是担心学生出去晚归进不了校园？

清华大学要求学生每天进行晨练，但规定冬天早上室外温度低于-8℃时取消锻炼。因此，宿舍里需要有人先到外面测量温度，看看是否到了-8℃。然而，谁也不愿意早起测温，于是，同宿舍的同学排班，每天早上轮流到外面查看温度计。若温度低于-8℃，便大喊一声，大家便把被子往头上一蒙，继续睡觉；若温度高于-8℃，个个脸上就像打了霜，蔫蔫地穿衣出操。

开学后不久就到了国庆节，同学们要参加天安门的游行和联欢。由于清华大学距离天安门较远，凌晨1点同学们就起来了，然后整队步行至清华园火车站，坐火车到西直门，大约凌晨4～5点抵达。然后走到东单附近就地待命，几小时后列队从东长安街通过天安门。因为是第一次参加国庆游行，大家热情很高。虽然游行时离天安门城楼很远，通过时间也只有1～2分钟，只能模模糊糊地看到城楼上的人影，也分辨不清是谁，但大家一直高呼"毛主席万岁""共产党万岁"等口号，很振奋。队伍行进至西单附近后，可以自由活动，大家带了一些干粮，吃完后有人坐在马路上的指定区域小憩，有人在市里闲逛。下午4～5点，队伍在天安门广场集合，参加晚上的联欢活动，直至深夜才走到西直门附近，找到校车，返回学校。前后整整一天一夜，当时年轻，虽然有些困，有些累，但在爱国热情的鼓舞下，同学们还是精神饱满地完成了任务。

当时清华大学的党委书记是何东昌，团委书记是滕藤，学生会主席是邵敏——她是机械系的一个女学生。学生会委员中没有一年级的学生，但是为了便于联系，找了几个学生作为一年级的学生代表参与学生会的工作。朱高峰因曾在南洋中学担任过学习部部长，也被选为一年级学生代表之一。

在大学一年级结束前，朱高峰申请加入共青团。团组织迅速讨论并通过了他的申请，介绍人是王楚同学。在学期结束前，班委改选，朱高峰被选为班长。

1952年的夏天，清华大学发生了两件大事。一件事是中央决定对院系进行调整，将清华大学、北京大学和燕京大学三所学校的文、理专业统一并入北京大学；工科专业统一并入清华大学；撤销燕京大学。北京大学迁至燕园（燕京大学旧址），调整工作于暑假期间正式实施。朱高峰所在的物理系被调整到北京大学。消息传出后，同学们迅速行动起来，清华大学、北京大学和燕京大学的物理系一年级学生联合举办了一场联欢活动，大家借此机会相互认识了。另一件事是选拔学生前往苏联留学。实际上，新中国成立前，清华大学就曾派学生前往苏联留学。新中国成立后，国家开始大规模派遣青年学生前往苏联留学。为了便于选拔，当年主要从各大学一年级学生中选人，这样可以更好地了解学生的情况。去苏联留学的人员都由各学校推荐，然后统一组织考试。清华大学当年推荐了100多人，经过统一考试，最终录取了30多人。物理系推荐了7人，录取了6人，比例相当高。朱高峰便是其中之一，同时被录取的还有钱绍钧[②]、袁文光等人。

1952年暑期，清华大学组织了一次假期活动，海军派出一艘舰艇载着学生从塘沽开往大连。然而，参加留苏选拔考试的同学因时间冲突未能同行。考试结束后，其他同学都已经走了，朱高峰和一起参加考试的钱绍钧商量，决定骑自行车前往河北白洋淀旅游。

---

② 钱绍钧（1934— ），实验原子核物理学家，中国工程院院士。

他们俩都没有自行车，于是向同学借了两辆自行车，到学校开了个证明就上路了。这可以说是他们第一次独立的社会实践活动。

他们吃完早饭就动身了，出了永定门，起初路况良好，两人情绪也很高。但骑着骑着，路就开始变得坑坑洼洼，两人骑得也慢了。中午时分，两人找了个路边的小饭馆吃了点饭，然后继续骑行。但是没骑多远，车子就爆胎了，他们只好找地方修车，修好车后骑行一段路，车又坏了，只好再修。天色渐暗时，他们到达一个村子，向村委会出示了学校开的证明。村委会安排二人到一户人家住下。这户只有一个老太太，给他们做了顿可口的晚饭。一天的跋涉后，两人感到非常疲惫，上了床，倒头便睡。第二天早上，他们起来吃了早饭并按规定交了钱后继续旅程。

第二天，天公不作美，下起了雨，一路泥泞，自行车频频出故障，他们不得不反复修车。直到天黑才到达白洋淀所在乡。乡政府安排二人住在乡公所，条件尚可，但跳蚤太多。由于太过疲惫，他们当晚并未察觉，第二天早晨醒来，才发现身上被咬了很多包。钱绍钧虽然比朱高峰大一岁，但看着自己身上被咬的包，不禁萌生退意。朱高峰赶紧安慰并鼓励他，钱绍钧这才打起精神来。

第三天，他们吃过早饭后，便雇了一条船到白洋淀里游玩。由于正值雨季，淀中水量大且水质良好，芦苇也长得高大粗壮。两人玩得很尽兴。当晚他们还住在乡公所，继续"喂"跳蚤。经过商量，他们一致认为这趟旅行已经相当疲惫，不能再原路返回。经过打听，他们得知最近的火车站在高碑店，距离约70里（35千米），于是决定次日一早骑车前往高碑店。两人吃过早饭后便骑车直奔高碑店。到达后，他们买了火车票并将自行车托运后，正好把身上的钱用完。上了火车后，两人开始发愁：一是没有钱买东西吃，二是到了北京取自行车还要交一点手续费，这可怎么办？火车上很拥挤，也没有座位，两人只能在车厢里走动。忽然，他们发现这趟火车上有两位佩戴清华大学红色校徽的教职工，这让他们喜出望外。

他们赶忙上前说明了自己的窘境，向教职工借了点钱，并主动提出把学生证作为抵押，这才解决了问题。到北京后，钱绍钧下火车取了自行车骑车回校，朱高峰则骑车前往姐姐处落脚。白洋淀水天一色的湖光美景，芦苇荡里水鸟嬉戏的悠然画面，令朱高峰流连忘返，仿佛回到了江南水乡。这5天的亲身经历，也让朱高峰初步了解了当时的农村和社会情况。

## 五、补习俄语，改学电信

1952年秋季开学后，同学们都合并到了北京大学。而经过选拔准备前往苏联留学的几个同学，则来到了俄专报到学俄语。俄专位于西单石驸马大街（现新文化街）。学校分为本部和二部，其中留苏预备部设在二部，距离本部约有二里地。这样朱高峰和姐姐的地址对调了，原来姐姐在城里的北京大学沙滩红楼，朱高峰在城外。现在姐姐搬到了燕园，而朱高峰则进了城。

当时留苏预备部有上千名学生，分成若干班，每班有30多人。清华大学来的同学正好组成一个班，被称为"清华班"。授课教师包括一位苏联老师和两位中国老师，其中中国老师教俄语语法和书写，苏联老师教口语。外语学习主要靠实践积累，当时的同学们年纪轻，学外语似乎没有什么困难。尽管卷舌发音较难掌握，但练一段时间也就过关了。

除了学习俄语，俄专的政治学习也占了较大的比重，管理很严，外出要请假，且生活费较高。当年在大学吃饭是不交费的，俄专的伙食标准比普通大学高，伙食较好。此外，他还碰到了一位南洋中学的校友——比他低一学级的张仲文。

在俄专学习期间，有两次重要的活动，是中央领导给全体师生作报告。中央领导讲了当时的国际形势、国家建设对人才的需求等，对同学们即将前往苏联留学寄予期望，并提出了要求。报告受到了同学们的热烈欢迎，使大家深受鼓舞。当时的俄专校长师哲也为同学们作过报告。

1953年暑假前夕，学校又对同学们进行了一次考试，最终确定了赴苏联留学的人员名单。大部分同学都通过了考试，但也有少数人未通过。考试结束后，学校根据国家建设的需要和苏联高校的专业设置情况，为同学们分配了具体的留学院校和专业。在此过程中，学校还对部分学生在原校所学专业进行了适当调整。由于清华大学物理系学生考入俄专的比例较高，而当时国家建设需要大批的工科人才，因此组织决定将朱高峰的专业方向由理科调整为工科电信专业，并安排其前往列宁格勒电信工程学院（现圣彼得堡国立电子技术大学）学习。面对这一调整，朱高峰毫无异议地服从了组织安排，欣然接受了新的学习方向。此次分配不仅确定了其留学专业和院校，还明确了毕业后的工作去向——直接进入邮电部工作。与朱高峰同期分配至邮电部的还有杨明干、严相卢两位同学。邮电部对此批留学人才非常重视，党组书记、副部长王子纲亲自接见了这三人，并在机关食堂招待三人吃了一顿饭。邮电部电信总局副局长朱伯禄还向同学们介绍了我国邮电通信事业的发展现状。虽然当时同学们对通信一无所知，但透过部领导的殷切关怀，他们深切感受到了国家对专业人才的渴望以及对留苏学生们的期待。

与此同时，出国前的准备工作也开始了，包括办理护照、接种疫苗、准备行装等。服装由服装厂来量尺寸并制作，每人三套西装（一套夏装、两套冬装）、两件大衣（厚薄各一件）及若干衬衣。此外，还需要准备一条毛毯、两个布箱。看着这一切，朱高峰很感慨。新中国成立初期，国家还一穷二白，为了青年一代的培养，国家下了多大的决心啊！

学校照常放暑假，朱高峰原来决定不回家了，但真到了放假后，学校立刻变得冷冷清清。当时朱高峰的姐姐从北京大学毕业后，就被调去当教员，在北京大学举办的教师俄语速成班里担任主课老师，所以非常忙。朱高峰想了想，决定还是回家。当时火车票也很好买，他到车站买了票就登上了返回上海的火车，在家住了一段时间后，于1953年8月中旬返回学校。

# 第二章　收获颇丰的苏联留学生活

## 一、初次出国，一路印象

1953年9月中旬，经过充分准备，朱高峰等一行人终于动身了。他们首先乘坐专列从北京到满洲里，历时两天两夜。这是朱高峰第一次坐卧铺火车，按班次分配位置，同学们在一起还是很热闹的。然而，抵达满洲里后，他们遇到了难题：当时中苏之间还没有开通国际列车，国内的列车不能开到苏联，需由苏联派列车到边境来接。由于中国的火车采用三层硬卧，载客量大，而苏联的火车无论是软卧还是硬卧都是小包间，4人一间，只是软卧为沙发床，宽一些。因此，原火车上的人员需要两列苏联火车才能容纳。于是，一行人被分成两批，先走一批人，两天后再来一列火车接第二批人。满洲里当时是个小镇，无法容纳几百人住宿，因此第二批走的同学们只能住在火车上。朱高峰属于第二批，在火车上住了两天。这也是他平生第一次以火车为住处，也是唯一的一次。两天后，第二批同学也登上苏联的火车出发了。因为中苏两国的火车轨距不同，中国的火车轨距是标准轨距，苏联的火车轨距则是宽轨距，所以在两个边境站均设有一段对方火车轨距的铁路，双方的火车都可以开到对方的站里去。当时是苏联火车驶入中国边境站接的。上车后第一站就到了苏联的边境站奥得堡（后更名为后贝加尔斯克），在此完成护照检查等过境手续后就正式启程了。苏联的火车以硬卧为主，也有几节软卧。当时原则上为女同学安排软卧包间，所以每个班都分到了几个软卧包间，但有些女同学坐在软卧包间里晕车，所以只好与男同学调换，朱高峰因此被换到了软卧包间。

　　进入苏联后，朱高峰有几点深刻感受。首先感觉自然环境好，尽管我国东北的森林覆盖率已经很高了，但一到苏联，才发现这里的森林覆盖面积更为广袤。路边的房子都是用木头盖的，炊烟袅袅。水面也很辽阔，尤其是贝加尔湖畔的铁路沿线，列车行驶大半天仅经过湖的一角。苏联的风景之美，即便只是坐在车厢内远眺，也足以让人心旷神怡。其次，铁路质量较差，车速慢且比较颠簸。火车走的是西伯利亚大铁路，是19世纪末开始建设的。西伯利亚和远东地区纬度高、天气寒冷、地广人稀，有的地方还有冻土，所以工程质量较差。最后是火车上的饮食明显不如中国境内火车上的饮食，不单是饮食习惯问题，还有餐车供应的食物价格高、质量差。在后来的直通国际列车上，由于餐车是不过境的，所以在苏联段的餐车内基本上冷冷清清，没有什么人去吃饭，而一到中国境内，餐车上人满为患。但是苏联许多大型火车站倒是有较丰富的食物供应。火车到站后，站台的桌子上摆满了一盆盆的热汤，旅客下车坐下就吃，因为火车在较大的车站一般停车20分钟，吃一顿饭还是来得及的。留苏学生初来乍到，不敢轻易下车吃饭，大多选择在车上用餐。

　　火车行驶了一个星期，同学们沿途吃饭、

在苏联留学期间的朱高峰

睡觉、看风景、聊天、打牌、看书，还想着以后的情况。沿途经过伊尔库萨克、新西伯利亚等大站，进入欧洲部分时，铁路质量好了些。接近莫斯科时，窗外景象令朱高峰和同学们大为惊叹——首都周边被大片森林环绕，森林中还点缀着一些小木屋，这让所有留学生都没有想到。

目的地到了。火车终于"喘着粗气"驶进了莫斯科火车站。中国大使馆的工作人员热情地到车站接他们。一部分同学是在莫斯科的学校学习，中国大使馆的同志就直接把他们送到学校了。而去其他城市的同学还要在莫斯科暂住几天，等安排好再过去。同学们利用短暂的时间到附近参观了一下。红场，列宁、斯大林墓（斯大林于1953年3月5日去世，遗体当时还保存着）是一定要去的，他们还参观了莫斯科大学，从外面看了看克里姆林宫。红场规模比想象中小，远不及天安门广场。列宁墓和斯大林墓前站岗的军人一动不动，令人印象深刻。从远处看，甚至难以分辨是否为真人。

在莫斯科期间，朱高峰和几个同学还到中国大使馆商务处拜访了曾任邮电部电信总局局长的无线电专家李强同志。他当时担任大使馆商务参赞，曾在列宁格勒电信工程学院求学。李强向朱高峰等人简单介绍了学校的情况，并准确念出了学校的全名。因为苏联很多学校的校名后都有一个人名，即以××的名字为名的××学校。列宁格勒电信工程学院是以苏联一位电信专家邦奇-勃罗耶奇命名的。在给留学生们的资料中，留学生们看不清楚字母 e，以为是 c，直到李强介绍时，一说校名学生们才知道。

两天后，朱高峰等一行人乘火车抵达列宁格勒（现圣彼得堡）。学校安排专人接站，并将他们直接送到宿舍安顿下来。这次行程历时半个多月，仅从北京到莫斯科的路程，他们就在火车上度过了11天。尽管路途漫长，但与早年留学的前辈们动辄数月的行程相比，已是天壤之别。

# 二、初识学校，了解当地

苏联拥有两所历史悠久的电信高校：莫斯科电信工程学院和列宁格勒电信工程学院。苏联电信部门的人大多数毕业于这两所高校。列宁格勒电信工程学院位于市中心，在涅夫斯基大街附近，距离冬宫不远，但校舍条件很差，是由沙俄时期的一家旅馆改建而成，只有一幢楼，毫无校园可言，并且几十年来一直在这个地方。朱高峰毕业前就听说要在郊区建新校舍，但前几年他出差去列宁格勒时看了一下，学校仍在原址，几乎没有什么变化，不过学校的名称已由学院改成了大学。

苏联大学的学生大部分不住校，本地学生通常住在家里，无法解决住宿问题的外地学生可以住学校宿舍。宿舍和学校不一定在同一地点，朱高峰的宿舍位于瓦西里耶夫斯基岛上，与学校所在地中间隔了一条涅瓦河，每天需乘坐大约半小时的电车上学。涅瓦河上建有多座桥梁，但河道是通航的。最外侧的这座桥每天半夜要打开，以便大船通过。涅瓦河通过芬兰湾流入波罗的海，芬兰湾水域广阔，有点类似杭州湾。

按苏联一般规定，列宁格勒电信工程学院为5年制，设有线系（正式名称为电话电报通信系）和无线系（正式名称为无线通信和无线广播系），分为大班和小班，共有1个大班和3个小班，每个小班有30多人。理论课时大班一起上，实验课则分小班上。

首批到该校学习的中国留学生共有6人，其中许鼎铭攻读研究生，杨明干、严相卢和朱高峰就读有线系，孙顺义和施星槐则进入无线系。在内部管理上，中国大使馆的教育处负责留学生事务。学生多的学校有党支部、团支部、学生会等，学生少的几个学校则合在一起组织学生工作。列宁格勒电信工程学院的中国留学生当时只有一个小组，许鼎铭是唯一的党员，担任组长，朱高峰任副组长。

因为留苏学生在国内已完成大学一年级课程，所以到苏联后，有少数学校把同学们插班到二年级，但多数学校仍安排留学生就读一年级。一是不了解中国大学的水平，二是担心语言困难。苏联学校对接收中国留学生很重视，也很谨慎，学院专门抽调了有线系的一位副主任亚历山大-彼得罗维奇-古利亚负责此事。他非常负责，完全以一位长辈的身份与学生相处。苏联学校每年统一安排在9月1日开学，朱高峰一行抵达苏联时已迟到一个月，因此这位老师没有急着让中国学生插班，而是专门开了一段时间的"小灶"，他本人给留学生上俄语课，让中国学生在语言上更加适应。过了一段时间，他就让朱高峰等5人一起到有线系的班上听课了，以便于管理，因为两个系一年级的课程内容相同。直到下学期，他才让学无线的两个人到无线系上课。朱高峰是副组长（组长许鼎铭是研究生，基本上不参与他们的日常活动），所以和系里的教师们打交道比较多。

为了让中国学生尽快熟悉语言和环境，学校在宿舍安排上没有让中国学生住在一起，而是将他们分散安排，与苏联同学同住。朱高峰所住的宿舍一共有5个人，房间较为宽敞，沿墙摆放5张单人床，中间放置2张大桌子，可以坐6～8人。室友都是调干生，来自苏联北方的阿尔汉格尔斯克市，都是当地通信中专学校（或技校）的教师，其中两人还分别是有线系和无线系的主任。由于卫国战争，苏联有一个年龄段的人多数未能上大学。战争结束后，国家采取补救措施，以期尽快提高这些教师的学识和教学水平。他们当时大多30岁左右，虽然比较年轻，但比一般学生要成熟得多，在生活和学习上对朱高峰也很照顾。这些同学上的是3年制的速成班，和朱高峰一直住在一起，直到毕业离校。其间曾有人提前离开，后又有新生补进速成班。

进入有线系学习不久，朱高峰很快就适应了这里的一切。课程学习没碰到什么困难，只是因为学的是工科，所以要学机械制图，和当时在清华大学看到的工科同学一样，每个星期天都要制图。生活习惯和国内有所不同，主要是作息时间不固定，通常上午9点开始上课，每节课45分钟，两节课连续上90分钟，然后课间休息，再连续上6节课，到下午3点左右才能吃饭。学校有个食堂白天一直开放，提供汤、菜和面包，学生自选后交钱。下午有时还有实验课，上完课、吃完饭后可以回宿舍休息。宿舍区没有食堂，只有一个小卖部，售卖面包、香肠、牛奶、热茶等食品，价格比外面略高一些。宿舍每层楼都有公共厨房，因此中国学生都学着自己做饭。苏联同学的晚饭一般比较简单，都是面包、香肠、牛奶。中国留学生则买一些大米、肉、菜等，有时自己煮米饭、炒菜吃，也有几个同学一起做饭的，尤其到星期天，几个人凑在一起做饭，各自展示拿手好菜，既开心，又有意思。根据两国政府协议，中国留学生每人每月的生活费为500卢布（研究生每人每月为700卢布），扣除15卢布的住宿费，实发485卢布。实际上，饭费、交通费等一般每月有300卢布左右就够了，因此每月可节余100多卢布，用于看电影、逛公园、买书等。不少人把节余的钱用于假期出游，也有人为了回国时能买个"大件"而特别节俭，甚至在饮食上也精打细算。学生会还经常提醒大家注意营养。苏联牛奶特别便宜，肉也不太贵，蔬菜和水果比较贵，所以中国学生喝牛奶喝得很多，每天晚上买一大瓶，第二天喝一天，基本上把牛奶当水喝。在食堂吃饭，总有一个肉菜，如肉排或大肉丸子，也有一些蔬菜，但水果很少，有时会吃个西红柿。不过，这样的饮食结构基本能够满足身体所需的营养。

为了尽快熟悉城市，朱高峰就利用星期天乘坐公交车，不管是哪一路车，上去就坐到终点，沿途一站一站地看。到终点后换乘其他线路的公交车，再坐到终点，坐几趟不同的车后再找返回路线的公交车坐回来，这样很快就熟悉了当地的环境。列宁格勒确实很美，有着200多年的历史，建筑大多是3～4层的石砌楼房，最高不过5～6层。城市道路整齐、干净，交通发达，地铁和地面公交衔接较好，居民素质较高。列宁格勒的工业也很发达，拥有众多军工厂、造船厂和机械制造厂。城里有冬宫、涅瓦河、彼得保罗要塞，以及多个教堂等胜地。郊区更有很多旅游名胜，最有名的是彼得大帝夏宫，有一个喷泉花园，还有列宁故居、绿城、列宁在芬兰湾的避难小茅屋等地。城内外有很多公园、体育场，夏天可以体验从中心公园划船出海的乐趣，冬天可以到公园和郊区的很多丘陵地带滑雪。

一年级的时光在不经意间很快过去了。因为是留学的第一年，各方面要习惯，所以尽管同学们的学习不算忙，但也不清闲。不过，朱高峰总会抽出一些空闲时间去逛逛公园、参观博物馆等。同学们都喜欢看苏联电影，宿舍里有时也会放映。有的同学有时去电影院看，但剧院的票价太贵，普通学生难以负担。寒假期间，同宿舍的苏联同学都回家了，中国的同学就会到郊外学滑雪。同学们在一起轮流做饭、结伴出游、复习功课，一个假期很快就过去了。

在苏联学习期间，朱高峰也遇到了一些不习惯或者看不惯的事情。

1953年3月5日，斯大林去世，还发生了一些政治事件，但苏联同学似乎对这些漠不关心。当时中国国内政治气氛浓厚，革命热情高涨，而苏联同学则基本没有什么政治活动，十月革命纪念游行也显得松散无序。当时中国国内正是一派热火朝天、欣欣向荣建设新中国的景象，与当时的苏联形成了反差。

在班级的一次联欢活动中，同学们围成一圈，地上放一个躺着的瓶子，一个同学上去把瓶子转一下，瓶子停下时瓶口对着谁，谁就要和转瓶子的人接吻。对苏联同学来说，这种游戏太寻常了，但对一向比较传统的中国学生来说就是离经叛道了。朱高峰一开始还搞不明白，后来一看是这么回事，便过去把瓶子拿开了。苏联同学们知道中国留学生不喜欢，也没有说什么，后来中国留学生就不参加他们的活动了。

苏联考试的方式也与国内不同，通常为口试。学生们按顺序轮流进入考场，进去后抽一张上面写着试题的纸，然后在座位上准备10多分钟，这时先进去的同学已在答题，一般回答2～3道题，回答时老师可以随时打断，回答完后可以再提其他问题，答题如果要写出来，也可以写在黑板上。通常是主讲老师一个人考，有时系里或教研室也会派人来参加。每学期期末考试大概持续近一个月，每门课准备4～5天，然后一天内集中考完，同学们都在门外等候。大多数同学都能以平常心应对，但也有部分同学显得比较紧张。到一年级期末考试时，朱高峰和其他留学生就已经完全习惯这种考试方式了。

## 三、首个暑假，感受白夜

苏联学校的暑假统一为7月、8月，加上6月底的考试总会提前几天结束，所以假期比较长。列宁格勒位于北纬59°～60°，虽然没有进入北极圈，但已相当接近。此地纬度比北京偏北约20°，因此夏季和冬季昼夜长短差异尤为显著。冬天通常要到上午10点以后天才会亮，下午最晚3点天就黑了，所以朱高峰和同学们早上8点多去上学，下午最早也要3点多才离校，上学、放学时基本上是见不到太阳的。而夏天，尤其是6月下旬的白夜期间，到午夜12点，天色也仅略显昏暗，到凌晨1点多天又亮了，没有全黑的时候。在夏至前后一个星期，所有学校均已放假，街上人潮涌动，洋溢着狂欢的气氛。这里夏季并不炎热，白夜时仍可以穿薄外套，也可以只穿衬衣。但冬天极为寒冷，最低气温可达-30℃以下，流出的鼻涕会马上冻成两条小冰柱。北京的冬天当时最低可到-20℃，室外感到有些冷，但屋里很暖和、很舒服。列宁格勒可就不同了，真叫一个冷。无论穿多少衣服，出去一下子全部冻透。

列宁格勒郊区有一座名为列宾的小城，以俄罗斯著名画家列宾的名字命名，这里是他的故乡。这里风景很好，有小山岗和大片的森林，也有不少休养所。其中有一个通信部门的休养所。暑假期间，学校会安排同学们来这里休息，大概两周时间。朱高峰和几个同学结伴出游，几个人还玩起了照相机。施星槐对洗印照片很感兴趣，照了就洗，虽然都是黑白照片，但相片一洗出来，还是让同学们非常欣喜。

首个暑假快结束时，国内先到苏联的"老"同学有了一项重要工作——准备迎接国内来的新同学。事先已经接到通知，一共来10个新同学。为了新同学到校不忙乱，大家把能提前办的事都办好了。10个新同学是叶敏、张富、范根令、唐辉、李献绅、曹致祥共6位男同学，张端、索珍、安玉莲、李偶共4位女同学，其中曹致祥是从中学毕业生中选拔的，其他9人都是上过一年大学的。10人中9人是学有线通信的，只有李偶一个人学无线通信。大概因为当时建设国家通信网，需要大量有线通信人才。同时内部组织也有所调整，因为唐辉和范根令是党员，加上原来的党员许鼎铭，三人成立了党支部。唐辉任党支部书记。同时成立了学生会，对内是团支部，对外以学生会的名义开展工作，由杨明干牵头，朱高峰担任团支部书记，在学生会负责学习工作。

# 第三章　在学习和生活中成长

## 一、二三年级，接触专业

除一些通识基础课程外，二年级的留学生要开始学习专业基础课了，如电工课程等。语言等各方面都已没有什么困难了，学习生活已开始步入正轨。

寒假前后，留学生们偶然碰到了在列宁格勒学习的中国海军的一些高级军官，彼此之间的驻地只相隔一条街。军官们见到国内来的留学生倍感亲切，也非常高兴。每当周末有空时，朱高峰等几位留学生就会到他们的住处去玩、聊聊天。

寒假期间，留学生会到公园或郊外滑冰、滑雪等，假期很快就过去了。二年级下学期就到1955年了。面对部分同学在学习上遇到的困难，同学们发扬集体主义精神，不让任何一个同学掉队，组织了一些学习活动，帮助有困难的同学补习功课，但有时也会产生一些矛盾。

二年级暑假，留学生们先是一起到列宾的休养所休息，然后朱高峰和杨明干报名参加了列宁格勒中国学生总会组织的伏尔加河–顿河运河旅游。平时每个月省下的100多卢布，终于派上了用场。出发当天，从休养所回到宿舍，一年级的几个女同学还做了一顿饭给朱高峰二人饯行。当天晚上他们就坐火车到了莫斯科。

旅游团分为3组，其中两组都是同一学校的同学，朱高峰这组共有10个人，分别来自5个学校，每个学校有2人。到了莫斯科后，朱高峰等人在莫斯科大学的宿舍里住了两天，白天游览市区，晚上到中国驻苏联大使馆看电影。

他们从莫斯科坐船出发。船上是 8 个人一间房，分为上下铺。路线是从莫斯科运河进入伏尔加河，途经喀山、高尔基城（现为下诺夫哥罗德）、古比雪夫（现为萨马拉）等地。大体上每天经过一个城市，停留 2～3 小时，同学们就到岸上去玩，有时还吃一顿饭。即便是半夜靠岸，同学们也照样会下船去看看。沿途经过的地方都是俄罗斯历史上一些有名的地方，大家只是看些风光、建筑等，没有深入发掘历史背景。记得到古比雪夫时是凌晨 4～5 点，天还没有亮，同学们下船去逛，因为码头一般在市内，所以走的路也不长，这时看到了喷气式飞机飞过天空时留下的一道道尾迹，倍感新奇。那时大家都还没有坐过飞机，更没有见过喷气式飞机，所以觉得天空中留下的一道道尾迹特别漂亮。

一个星期后，旅游团到了斯大林格勒（现为伏尔加格勒），参观了第二次世界大战时留下的纪念地，也包括察里津战役（1918年 7 月—1919 年 2 月）的遗迹。不巧的是，朱高峰牙疼发作，心情受影响，有时还吃不好饭。同学们都笑他，但也没有办法，忍着呗。后来要通过齐姆良海（齐姆良斯克水库）从伏尔加河转入顿河。水库很大，原来的船比较小，他们便换了一艘较大的船，大概行驶了一天。由于伏尔加河和顿河两边的水位不一样，船只经过了多个水闸，实际上在莫斯科运河上已经过了不少水闸。朱高峰在船上突然受寒，引起感冒发烧，幸得同学们悉心照顾，到达顿河畔罗斯托夫时已康复。

罗斯托夫坐落于顿河汇入黑海的河口。在顿河上坐船感觉特别稳，水仿佛一动不动，真应了那句"静静的顿河"。从罗斯托夫坐火车抵达哈尔科夫（现属乌克兰）后，朱高峰还抽空去见了在俄专时的同学。然后从哈尔科夫转车到基辅（现乌克兰首都）。基辅在第二次世界大战中被全部破坏，现在的城市完全是新建的，很漂亮。在克列夏基克大街上一走，朱高峰感到很振奋。在基辅游览两天后，他坐火车回到列宁格勒，前后20多天，算是走了苏联欧洲部分的一大半地区，回校时也快开学了。

这年暑假，国内又有10多个新同学来到了苏联，包括陆明真、关华春、李孝昌等人，都是上了一年大学后来苏联留学的，研究生童铠也同期抵达。老同学们照例接待新生，帮助他们安排各项事宜。

三年级的学生除部分时间上专业基础课外，要全力投入专业课的学习了。专业基础课中较难的是电磁场理论部分，讲麦克斯韦方程组。坦白说，学校的数学课讲得不怎么好，使原本对数学很感兴趣、差点考数学系的朱高峰对数学渐渐失去了兴趣，由此他对电磁场理论的学习也没有下功夫。一次老师在课堂上提问，很多人都答不出来。

"朱高峰"，老师突然点到他的名字。

朱高峰站起来，也没有答出来。老师说了一句"给全班丢脸啊"，搞得朱高峰脸红红的，很不好意思。

当时朱高峰和杨明干的学习成绩优异在全校是出了名的，很多苏联学生因为上课不认真听讲、记笔记不全，到考试时无法应对，于是纷纷跑来借朱高峰的笔记本去抄。

这一年的暑假，同学们自发组织到南方旅游，列宁格勒电信工程学院和林学院共有20多个同学参加。旅游团首先坐火车到高加索的加格尔。随着列车一路向南，沿途的农产品逐渐丰富起来，特别是在火车站，苹果是以桶为单位出售的，每桶重量大约10～20斤。平常同学们难得吃到新鲜的蔬菜和水果，看到挂着霜的新鲜苹果，大家十分兴奋。几个人抱了一大桶苹果，搬上火车。大家边吃边聊，边聊边吃。你一个，我一个，撒开了吃。第二天，同学们什么也吃不了了，牙倒了。

索契在黑海沿岸，但还是在俄罗斯境内，风光很好。朱高峰记得曾坐车到一座山顶，上面有个湖，不知是不是在火山口，名叫里察湖，他也是第一次见到高山湖，很新奇。然后他们坐黑海的船去雅尔塔，船程需要一天一夜，但船票很难买。朱高峰找码头的工作人员反复商量，也没有买到卧铺，只能在船上凑合。由于没买到卧铺，带队的朱高峰心里很不好受。

雅尔塔在克里米亚半岛上，也是著名的旅游胜地，尤其以第二次世界大战中的雅尔塔协定（《苏美英三国关于日本的协定》）而闻名于世。在雅尔塔观览两天后，朱高峰一行人坐船到达敖德萨。敖德萨是黑海沿岸的重要港口，也是第二次世界大战中苏联"四大英雄城市"之一（其他三个城市是列宁格勒、斯大林格勒、塞瓦斯托波尔）。然后，他们从敖德萨坐火车到基辅。朱高峰已是第二次来敖德萨和基辅了，所以他可以当一行人的向导了。从基辅坐火车经过哥美尔和明斯克，在哥美尔停留了一天，等待他们的车厢从原来的火车上摘下来，然后在另一趟火车过来时再挂上。这一过程让朱高峰对于列车运行中直达车厢可以在不同列车上摘挂有了直观认识。回国后他一直注意中国铁路运输实践中有没有这种做法，还曾经写信给当时的铁道部提过建议。

第二天早上，他们到达白俄罗斯的首都明斯克。白天观光了一天，晚上乘车去拉脱维亚的首都里加。途中经过立陶宛首都维尔纽斯，但没有停留。次日早晨，他们到达里加。里加也很漂亮，绿化很好。在里加停留两天后，他们前往爱沙尼亚首都塔林。塔林保留了老城的风貌，很窄的胡同和古老的建筑充满特色。塔林离列宁格勒已经很近了，再乘一夜火车就能回到列宁格勒了。

这年暑假又来了一批中国新生，但人数少了，只有六七个人，并且都是高中毕业后来的。实际上，这也反映出中苏关系有了微妙变化，但留学生们对此并不知情。此时的迎新工作对朱高峰等人来说已是驾轻就熟了。此外，这一年还来了几个研究生，其中有许中明、李铭九等人。许中明是广电系统的，给人感觉很老练。

## 二、启示深刻，学无止境

由于学习不太紧张，朱高峰有意识地选修了一些课，包括英文课程。朱高峰只记得最多一天上14节课，从早上9点一直到晚上10点，中间如果有实验课，在提前完成后可以抽时间去吃午饭。好在一周只有一天如此忙碌，好学的年轻人自然不在话下。因为课程不紧，寒假前的学期考试朱高峰都是提前完成的。因为所有考试都是口试，要单独考，朱高峰需要到系秘书那里开个条，然后找老师约定考试时间，再去参加考试。朱高峰和老师们关系融洽，老师们总是喜欢班里学习好的学生，所以约定考试时间没有太大的困难。其中印象比较深的一次是，与电话学课程的老师约定考试时间。这位老师刚从国外参加学术会议回来，约朱高峰到他家里考试。他问了朱高峰一些问题，这些问题都不是书本上或课堂上讲过的，朱高峰一个也没答出来，很尴尬。但是老师问完之后说了一句话："课程你学得怎么样我都清楚。"随后拿起笔来给朱高峰打了5分（5分制）。这次考试给朱高峰两个启示 —— 学无止境，书本知识离实践还远着呢！

这一年，专门负责中国学生学习与生活的有线系副主任古利亚因病去世。这位老师像一位慈祥的长者，对中国很有感情，对留学生关怀备至。他是列宁格勒本地人，在战争中吃了不少苦，因而身体较差。朱高峰和其他留学生对他的去世感到非常难过，都参加了他的悼念活动。古利亚去世后，朱高峰过年时还去看望过他的夫人，毕业回国前也去他家进行了告别。

留学的最后两年，学校安排了一位女同志在团委负责所有外国留学生的工作，与留学生的联系比较多。她曾经组织过一次留学生的表彰会，朱高峰在会上代表中国留学生发言。

1957年，国内的留学生政策放宽，允许在苏联留学的中国学生暑假回国探亲，但路费自理。这年的暑假，朱高峰回国探亲了。他先是去天津看望了在中学教书的姐姐，然后到北京待了两天，最后回到了上海。离开国内已经4年了，朱高峰终于见到了久别的父母，全家团圆，其乐融融。

这个暑假又从国内来了几个新同学，其中有广电系统的何大中，他比许中明年龄还要大一些，当时已是一定级别的干部了，来苏联攻读研究生，因此来了后就当了列宁格勒中国留学生党总支的副书记。

## 三、毕业考试，迎接回国

结束假期的朱高峰并没有直接返回列宁格勒，而是前往莫斯科长途电信局进行了一个月的实习。实习结束后，他回到学校。由于即将毕业，他不再担任团支书，而是由比他低两届的关华春接任中国留学生的团支部书记。五年级寒假，朱高峰参加了学校组织的与莫斯科电信工程学院的交流活动，他是代表中唯一的外国学生。朱高峰在莫斯科停留了一个星期，住在莫斯科电信工程学院的学生宿舍里，认识了一些莫斯科电信工程学院在读的中国同学，也见到了从列宁格勒电信工程学院转学过去的同学。五年级下学期，学生们开始进行毕业设计。学校列出了一些题目让学生们自己选，大部分是校外研究院所、工厂提出的题目，也有部分学校教研室提出的题目。因为每个同学在出国前已被指定了专业方向，朱高峰是长途通信方向的，但当时没有这方面的合适的题目，所以他想选微波干线方向的题目，但这又涉及改变专业的问题，要向组织报告。报告的结果是不同意。

后来他选了传真信号压缩方案的题目，勉强符合专业方向。这个课题是某研究所里的一个导师提出来的。朱高峰实际上也没有做过这个课题，主要靠自己看资料，提出了设计方案。虽然没有条件进行实际操作，但对传真信号的压缩方案进行深入的理论分析也是很有价值的。

毕业设计答辩很正规。答辩委员会由7人组成，副校长担任主任。学生们依次进行答辩，每人进行汇报和回答委员会的提问，整个过程大约持续一小时。学生们的指导教师均到场，也很紧张。朱高峰答辩时的最后一个问题是副校长提出的：这个方案在经济上是否可行？因为没有实际做过。朱高峰这样回答了这个题目：新技术在初期应用时通常都会有亏损。

没想到这个答案令委员会十分满意，成绩单上最终得到了5分（5分制）。毕业后，朱高峰将设计稿带回国内上交组织了。

毕业后打点行装准备回国，朱高峰用仅剩的零钱买了一套电子管收音机零件，可以自己组装，组装后带回国送给了姐姐。

回到北京后，朱高峰和杨明干、严相卢三人经过短期集训，被分配到邮电科学研究院工作。短暂的休假结束后就去上班了。

# 第 二 篇

# 研发与实践
## （1958—1982 年）

1958年，朱高峰从列宁格勒电信工程学院毕业了。5年的苏联留学生活，不仅让他掌握了扎实的专业知识，更培养了他冷静分析和细致观察的能力。对电信工程专业的热爱，让他不再受环境的干扰，回国后一头扎进电信传输工程实践的海洋中遨游。这一游，就是24年……

# 第一章　步入实践　初战告捷

1958年，朱高峰到邮电科学研究院报到后，按原定专业方向，被分配到第一研究室负责长途通信的研究。杨明干被分配到市话研究室，严相卢被分配到线路研究室。

第一研究室的主任是钱家治，下设若干组：101总体组负责总体设计，102组负责无源网络和滤波器，103组负责放大器，104组负责载频供给系统，105组负责遥控和信号，106组负责导频系统。后来还成立了107组、108组等。朱高峰被分配到101总体组，组长是林厚康。在朱高峰到来之前，101组只有林厚康和罗建国两人，与朱高峰同时来的还有北京邮电学院的毕业生杨明佐。

邮电科学研究院是从1955年开始筹建的，最初由崔思九负责，一穷二白起家，所谓固定资产是从北京邮电学院借的几间房子。1957年正式建

青年时期的朱高峰

院，调来宋普（江西省邮电管理局原局长）任副院长，后来又任命了卢忠澄为院长，周华生任副院长（主持工作）。周华生是知识型老干部，聪明且对技术很有兴趣，自己也能钻研，学过俄语，曾到民主德国学习过一段时间。

周华生很有雄心壮志，1958年将各研究室升格为研究所。第一研究室成为载波研究所，钱家治任所长，后又调来田德民任党委书记，各个组也相应升格为研究室。周华生还提出了要建10个研究所和10个工厂的宏伟计划，招了大批中学生作为学徒工，全院人数一度达到2400人，设想从金属冶炼开始，自己制硅、制作半导体等（这点上从邮电科学研究院的职责来看，当时有点脱离实际，但从国家战略需要来讲还是很有远见的）。第一研究室原来有一个小车间，此时也升格为了载波研究所的工厂。当时在车间工作的有江廷林、刘殿杰、张炳坤等人，在所里工作的还有李振权。原有的团支部后升格为团总支，李振权担任书记，朱高峰任副书记，江廷林、刘殿杰、张炳坤，还有研究室的佘其炯、工人中的颜玉珍（大家都称她为"颜大姐"）等人担任委员。后来李振权被调到院机关，朱高峰接任了团总支书记。

当时，载波研究所里正在办3路载波技术的学习班。办这个培训班也是形势所需。新中国成立后，我国通信网的通信线路几乎都是架空明线，传输容量很小。通信网的主干线上有一些12路载波设备，大多是从匈牙利引进的（英国原来在匈牙利所设工厂生产的），其中几套设备还是新中国成立前从美国引进的。其他设备则是3路载波设备，也是从匈牙利等国引进的，再有就是单路载波设备和实线了。当时河北昌黎县的邮电职工从河水中淘出铁砂，自己压制铁氧体，制作滤波器以研制3路载波机，此事曾带动全国，各地邮电部门随即也大搞载波机，后来证明这些设备大多数都不能用。这种大干快上、不讲科学的冲动，不仅耽误了宝贵的时间，还造成了新的浪费。邮电科学研究院目睹了这一切，决定踏踏实实从基础做起，一方面研制自己的设备——3路载波机样机；另一方面向国内的电信科技人员普及载波机的科研原理和研制过程。很快，邮电科学研究院就研制出了两端3路载波机，并在调测正常后举办了一期学习班，邀请各省邮电系统的技术人员前来学习，第一研究室各个组的组长负责授课。朱高峰刚到研究院就参加了这个学习班的部分工作。然而，学习班中发生的一件事，搅动了所里的一池静水。

学习班中有一位来自广东省邮电研究所的学员，他自恃掌握一些载波原理，认为3路载波原理太简单了，要求所里不要讲3路载波原理，应该讲12路载波原理，还为此与学习班的负责人钱家治争执起来。这等于半路横插一杠子，将了学习班一军。发生矛盾之后，这位学员弃班扬长而去。

关于载波机的路数之争，实际上是作为当时邮电部唯一一家专门从事科研工作的邮电科学研究院，如何从国家的全局着眼，去决策"点""面"的破局问题。面对全国通信网的迫切需要和薄弱的技术力量，从打基础开始，从简单的部分入手，逐步提升全国通信网的能力，看似保守，实则是当时最切实可行的、注重通信需要的大战略。因此，普及3路载波设备无疑是当时最正确的选择。

关于研发工作，所里当时已经开发了一些载波设备，制作了试验样机，包括12路载波和60路载波的终端设备。由于研究院大院还没有完全建成，样机只好放在临时驻地，朱高峰和几个同事日夜倒班测试。朱高峰当时住在位于北京西城辟才胡同的邮电部招待所，快到冬天时才搬到刚落成的大院宿舍里。那时住宿条件十分拥挤，一间房内摆放4张双层床，中间再放一张大桌子，房间就满了。为了能放下所有人的行李，6个人挤在了3张双层床上，留下一张双层床来放东西。当时跟朱高峰同室的有林厚康、杨明佐、顾启昌等人。这时的样机还只是性能样机，在临时驻地的性能测试告一段落后，就被搬到了大院里进一步改进和提高。

1958年冬天，研究所决定对两端3路载波机进行现场测试，地点选在河北徐水至保定之间，两地距离不到30千米，比较适合测试。这项工作由总体组负责，朱高峰带领周英华前往现场完成测试工作。这是朱高峰第一次出差，也是他第一次主持科研样机的外场测试。尽管有些压力，但他对这次任务还是充满期待的。研究院派了一辆面包车，把机架捆在车里，朱高峰和周英华就出发了。徐水县邮电局为他们提供了住宿和基本的生活保障。初到徐水，二人对当地充满了好奇，此时的农村墙上写的都是诗歌，每首诗歌都是顶天立地的豪言壮语。

朱高峰比较顺利地完成了这次任务。他在徐水把载波机安装和测试好，又到保定端安装和测试好设备，两端对测通信成功了，可以说初战告捷。

这段时间的工作和实践，对刚刚迈入邮电领域的朱高峰来说，正是从书本知识跨越到实践的重大转折。对通信技术的敏锐和对未知领域的探索热情，是朱高峰与众不同的天赋。经过几个月的深入钻研，他把载波机的原理、整体功能及其中各个部件的作用都真正搞明白了。由于朱高峰是负责总体工作的，并不需要深入了解每个部件的具体电路设计原理，仅从总体上把握就可以了。他在自己的工作笔记中清晰地列出了总体工作的核心任务：确定频谱配置和总体性能要求；设计和描绘设备总体布局；电平配置和杂音指标分配；确定各部件的指标。至于设备的机械结构设计，则另由机械设计方面的人员负责。样机制作完成后要进行总体测试，以验证是否符合指标要求。如果不符合要求要查找问题：如果是某个部件指标不符合要求则需要将其返工；如果各个部件指标都合格而总体指标不合格，那就要查找总体设计问题。总体测试通常耗时较长，一般没有一次成功的，测试中总会发现一系列问题，需要对部件和总体设计进行改进，有时在原样机上改，有时要制作新样机，甚至会制作三型、四型的。通过在工作中不断积累经验和教训，设计团队就能在设计下一型号机器时考虑得更周全。

朱高峰在回顾这段工作经历时，有两点体会：首先，由于初期制作的架空明线载波设备主要是终端机，中间增音设备不多，因此对传输线路长度增加后产生的失真和干扰积累的问题并没有什么体会，直到后来负责电缆载波时才逐渐意识到这个问题的重要；其次，开始时的认识只停留在"系统等于局部之和"的水平上，对从整体上把握各个部件的性能、把握它们之间的功能协调等缺乏深入认识，对"总体大于局部之和"的体验和认识也是从实践中逐渐摸索的。

总体组中，除林厚康有一定的工作经验外，其他人都刚从学校毕业不久。在工作中，大家通过共同讨论与研究来推进任务。虽然每个机型由专人负责，但方案的制定是集体参与的，通过集思广益和集体讨论最终确定。钱家治又是一个"严"字当头的领导，注重严谨和规范。在这样严谨且充满协作氛围的环境中，朱高峰迅速成长起来。


## 一、出差东北，现场调研

1959年，全国都在进行12路载波通信系统的攻关，主要力量放在上海邮电器材设备厂（即后来的519厂）。1959年，钱家治带领第一研究室各组骨干人员共10多人到上海和该厂的同志们一起负责技术攻关，却派朱高峰和负责机械结构的朱荷德前往黑龙江调研。接到通知后，朱高峰二话没说即刻启程来到哈尔滨，原来黑龙江省邮电局研制了一套3路载波机，并已将其安装在佳木斯到伊春之间，开通了线路。这种模式的系统质量怎么样？能否推广？对邮电部来说是需要弄清楚的问题。朱高峰和朱荷德在黑龙江省邮电研究所了解一些情况后，直奔现场。第一站是北安，这是哈尔滨以北的一个大站。省局派人在那里等他们，但因为彼此之间谁也不认识，只好先在电话里约好，双方各自带着帽子，但不戴在头上，而是拿在手里拎着作为信号。这多像在搞秘密工作啊！

到了北安，省局的潘工程师很顺利地接到他们，然后前往佳木斯邮电局的机房查看设备情况。从佳木斯到伊春没有直达火车，要在南义换车，一行人坐火车抵达南义时已是半夜12点多，而前往伊春的火车要到凌晨5点多才发车。大家就在车站旁的一家旅店过了半宿。旅店里没点灯，一张大炕黑乎乎的，也不知道躺了多少人，摸黑进去，躺下就睡。朱高峰当时年轻，经过一天的奔波，一躺下就睡着了。

次日，朱高峰在伊春的机房查看了设备运行情况。伊春是小兴安岭地区的中心，是典型的林业城市，充满了地方特色。调研结束后，他便回哈尔滨了。当时的情况是设备有一些问题，但已在用。朱高峰认为，对国产设备尤其是省里自己制作的设备不能太苛求，最后和省局的王总工程师讨论了一下，就准备回京了。

全国邮电是一家，当时到哪里只要拿着邮电的工作证，说明一下来意就会被兄弟单位接待、安排。朱高峰和朱荷德在返京的路上分别到长春的机房和沈阳的机房看了看，了解了东北三省省会城市的通信状况。在沈阳和长春的电信营业室里，用户排队等待接打长途电话的情景至今萦绕在朱高峰的脑际——每一个用户的眼睛紧紧盯着一个个电话小亭子上的号码，只要手里领到的排队的号码出现在小亭子上，就能进去接长途电话了。有的用户为了在电话里和对方说上两句话，已经等了整整一天一夜……焦急、无奈写在每个人的脸上。对当时我国通信紧张的情况，朱高峰原来只有理论上的认识，这次出差有了切身的感受。当时的他在思考什么时候用户可以随时、自由、畅快地给任何一个地方打电话呢？作为一名技术干部，他已深刻感受到了肩上的责任。

1959年夏天，雨下得很大，全国多地洪水泛滥。朱高峰和朱荷德到了沈阳才知道，京沈铁路已中断。后来根据真人真事还拍过一部电影《12次列车》，讲述了当时第12次特快列车在铁路中断后，列车工作人员和旅客们互相帮助、最终获救的故事。朱高峰和朱荷德只好在沈阳等待了两天。由于急于回京，二人天天到火车站去了解列车情况。铁路修通后，二人赶紧排队买票。尽管去关内的人多，但总算买到票了。回到北京仍是倾盆大雨，二人坐了一辆出租车，回到研究院已是半夜。冒雨跑回宿舍，全身早已湿透。

当时，机关企事业单位为了压缩开支，大量裁减人员，邮电科学研究院庞大的组织机构也维持不下去了。1960年，院里从2000多人一下子裁减到600人，各所恢复为各室，各室恢复为各组。领导层也作了调整，田德民被调走，崔思九被调到第一研究室任书记兼主任，钱家治转任总工程师。技术业务工作主要还是由钱家治负责。

## 二、"只看病、不治病"

1959年年底，邮电部科技司拟对研制出来的载波机进行一次全面的整顿。新中国成立初期，接收的通信网都采用明线，虽然后来建了几大干线，但也都采用明线。从通信发展规律来看，提高通信线路的复用率、增加载波机是一条主要途径。但我们不能仅靠买国外的（当时主要是匈牙利的）设备，毕竟新中国成立不久，抗美援朝战争结束时间不长，国家依然一穷二白，外汇储备有限。所以必须自力更生，依靠自身科技力量研制设备，别无他选。此外，当时的长途交换设备仍以人工操作为主，自动化、半自动化技术还未提上日程，而市内电话交换设备引进了苏联的47型步进制自动交换机，并引进了生产线。北京国营738厂已经可以批量生产这种设备。所以当时通信领域最主要的技术攻关课题就是载波设备的研制。载波设备的研制已经成为横亘在新中国通信发展道路上的一道必须迈过去的"坎"!

邮电部对整顿载波机的事高度重视，决定由邮电部科技司司长李荫苍亲自负责，并组建了一个领导小组。小组成员包括科技司的于处长、陈伯平工程师，电信总局的邱守煌工程师，北京长途电信局的崔继周和王庚训工程师，以及邮电科学研究院的钱家治和朱高峰。李荫苍是从解放区走出来的，经历过战争的洗礼，是邮电系统中知识分子型的老干部之一。1958年，邮电部曾设立5个部长助理，包括李玉奎、叶云章等，李荫苍也是其中之一。尽管1959年年底部长助理的职务已被取消，但大家还习惯称他为"李助理"。李荫苍为人忠厚、诚实，对下属也很好。

领导小组开会确定的工作步骤是先调研，并确定了几个调研的地区，包括山西、甘肃、山东、江苏和上海。李荫苍司长明确的调研原则是只弄清情况，不具体解决问题，即"只看病，不治病"。把从各地了解到的问题集中后，到上海开会研究解决措施。

1960年1月底，领导小组的调研行程确定后，便出发了。第一站是太原，坐火车途中经过石家庄住了一个晚上，再转车去太原。石家庄当时还很小，分为桥东和桥西两部分。第二天到太原后，领导小组一行人入住省局招待所。山西省邮电管理局当时研制了一套12路载波机，领导小组一行人到机房查看了设备并进行了检测。最后他们又与省局的同志们进行了一次座谈，将所发现的机器问题一一记录下来，然后动身去了兰州。兰州市位于黄河边上，城市布局狭长且被山脉环绕。当时兰州植被生态质量较差，到处是黄土。朱高峰记得火车站旁的山上只有一棵树孤零零地立在那里，很具有标志性。其实山西位于黄土高原的东部，但在太原还真感觉不到这种情况。

在甘肃省邮电管理局，领导小组同样查看了当地研制的载波机，并进行了检测和座谈，但对设备本身没有太多印象。从兰州回北京稍事休息后，他们又去了济南，同样的程序又重复了一遍，因为临近春节，便回京了。

1960年春节过后，李荫苍司长带着于处长去了南京、上海。小组的其他人随后一起到上海会合。上海长途电信局自己设计并制作了12路载波机，型号为"银河"。与此同时，上海邮电器材设备厂（519厂）也制作了312型12路载波机。经过比较，尽管312型12路载波机仍存在一些问题，但属于比较好的一款，之前在其他省市看过的设备也都不如此款。519厂虽然是从修配厂发展而来的，与第四机械工业部的大厂相比在生产工艺和管理上存在差距，但在邮电系统中已属佼佼者。汇总调研结果后，李荫苍司长决定在312型12路载波机的基础上改进和定型，并在上海开会研究部署相关工作。由于312型12路载波机在滤波器、放大器、导频、载供等方面仍存在诸多问题，总体设计也需进一步优化，于是钱家治将第一研究室的十几个主要技术骨干都召集到了上海，进驻519厂，与厂里的同志共同研究具体改进方案。

随后，李荫苍在上海邮电管理局主持召开了总结会议。会议中途，邮电部的李玉奎、李临川和侯德原三位领导突然来到上海，传达邮电部的最新决定。

原来，邮电部决定在北京与武汉之间建设对称电缆60路干线。最早确定的方针是全部依靠苏联技术，所以1959年来了一批苏联专家协助设计，全套设备都由苏联提供。因为是引进工程，当时中方由邮电设计院负责相关工作。同时计划引进一些相关技术，由邮电科学研究院承担该工作。对称电缆60路干线最关键的部件是放大器，所以有一位苏联专家是研制放大器的。但来的这位专家很年轻，似乎没有多少经验，第一研究室放大器组长卢成俊同志和他接触了两次，因为朱高峰懂俄语，所以负责陪同。会见中，这位所谓的专家谈不出什么东西，图纸也不提供，再后来就索性称病不工作，直接回国了。到1959年年底，苏联单方面撕毁合同并撤走专家，导致工程项目陷入停滞。根据党中央的指示，邮电部决定自已组织技术力量继续推进项目，由李玉奎负责。

李玉奎（1917—1998年），湖北大悟人，1930年加入中国共产主义青年团，1935年加入中国共产党，曾任中国工农红军第四方面军电话队区队长，参加了长征，后任中央军委警卫团通信连副连长，中央军委三局科长、三局办公室主任。新中国成立后，李玉奎先后担任北京电信局局长、邮电部部长助理（后来升任邮电部副部长）。李临川时任工业局局长，侯德原为设计院院长。设计院抽调了一批人负责工程建设，但设备研发还是要由邮电科学研究院来负责。邮电科学研究院一室的主任是崔思九，责无旁贷，但由于钱家治已将技术骨干抽调到了上海，如何协调两项任务成为难题，导致上海会议一度中断。经过协商，双方达成一致。因为60路设备也要在519厂制作，因此两项任务合并，都由邮电科学研究院一室的骨干力量负责，以60路干线为主，兼顾12路载波机的改进工作。

## 三、12路定型，转战60路

会议结束后，朱高峰返回北京，而对称电缆60路干线的相关工作则由林厚康在上海厂内参与攻关。12路载波设备在312型12路载波机的基础上经过改进，到312-3型12路载波机时，已基本满足技术要求。经过实际线路试验，改进后的312-4型12路载波机技术已趋于成熟，因此决定定型生产。此后，这种设备陆续装备了全国主要明线干线，有效缓解了国家通信网的通信压力。明线12路线路频段分别为36～84kHz和92～143kHz，采用分频双向传输，高频段可选择92～140kHz、93～141kHz、94～142kHz、95～143kHz这4个频段，以提高同杆线对间的串音防卫度。国外载波机通常将1个音频电路频段先调到60～108kHz的标准12路群频段，由于这一频段与线路传输频段重叠，所以需要进一步调制到超过400kHz的高频，最后从高频调回上述线路频段。这样经过两次调制解调，可以靠变动载频形成8种线路频段（除频移外还可以倒置），对同杆开通多系统更为有利。但当时为了避免使用高频器件（生产有难度）和减少机架内由于频率高引起的串扰，也为了简化设备，312型12路载波机采用了将音频电路频段调制到$36 \sim 84$kHz作为低频方向线路频段，再将$36 \sim 84$kHz调制到$92 \sim 143$kHz作为高频方向线路频段的设计，这样就只形成4种线路频段。当同杆开放4个以上的系统时有同频系统，只能靠选择线对位置来减少串音，在线路距离长时，这种设计可能会超出指标，因此达不到干线要求的2500千米的长度。当时设计上采用了最大1500千米的指标，因此称为中程12路，实际对绝大多数线路（如北京—武汉、北京—上海、武汉—广州等）来说，1500千米的指标已足够，如果超过1500千米则要在中途放一对终端机来改变频谱位置。后来在设计晶体管12路载波机时，因为高频器件和机架内的串扰已经不成问题，所以就按干线标准设计了。

60路载波机在上海厂制作出样机后，计划在北京—武汉进行试验。然而，当时电缆还未铺设，所以需要先在北京端对机器进行单端和对端测试。最初的测试工作主要由设计院和工程公司负责，但测试中发现问题较多，厂里又进行修改后再测试。此时，邮电部已成立双60路工程指挥部，由李玉奎任总指挥，几位副总指挥中包括侯德原，下设几个大队，分别负责电缆、载波和系统、60路微波机（当时在北京—天津段建60路微波机，故称"双60路"），此外还有负责仪表的人员、负责试验测试的人员等。邮电科学研究院的技术力量全面参与这项工作，第一研究室的主要力量参加设备研制，朱高峰被派去参加现场测试。在现场测试队中，朱高峰是唯一的骨干技术人员，另有几个中专生协助。测试队中有大量设计院和工程公司的人，实际负责现场工作的只有朱高峰和工程队的张志和。测

试队的组织基础是工程公司，
按工程队的形式建立，工程公
司的人员组成中，较多的是有
一定工作经验的中专生和新分
配来的大学生。北京长途电信
局也有一些技术人员参与了工
程测试。测试工作在北京电报
大楼的机房里进行。朱高峰曾
于1958年在电报大楼工作过一
段时间，当时的主要任务是查
找电报机的噪声干扰问题。由
于白天有环境噪声和无线电波

朱高峰在工作之余读书

干扰，他就带领团队在晚上工作，连续在电报大楼里上了一个月的
夜班，终于查找到了干扰源，并排除了干扰。那时候，朱高峰白天
休息但不可能回宿舍，就在电报大楼的值班室里眯上两三个小时。
夜里困了需要打起精神的时候就去电报大楼的楼顶透透风、看看夜
景。"楼顶上的夜景很好看啊。"谈到当时的"加班"经历，朱高峰
没有提起攻克技术难题的艰辛，在他脑海里浮现的是皎洁的明月和
夜晚的微风。

　　60路载波通信系统的测试工作进展还算顺利，但是主要指
标——串杂音一直过不了关。串杂音的问题的确比较复杂，包括
终端设备内部产生的、增音设备产生的及线路上的串扰，当时设备
还没有连接到电缆线路上，一下子找不到原因。为此，指挥部决
定在石家庄郊外站组建团队专门进行试验、攻关。与此同时，由
于经济压力，原计划的京—汉—广干线建设可能面临资金短缺、
资源分配难等问题，因此决策者决定缩小项目规模，将重点放在北
京—石家庄段。

## 四、长途通信，攻坚克难

20世纪60年代，由于中苏关系恶化，我国采取了一系列措施来加强国防和战备工作。在邮电通信系统方面，不少城市在周边地区建立了郊外通信站，在郊外站之间敷设电缆干线，形成通信网络的主干，然后从郊外站引出支线到城里，这样即使城市中心区域受损，通信依然可以通过郊外站进行中继。

60路载波通信系统的增音站距是18千米，即每隔18千米设一个增音站，增音站是一个大钢筒，直径两米多，埋在地下，但盖子露在地面上。增音机放在钢筒内，由电缆远距离供电。增音机本身是个长方形铁箱子，里面放各个支路，每个支路也是一个长方形盒子，重量为十几千克。机务大队在进行设备测试实验时，线缆大队在进行线路调测，解决电缆的串音和耐压问题。因为要通过线路供电，所以电缆的耐压、绝缘性能一定要好，而解决线对间串音问题，在明线上靠交叉，在电缆上靠平衡，即在线对上测出串扰数值，然后在某些点上（一般在增音机电缆引入处，这样方便，但必要时也在电缆本身接头处）加上电容，取得平衡。

石家庄郊外站距离石家庄市区有十几千米，当时没有公共交通工具和机动车，工作人员平时进城只能骑自行车，不会骑车的人只能走路或坐别人的"二等车"。郊外站建了一个小院，机房为半地下结构，地面上拱起一个大土包。机房里装了两套端机，有增音机、电源设备（包括整流器、蓄电池等）、配线架、电缆引入装置等。院内有些生活用的小平房，包括宿舍、厨房等，还有油机房。由于试验段由工程公司负责，因此试验组织工作由工程公司的丛世保和朱高峰两人负责。在郊外站工作的还有邮电设计院的杨同州、施工队部分人员以及邮电科学研究院、石家庄邮电局的相关人员，大家协同配合完成试验任务。

测试开始时电缆线路尚未接通，石家庄郊外站仅提供了装设备的条件，可以在站内进行试验。由于在郊外，环境安静，无人干扰。当时主要是在室内使用人工假线（模拟线路的衰减特性）连接一系列增音机，进行各种性能的测试，模拟各种可能对通信线路造成损伤的情况，研究杂音和频响偏差的叠加效应，以摸索通信线路性能变化的规律。杂音包括静态时的杂音和有负荷时的相互干扰——串杂音。由于系统还在试验中，没有实际负荷，只能人工模拟负荷。最初使用一个音频信号源并联接入所有60个电路中来测试，测得的串杂音远远超出了指标要求。为此，朱高峰曾排查了很长时间，但各个部件的指标都是合格的，结构也没有问题，后来他才想到，由于各路信号是同一个音频信号源产生的，互相之间是同相的，因此在交调产生串杂音时，各个杂音之间不是功率叠加而是线性叠加。找出这个问题后，就要改变测试方法，但是由于条件所限，无法用60个独立的音频信号源。于是朱高峰想了个办法，充分利用站上设备比较多的特点，用一个宽带放大器作为宽带信号源接入接收端机线路接口，由接收端机为各路分6个接收信号，它们互相独立，然后再接入发送端的60个电路，就有了60个独立信号的同时传输，这样测下来杂音指标就合格了。这是朱高峰当时经过试验解决的一个重要问题，如下图所示。

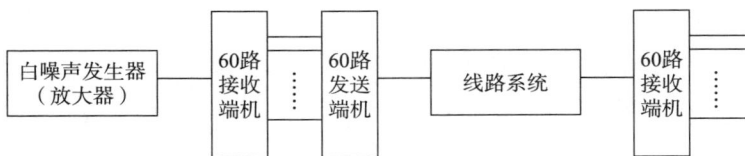

60个独立信号的同时传输

这个问题后来在其他系统中也曾发生过。

至于频响偏差的积累，基本上符合原设计的要求。根据测试结果，朱高峰设计了一套均衡系统以校正偏差。

与此同时，另外两条战线上的工作也在并行推进。一方面为了解决电缆线对间串音问题，邮电科学研究院线路研究室的同志进行了长时间的平衡测试实验，最终找到了规律并解决了问题。另一方面是设备寿命短的问题。当时还没有晶体管，用的都是电子管，而初期电子管的寿命只有500小时（主要指线路放大器的功率管），如果连续使用，只能维持20多天。因为是多个放大器串联使用（每隔18千米设一个增音站），所以实际上隔不了几天就要换电子管，系统无法实际使用。负责放大器的卢成俊同志和电子管厂的同志们下了很大的功夫，试验提高电子管的寿命，最后制出了寿命为5000小时的电子管，并被电子管厂接受，从而解决了电子管寿命短的问题。此时工程中的其他问题，如无人增音机的结构及可靠性问题、远距离供电系统问题等也都逐步得到了解决。

系统中还有一个问题是自动电平调节系统（即导频系统）的问题。与明线系统不同，地下电缆温度变化比较缓慢，但系统增音机数量多，因此系统设计上也有很多特点。

朱高峰从参加60路电缆系统的设计研制工作开始，逐渐认识到长途通信的主要问题是线路系统的问题。在研发明线载波时，他将主要精力用在终端设备的研发上。增音机是把终端机中线路端的部分组合一下就行了，并且隔100多千米设一个增音站，增音机数量不多，主要问题是线路特性随温度变化而变化的程度较大，外界其他因素也有较大影响，必要时要用人工调节，各增音站都需要有人维护。而对称电缆多路系统的增音机数量增加了7～8倍，且绝大部分是无人站，因此线路系统是主要研究对象。增音机数量多了，就要研究统计规律，有心的朱高峰没有让大脑停下来，趁热打铁，在郊外站这样没有外界干扰的环境中自学了有关统计学的理论。这无疑为他今后在驾驭长途通信传输技术方面的工作增加了知识储备。

北京—石家庄段试验持续了3年多，测试与设备改进交替进行。每当测试进行到一个阶段，邮电科学研究院便会针对发现的问题提出改进方案，随后由上海厂改进设备。经过几个回合后，到了测试后期，团队完成了北京—石家庄段近300千米的全线测试，并且在端站环回模拟了1500千米长度的测试。1964年，全线测试合格，设备基本定型。1965年，该设备通过了国家鉴定。在这大好形势下，朱高峰已经着手准备从石家庄向南延伸的通信系统测试计划了。但是，历来有"人算不如天算"一说。1966年"文革"开始了。朱高峰期待满满的南延计划取消了。

## 五、迎接大庆，喜事连连

在60路载波机调测工作的间隙，朱高峰还参与了高12路载波的研制工作。为了进一步提高通信容量，邮电科学研究院开展了高12路载波的研制工作，即在12路载波频段之上再加上一个12路载波频段，等于通信线路增加了一倍，这对于缓解通信线路紧张来说无疑是既节约又高效的举措。当然，线路频率已达到了300kHz。四川省邮电管理局对开展这项工作非常积极，省局研究所的同志也做了很多工作。高12路载波对线路的要求较高，当地线路部门的同志们也积极配合，最后试验终于成功了。这是在电信载波研制方面的又一个新成果。

20世纪60年代中期，晶体管已进入实用阶段。国际上，晶体管已开始广泛应用于载波通信系统，国内也启动了晶体管载波设备的研发工作。随着晶体管在通信设备中的广泛使用，国内开始进行12路载波通信系统和60路载波通信系统晶体管化工作。晶体管12路载波通信系统技术比较简单，在邮电科学研究院的指导下，主要由相关工厂完成了设备开发工作。至于晶体管60路载波通信系统，此时北京—石家庄段试验已基本结束，同时考虑到节约铜资源的因素，电缆技术领域提出了采用铝心、铝皮的全铝电缆方案。基于这一技术路线，确定了先在单四芯组全铝电缆上采用晶体管

60路载波通信系统，也就是后来的6503工程。

1964年5月，社会主义国家邮电部长会议在北京召开，这是邮电部的一件大事。由于工作语言是俄语，邮电部除安排常规会务外，还抽调了4个精通俄语的业务干部组成专家组，负责对会议议题中的问题进行会外研究，并在必要时提出意见。朱高峰等4人参加了此次会议。会议由邮电部部长朱学范担任主席，进展顺利。由于会上各国代表并没有提出实质性的问题，因此专家组只是旁听了整个会议，没有接到具体任务。

1964年，国内经济逐步出现令人欣喜的良好发展局面。北京张灯结彩，计划隆重庆祝中华人民共和国成立15周年。为迎接国庆，在短短两个多月的时间里，全国的文艺工作者团结一心，争分夺秒，经过紧张创作和艰苦排练，大型音乐舞蹈史诗《东方红》在人民大会堂隆重公演。1964年下半年，全国上上下下都洋溢着轻松和喜庆的气氛。

这一年，距离朱高峰从苏联列宁格勒电信工程学院毕业已整整6年，他迎来了人生中的三大喜事。

其一，邮电科学研究院从培养年轻技术干部的角度出发，决定派朱高峰去法国进修。法国是欧洲大国，其通信技术在西方国家中位于先进之列。对朱高峰来说，这无疑是一次极好的学习和考察机会。

其二，1964年11月初，邮电部邮电科学研究院第一研究所党支部大会通过决议，接受朱高峰为中国共产党预备党员，介绍人是张颂波和江廷林，时任邮电科学研究院党委书记是梁健。

梁健（1923年10月—1994年1月）是一名优秀的邮电通信技术管理专家。抗日战争初期，他加入革命队伍，参加了著名的百团大战等战役。他曾连续20天独自坚守电台，出色地完成了通信联络任务，受到了聂荣臻司令员的通令嘉奖，授予他军区模范电台台长称号。新中国成立后，他一边努力工作，一边刻苦钻研，自学初、高中课程，以合格成绩被录取到北京邮电学院无线电通信工程系学习。年届中年的他以优异成绩获得大学本科学历。毕业后，他被党组织派到邮电科学研究院担任副院长，主管科研技术工作。他主持领导了邮电科学研究院完善科研体系、制定科研发展规划、建立科研管理制度和科研秩序等多项具有战略意义的工作。他组织制定的"国家通信技术政策要点"项目获得国家科学技术进步奖一等奖，个人获得突出贡献奖。1992年6月，他受邮电部委派担任长飞光纤光缆股份有限公司董事长。面对公司经营困境，他果断调整政策，充分调动人才积极性，在短时间内成功开拓国内销售市场，并积极拓展国际业务，使公司经营迅速扭亏为盈。

其三，朱高峰因为准备到法国进修，要到上海外国语学院（现上海外国语大学）学习一段时间的法语。去上海学习前，他和第一研究室的同事王春梅确立了恋爱关系。王春梅是1963年北京邮电学院的毕业生，山东人，青春洋溢，脸庞秀丽，恰巧被分配到朱高峰所在的第一研究室工作。因为两人都是负责共青团工作的，1964年又都被选为院团委委员，接触比较多，相互间都有好感，但一直没有挑明。这次马上要出发去上海，这让朱高峰有了紧迫感。如果再不表明心意，万一时间长了，对方不等了呢？不怕一万，就怕万一啊！生来比较腼腆的朱高峰，终于鼓起勇气，向王春梅吐露了心声……

大事落定的朱高峰，背起行囊，轻松地奔赴上海外国语学院报到学习。学院有英语班、法语班等不同的班，朱高峰在法语班，班上有30多个同学，除个别人外都没有学过法语。

学校采取了比较灵活的毕业方式。外语水平达到了一定标准的就可以毕业，离开学校；与接收国单位联系好了的也可以毕业。有的学员因为是基础理论方面的人才，接收方接收没有什么障碍，所以毕业先走了。1965年年底，朱高峰和几个同学也达到了法语毕业标准，回本单位等通知了。

朱高峰和王春梅的新婚照

法语学习结束前，1965年的暑假，朱高峰从上海回到北京，在同事们的祝福下，他和王春梅喜结连理。和当时老北京家家户户的婚礼一样，他们的婚礼简单而温馨，没有婚纱，没有鞭炮，甚至连喜酒都没有，有的是同事们真挚的笑脸和祝福，有的是北京百货大楼开始供应的"什锦糖块"。大家很开心，朱高峰夫妇很幸福。人与人之间真诚相待，没有利益往来，纯粹的同志情谊让幸福触手可及。

朱高峰在太平庄宿舍临时借了间房。完婚后，热爱旅游的他提议去近郊游玩一趟。夫唱妇随，二人到近郊的周口店古猿人遗址游玩了一圈，以此作为简约版的"旅行结婚"。

1968年和1971年，朱高峰夫妇先后迎来了儿子朱兵和女儿朱英。两个孩子先后考上了大学，接受了高等教育，毕业以后也都从事与信息通信业有关的工作。

朱高峰夫妇及孩子幼年合影

　　1965年11月，朱高峰在上海外国语学院如期转正，正式成为一名中国共产党党员。

　　1966年年初，朱高峰回到邮电科学研究院。

# 第二章　特殊年代中的科研工作

## 一、担纲重任，"B-60"圆满成功

在那个特殊的年代，朱高峰的业务工作始终没有停。尽管北京—石家庄段的60路载波通信系统测试工作已经结束，但由于种种原因未能往南延伸，朱高峰随即投身于晶体管60路载波通信系统的研制工作。在电缆方面，邮电部有关的电缆厂研发了一种铝心、铝皮的单四芯组全铝电缆，以节约铜材。邮电科学研究院则承担相应的晶体管载波通信系统研制工作，这个系统简称为"B-60"。

在当时的知识分子和业务骨干中，朱高峰的业务水平和整体能力比其他人都强。最后研究所决定，此项目由朱高峰负责。从1967年开始，一直到1968年，朱高峰一头扎进项目里，牵头研制。为了验证"B-60"的传输效果，邮电科学研究院决定在四川成都—乐山间建一段160千米长的线路进行试验。

1969年年初，以朱高峰为组长的"B-60"试验组带了10个年轻人到成都开展试验工作，其中有范树华、陈仁娣等人。

同年，新中国成立以来一直比较稳定的国家邮电管理体制发生重大改革。11月5日，国务院、中央军委下发了《关于邮电体制改革的意见》（以下简称《意见》）。根据《意见》，自1970年1月1日起撤销邮电部，分别成立中华人民共和国邮政总局和中华人民共和国电信总局。

1973年3月3日，国务院、中央军委向中共中央提交了关于恢复邮电部的报告。同年3月6日，中共中央批准了这个报告。6月1

日，邮电部恢复。

朱高峰这次到四川公干，令他没有想到的是，几个月后，富庶的成都平原边缘，靠近山区的一个小城——眉山，居然会成为他的第二故乡。说到这件事，与当时国家紧张进行的"三线"建设分不开。

所谓的"三线"建设，指从20世纪60年代开始在我国战略大后方进行的一次大规模的工业体系建设行动。当时的一线，指沿海和边疆的省区市；二线是介于一、三线地区的省区市；三线主要包括京广线以西、甘肃省的乌鞘岭以东和山西省雁门关以南、贵州南岭以北的广大地区，具体包括四川省、云南省、贵州省、青海省和陕西省的全部。简单地说，就是在以四川为中心的广大西部地区建立独立的、"小而全"的国民经济体系、工业生产体系、资源能源体系、军工制造体系、交通通信体系、科技研发体系和战略储备体系。为什么要这样做？一句话，就是建立中华民族的"备用战略根据地"。

由于邮电属于"三线"建设的组成部分，邮电科学研究院里的各个研究室都要外迁，除市话研究室已迁到上海并入邮电部第一研究所、微波研究部分已迁至西安成立邮电部第四研究所、电缆研究部分要迁至成都建立邮电部第五研究所以外，载波研究部分被要求迁到四川山区，按当时"靠山、分散、进洞"的原则，选址要距离成都至少90千米。负责选址的人最终在距离成都88千米处的山区外边选了一个眉山象耳公社作为邮电部第六研究所的地点。如果按照90千米的标准强行机械地在88千米处再往前推进2千米，那就要进山了，六所的生产和生活环境恐怕要差多了。当时上海邮电器材设备厂也要同时搬过去，形成一厂一所的格局，即6505工程。为此，第一研究室的一部分人员，以赵陵川为首，包括江廷林、贾勇等人，先期前往眉山负责基建，为建所作准备。

1968年夏天，朱高峰为筹备6503工程（"B-60"试验段）去了上海、杭州、广州、武汉、郑州等地，主要了解设备生产和施工准备等进展情况。后来又去了一次成都，了解电缆敷设的进展情况。根据各地设备生产的进展情况，朱高峰计划11月去工地，但王春梅怀孕已临产，所里其他同志向上反映了王春梅的情况，建议朱高峰暂缓进川。院里同意了这个建议。王春梅于12月初生产，十几天后朱高峰迅即赶往成都，与大部队会合。

6503工程由成都市电信局具体承办，根据工程实际情况，局里也组织了10多人的队伍，协助工作。针对工程的实际情况，成都市电信局组织了一个工程指挥部，由几个科长具体负责，主要统筹工程建设与施工事宜。电缆方面的试验由邮电部邮电科学研究院第五研究所（成都五所）负责，载波通信系统相关工作由朱高峰和成都市电信局共同负责。此外，局里还抽调了几位老职工，有机务员、会计等，还有几个刚毕业不久的中专生，这样就组成了20多人的工程队伍。试验工程先在成都调测终端机，大体调测完毕以后，要到各个增音站去调测增音机，随后进行全线调测。成都到乐山约140千米，有10个增音段，除两端外，中间有9个无人增音站，在逐站调测的过程中，朱高峰组织了队伍一站一站进行贯通调试并与成都站对通。在当时交通条件有限的情况下，团队主要依靠大卡车运输器材，另外有一辆GAZ69型吉普车和一辆侧斗型三轮摩托车用于运送人员和小型设备。由于吉普车并不完全归工程使用，因此到郊外测试更多依赖摩托车。整个工程进展比较顺利，从开春到盛夏，朱高峰带领团队完成了各个增音站的调测和联测工作。成都五所在线路平衡方面的调测也已基本收尾，"B-60"只剩下全线贯通调试工作。

## 二、徒步160千米，开通6503工程

就在此时，朱高峰接到了北京打来的一个电话。

这个电话是刚从眉山基建工地调回北京邮电科学研究院主持第

一研究室工作的赵陵川打给他的："邮电科学研究院的下放工作开始了，有两种选择，一是到干校，地点在湖北阳新农村；二是到四川眉山505厂，你考虑一下。参与这个工程的其他同志也要二选一。抓紧报名。"

朱高峰立即向大家传达了赵陵川的通知。最后，除范树华因为女友在眉山505厂而报名去眉山外，其余9人都报名去干校。

朱高峰在电话里向赵陵川汇报了大家报名的结果，没想到赵陵川火冒三丈，发了一通火："谁让你们都报名去干校的？""不是你让我们二选一报名的吗？""不行，不行，统统去眉山。"

后来才知道，邮电部当时已下达要研发中同轴电缆1800路载波通信系统的任务，这项任务主要由眉山厂承担。因此必须有一批人去眉山，而朱高峰所带领的这支队伍各方面的条件比较好。因此这批力量没有选择，必须去眉山。

对于已经工作整整12个年头的朱高峰来说，这12年可以说是个人随着工程走，一个招呼就出发，也不管地点在哪儿，生活环境如何，再困难，自己扛！一个工程接着一个工程，工程既是任务，工程也是家，他的全部家当就是一个箱子、一个背包。对于北京的家，他似乎只是个过客。所以去眉山，王春梅肯定也去，对朱高峰来说，是要把家安在眉山了。

1969年5月，朱高峰回到北京，整理东西，准备去眉山。这一年的7月、8月，邮电科学研究院第一研究室的人陆续到眉山了。王春梅把孩子留在北京姥姥家，自己也随大部队到了眉山。朱高峰在成都的工作已进入尾声，随即抽时间去了一趟眉山。由于当时暂没有分配住房，大部队暂住在办公室里。

1969年的夏秋之交，6503工程进入全线调测开通阶段。朱高峰分配了任务，为每个无人站配备两人，基本上是北京来的一个工程师和当地的一个工程师组合，在无人站附近的镇上住下。与此同时，朱高峰安排了两名骨干人员留守成都，自己则独自一人从成都出发，沿着整个线路走了一遍。因为这条线路并不是沿成都—眉山—乐山的公路铺设，而是从仁寿方向开始，经常要穿越丘陵和小山。如果坐车，不仅绕远，还会浪费大量时间，朱高峰索性只身徒步前行。站与站之间的直线距离为16千米，他基本上每天走一站。路上的沟沟坎坎、水田庄稼、丛生的灌木，对已经奔40岁的朱高峰来说，无疑是对体力的巨大考验。

朱高峰每到一站，都会对这个站的情况进行详细了解，对发现的问题就地解决。住一个晚上，歇歇脚，和守站的工作人员聊聊天。第二天一早，朱高峰就奔向下一站。走到最后一个无人站，是设在乐山远郊的关庙。端站测试定在建于乐山远郊的郊外站，有些类似京汉60路系统中的石家庄郊外站，然后中继线路连到乐山市内。应该说这次测试基本上是顺利的、成功的。整个线路只有一个四芯组，串音问题解决起来比较容易。这套设备采用的是晶体管技术，相较于电子管设备，不存在因电子管寿命短而频繁更换的问题，所以维护起来相对简单。整个线路测试完成后，全部人员撤回成都。这时乐山郊外站和市内站也基本安装完毕。最后，人员分别在成都和乐山两端进行了全程性能及稳定性测试。在各项指标合格后，团队分班连续观察了三天三夜，确保每班的测试指标符合要求后，工程基本结束。

尽管没有敲锣，没有打鼓，没有鲜花，没有奖牌，但朱高峰毕业后第一个独立主持完成的60路载波通信系统工程，是他成为长途通信技术专家之路的奠基礼。

这项工程进展顺利的一个重要原因是京石60路系统工作扎实，"B-60"总体设计比较完善。当然，单四芯组相对比较简单、半导体器件比电子管稳定等，也是重要的影响因素。

## 三、主持1800路工作，组织会战

1969年国庆前，6503工程圆满结束。朱高峰回到眉山正式报到。当时研究所内比朱高峰年龄大的研究人员都去了干校，到眉山的基本上都是20世纪60年代的大学毕业生和中专生。北京邮电学院的一批教师，因长期面临夫妻两地分居的问题，于是选择到眉山，虽然远离北京，但他们的分居问题终于等来了解决的曙光。

总体组的情况是，一批骨干力量包括林厚康、罗建国、杨明佐等都去了干校，连20世纪60年代初毕业的翁若男等人也去了干校，其他负责部件工作的同志也大多如此。邮电科学研究院第一研究室调往眉山的这批人员，由于带着任务，所以没有被打散，而是统一编为一个车间，称为第九连。工作地点安排在为研究所建的28号大楼里。宿舍也进行了分配，当时建了一批两层的筒子楼，每层八间房，分别住八家，一家一间房。房间被隔成外面半间和里面一间，没有独立的厕所和厨房，走廊里放置了一个烧蜂窝煤的炉子，蜂窝煤由厂里自己生产，定量供应，但要住户自行去搬运。厕所是在楼外的一所公厕，没有上下水系统，当时连厂里的招待所内也没有厕所。楼房结构很简单，外墙是一层红砖，除四周墙体外，中间的隔墙是用砖立起来砌的，很薄。朱高峰家被安排在二号楼边上的第一间。房间之间的墙据说是土砌的。由于隔墙较薄，邻里间流传着一个玩笑：夫妻可不能吵架，否则你一脚踢过去，就到我家了。

当时519厂的骨干人员在厂长崔雨文的带领下迁入505厂，这些人员是"好人好马上三线"的典型代表。同时，研究所调往眉山的人员由赵陵川带队。两个单位的人员合并到一起。为了加强领导和推进工程进度，邮电部派张之俭、闫生毅等人组成工作组到眉山指导工作，后来工业局副局长马生山也来到眉山厂任主要负责人。

朱高峰到厂里报到后没几天，就接到了参加国庆节后关于

1800路频谱和总体方案讨论会议的通知。在此之前，这项工作由1962年毕业的卢汉元负责。朱高峰接手后，迅速承担了总体组的重任。

1800路工作组织方面参与人员众多，除505厂和研究所的人员外，还有来自武汉528厂（原为武汉邮电学院，后来成为专门研制光缆的武汉邮电科学研究院）和重庆529厂的人员。武汉528厂派了赵梓森来参加，重庆529厂则由厂顾问丛松斋带领一大批人来参加。尽管大家缺乏经验，但工作努力，进步很快，关系也挺好，在工作中发挥了社会主义大协作精神。

在北京开会确定整体方案后，厂里全面展开工作，确定了总体指标和设备框图，并分配了各部件指标，随即展开了具体设计工作，包括电路设计和结构设计，等设备初样出来后便进行总体测试。

由于时间紧、任务重，参加总体会战的科技人员经常通宵加班。

朱高峰曾有一次因连续几天奋战，导致老毛病梅尼埃病发作，感觉天旋地转，喝水进食就吐，休息了10多天。经过近一年的努力，朱高峰主持的中同轴电缆1800路载波通信干线科研攻关工作终于看到了曙光。1970年年底，1800路的科研初步样机已经成型。总体组到北京进行了6千米的增音段测试，取得数据后赶回厂里继续进行室内测试。设备基本出齐以后，朱高峰决定将北京—天津作为试验段，命名2109工程。由于研究院各机构均已下放，所以又组建了一个2109工程处，负责建设和试验工作，领导是王盛华，后来这个工程处逐渐演变为电信传输研究所。1971年，设备出厂并在线路上安装，同时厂内进行项目的资料整理和归档。

线路试验队伍由工程处和工厂、研究所的同志组成。尽管在试验过程中遇到了一些问题，但团队对如何解决这些问题有着清晰的认识。朱高峰此时主要在北京和天津两地指挥，有时也会去无人站了解增音机的现场情况。他的主要工作内容是现场测试、分析数据、找出问题、明确改进方向。

虽然朱高峰在长途多路载波设备的研制和线路验证、建设方面已积累了丰富的经验，但2109工程在技术上是向前迈进的巨大一步，与对称电缆60路载波通信系统相比，单回路容量增加了30倍，频宽也相应增大了30多倍，相应的元器件、部件设计、所用仪器设备、工艺装备等水平都有了显著提高，相对带宽也宽，实现各种电气特性平坦很不容易。2109工程中的设备使用晶体管代替了电子管，尽管6503工程已经采用了晶体管，但2109工程在频谱和晶体管数量上都提高了一个数量级。增音段距离缩短至60路载波通信系统的1/3，因此在相同距离的情况下增音站数量增加了3倍，这使得线路均衡系统、电子自动调节系统等变得更加复杂，远距离供电系统供电电压的最高值能达到千伏。而当时在电缆研制方面，同轴管的耐高压性能还不稳定，研究团队正在寻求解决方案，此事后面还会提到。在系统的建设和维护方面，由于是初次尝试，团队还处在摸索和积累经验的阶段。经过一年左右的线路测试验证，虽然证实了系统整体设计合理、指标合格，但同时也暴露出一大堆问题，需要进一步解决。

长途电缆多路载波通信系统的特点主要体现在两方面：一是容量大，如60路载波通信系统、1800路载波通信系统等，说白了，就是这条线路上可以同时有60对人或1800对人同时通话；二是传输距离长。传输距离长就会出现一个必须考虑的问题，即通信信号逐渐衰减的问题。打个比方，一个人走5千米没有问题，如果要走50千米，中间就要补充能量，否则走不下来。通信信号也是如此，在导体中随着通信距离的延长，信号会衰减，通信质量会受到影响，严重的情况下通话可能完全听不清。因此在研制中，朱高峰要把保证信号传输的质量和可靠性放在第一位，在质量方面，如何通过增音设备的利用和调试，使信号的失真降到最低（当然不可能一点失真都没有），就是摆在朱高峰面前的一道必须越过的障碍。除两端的终端调制设备及中间某些点上的多路转接设备外，其他均属增音系统，因此增音系统所占的比重很大，它直接决定了干线通信的最大传输距离和信息传输的质量。但是，在同一条长距离线路上特别是容量大的线路上，增音机的数量并非只有一台，而是多达几十台甚至几百台。这些增音机串联在同一条线路上，共同工作，以保障整个系统的传输质量。但问题是，如果在线路上的每一台增音机都引入了很微小的失真，那么积累起来也会造成不可想象的后果，甚至造成电路无法开通。比如说电平偏差，一个增音机的电平偏差只有0.1dB（这是能测准确的最小数值），如果200个增音机加起来，那电平偏差就不得了了，很可能直接导致电路不能开通。

为了保证增音系统的失真小到允许的范围内，朱高峰首先需要确定失真的原因，再根据失真的不同原因，把失真分类。同时研究各种类型失真的内在规律及失真相互间的叠加规律，根据各种失真的性质及其造成的影响，分析矛盾所在，然后采取不同的解决措施。

朱高峰在实践中不断摸索，发现失真的原因主要来自两方面，一方面是信号本身的变化，另一方面是外界的干扰。外界干扰主要表现为杂音，出现杂音的原因有两个，一是当没有信号时已存在的杂音，也称为固有杂音；二是相邻系统间相互串扰产生的杂音（串杂音）。由于增音系统传输的不是单个通话的原始信号，而是多路通信已经合在一起的群信号，所以朱高峰认为研究失真也要从群信号的角度进行，并且从两方面去衡量，一方面是信号强度用幅度或电平表示，另一方面是信号内部各组成部分之间的关系。所以朱高峰面临着两个矛盾：一是通信要求信号本身不失真与信号经过传输以后产生失真之间的矛盾，解决的手段是进行均衡和调节；二是通信要求信号无干扰与实际系统中存在干扰之间的矛盾。而这两个矛盾之间又是互相联系、互相影响的。朱高峰在参加研制的过程中发现，通路本身引入的杂音不仅与单个增音机的质量有关，而且还涉及每个增音机的电平及其频率特性。因此，均衡和调节不仅需要保证接收端信号失真小，同时也需要保证整个通信系统的信号传输质量。其中均衡是无外界变动因素保证通道的频率特性平坦，而调节则是针对环境、温度等因素引起的特性变化进行校正。因此，均衡和调节在整个通信系统研制过程中的重要作用是不言而喻的。在研制工作第一线的朱高峰，正是通过理论和实践的结合，摸索出了规律，找到了解决问题的"钥匙"，从而一步一步走向了成功。这是任何一个新产品研制必然要经过的重要阶段。除正确的理论外，还要经过反复的试验和改进才能实现设备的最佳状态，达到设备研制项目建议书的标准。这也是全体科研人员一年来辛勤劳动的成果和目的所在。中同轴电缆1800路传输系统的成功不仅突破了国内长途大通路研制的瓶颈，也标志着中国在通信技术方面已经迈入世界第一阵列，成为美国、苏联以外第3个拥有中同轴电缆近2000路传输系统的国家。但这一大步的跨越不是轻轻松松、一蹴而就的，而是经过艰苦努力、砥砺奋斗实现的。朱高峰很清楚这支科研队伍所付出的努力，团队中哪一个人没有经过日日夜夜的挑灯夜战？哪一个人没有付出满腔的热血？同样的事物，在不同人眼中看来是完全不一样的。在外行人看来，北京至天津的线路打通了，两边也可以通话了，这就是试验成功了。但从打通到达到指标要求还有很长的距离，从初步达到指标要求到完全达到各项指标要求，从一时达到指标要求到稳定达到指标要求又有很大差别，从系统全面达标到可长时间稳定可靠地工作，再到可维护、可运行也是有很大差别的。

1971年年底，工程处在天津召开了2109工程试验总结会。因为测试过程比较顺利，工程处领导和研究院机关及部机关相关负责人都很满意，认为试验段圆满完成任务，下一步可以转入京沪正式工程建设了。而作为项目主要负责人的朱高峰却很清醒，坚持必须先解决一个个已经发现的问题，绝不能仓促转入正式工程建设，这是底线。即便各级领导在场，他也坚持实事求是地把通过试验发现的问题明明白白地讲出来，于是他的发言一下子震动了整个会场。会后各方商议的结果还是实事求是先解决发现的问题，做出Ⅱ型机后到京津段再进行一次测试。

朱高峰回到眉山后，当初第一研究室下放到湖北干校的一些同志也陆续到达眉山，增强了解决问题的力量。在朱高峰和他的科研团队夜以继日的努力下，经过一年多的奋战，Ⅱ型机终于研制了出来。俗话说，是骡子是马，要拉出来遛遛。Ⅱ型机再次被送到线路上进行试验。此时工程电缆铺设和无人站的建设已经从天津延伸到了济南，所以Ⅱ型机试验是在京津济段上进行的，距离延长了一倍多，试验结果大体符合要求。在没有任何国外资料可借鉴的情况下，经过了两年多的艰苦鏖战，中同轴电缆1800路传输系统终于可以亮相了！指挥部决定：工程全部动工，直达上海！

朱高峰和他的团队在科研一线埋头攻关的同时，有人借朱高峰在外出差，动员年轻人给他贴了一些大字报。朱高峰回所里以后，这些情况又突然销声匿迹了。但在工作中却有意无意地排除他参加，甚至不让他出差。这段时间朱高峰的心情也不太好，加上王春梅生了二胎，家里又没有帮手，夫妻俩忙得够呛。

1974年，朱高峰体检时查出了乙肝指标高，大概是在外地出差时受到了感染，当然这与他心情不好也有一定关系。根据医嘱，他不得不休息一段时间。在此期间，朱高峰在家中看书就成了常态，这也是他最喜欢的。一段时间后，他的肝功能指标逐渐降了下来。当时邮电科学研究院的领导梁健到眉山考察。他来的目的之一是看望一下生病的朱高峰，同时是点将出征，京沪1800路干线工程的最后冲刺不能少了朱高峰。

在此期间，京沪1800路干线工程正在全线推进。505厂和研究院的同志们全力以赴，在线路上和工程队的同志们同心协力，工程进展比预想的要顺利。其间遇到的关键技术问题大多已在京津段上遇到过，已有解决方案，并未再遇到新难题。

## 四、两次出国，收获颇多

1974年，朱高峰参加了邮电部组织的两次出国访问活动。第一次是当年5月，时任邮电部部长的钟夫翔率团访问罗马尼亚。

大概因为在1965年社会主义国家邮电部长会议期间，朱高峰参加了外事接待工作，外事司的同志与他接触后对他有所了解，所以指名要他参加。当时外事活动很少，所以这是邮电部的一件大事。

访问罗马尼亚的是邮电部派出的最高级别的代表团了，钟夫翔任团长，刘澄清副部长任副团长，代表团成员包括部党组成员、邮政总局负责人罗淑珍、外事局副局长刘远，以及两名技术人员（一名是姚永炀，负责微波工作，他当时是全国人大代表；另一名是朱高峰）。此外，还有一名从外交部借来的罗语翻译，一共7人。朱高峰在团里职务最低，他打定主意，出去后要多承担些事务性的工作。

飞机在卡拉奇经停了一小时，我国驻巴基斯坦大使专程赶来机场接送。然后飞机又飞往罗马尼亚的首都布加勒斯特。罗方对代表团很热情，邮电部部长亲自到机场迎接。车队由警车开道，护送代表团前往国宾馆下榻。下午稍作休息后，罗方举行晚宴欢迎中国邮电代表团。宴会结束后，代表团回到宾馆，此时大家已经超过24小时没有睡觉了。

在罗马尼亚期间，罗方安排代表团去了布拉索夫、锡比乌等罗马尼亚主要城市，参观了当地的通信设施，并进行了交流。日程很紧，有时坐火车，挂了一节专用车厢，有时则坐汽车。最后到了罗马尼亚著名的海港城市康斯坦察，它被誉为黑海的一颗明珠，风光非常美丽。代表团去康斯坦察时，钟夫翔因为齐奥塞斯库要接见，所以临时赶回布加勒斯特，刘澄清和翻译同行。代表团其他成员则先去康斯坦察了。钟夫翔一行在齐奥塞斯库接见结束后也赶到了康斯坦察与大家会合。

一周活动很快结束了。朱高峰在外期间度过了自己的40岁生日，人生不知不觉已到了不惑之年。这个在国外度过的生日，朱高峰没有声张，别人也不知道，他悄悄地与前40年告了别。

朱高峰回国后进行了总结并休整了一下，随即再次启程，这次是随梁健出访美国。当时中美尚未建交，北京设有美国联络处，老布什是主任。因为去美国的团组很少，所以老布什特意为代表团举行了一场招待会。招待会请柬上写明招待会时间是晚上6~7点。朱高峰当时对这样的招待会形式并不了解，以为会有晚餐。然而，当他到了美国驻华联络处之后就傻眼了，招待会上连座位都没有，每人端着一杯水，站着聊聊天，只有一点花生米和小肉丸子。布什夫人芭芭拉还端着盛小肉丸子的盘子请大家享用。朱高峰在这一小时里仅吃了两个小丸子、几颗花生米，哪儿能充饥呢？后来，他就知道招待会是怎么一回事了。但这也是他参加的唯一一次如此简单的招待会。当时的北京，晚上7点后饭馆都打烊了，朱高峰回到宿舍只能凑合吃点干货了。

这个代表团是中国访美的首个通信代表团，共有11人。梁健是团长，邮电部情报所派了一位翻译，下面分有线组和无线组两个组。有线组由恽锦牵头，他当时是邮电部科技司副总工程师，成员还包括索珍（502厂）、黄三荣（郑州设计院）、黄戊朴（519厂）和朱高峰，共5人。无线组成员有姚永炀，以及在航天部门工作的屠善澄、闵世权和但森，共4人。美方由美中友好协会负责接待，协会派了一位女士全程陪同代表团，沿途所有联系都由她一个人安排。美国国务院派了两名便衣警卫随行，既负责保护，也进行一定程度的监视。美方对此次访问颇为重视，还在报纸上发布了一条消息——中国来了一个邮电工程师代表团。

当时中国与美国之间没有直达航班，代表团先飞往巴黎，再从巴黎转机到美国东部，最后从美国东部到西部。回程则途经东京。北京出发航班经停卡拉奇到巴黎后，代表团在使馆招待所住了一晚，也逐步适应了时差，然后乘坐法国航班到达美国华盛顿。在美国待了一个多月，代表团访问了华盛顿、巴尔的摩、纽约、波士顿、芝加哥、达拉斯、圣迭戈、旧金山、夏威夷等地，主要参观了 AT&T 旗下的工厂和研究所，还访问了 RCA 公司、Andrew 天线厂、GTE、有线电视公司等企业，以及斯坦福大学等学校。在华盛顿时，代表团拜访了商务部等政府部门，也去了中国驻美联络处；在纽约时，去了 AT&T 总部和贝尔实验室总部；在巴尔的摩，考察了同轴电缆厂；在波士顿，参观了传输设备厂；在芝加哥，访问了交换机厂和 Andrew 天线厂；在圣迭戈，参观了有线电视公司；在旧金山，走访了硅谷和斯坦福大学等地；在夏威夷等地参观了电话局。美国在接待代表团时，虽然在政治上保持警惕，但在技术交流和展示方面相对开放，所以代表团还是看到了不少东西，收获颇丰。

当时国内的同轴电缆耐高压性能不稳定，代表团到巴尔的摩的同轴电缆厂（该厂后来迁至亚特兰大，改为光纤光缆厂）生产线旁走了一圈，电缆方面的专家索珍就看明白了。原来国内制作同轴管时，铜带是向上弯曲成管，而美国是向下弯曲成管的。铜带向上弯曲时，带上的铜屑容易掉入管内，使耐压性能不稳定；而铜带向下弯曲时，铜屑掉到管子外面，就避免了这一问题。正所谓外行看热闹，内行看门道！索珍一句话没说，走了一圈，就破解了多日困扰众人的大问题。这就是技术专家，这就是技术专家们的过人之处！

此外，意外的收获也不少。当时光纤刚刚问世不久，代表团成员都没有见过光纤。在参观贝尔实验室时，主人送给了代表团一段光纤——如玻璃丝样的东西，让代表团见识了这个几十年后将主导全球通信的光信号传输媒介。在 Andrew 天线厂，代表团看到了卫星接收小天线的加工过程。在 AT&T 总部，代表团看到了诺贝尔奖获得者的展示和各种发明的展览（这些展品现在仍在那里，只是内容更丰富了），并对 AT&T 庞大系统的组织架构有了了解，还对一个高科技公司有了感性认识。同时也了解了一些其他情况，如在 RCA 公司的实验室中看到每个房间都很小、很拥挤，真正体会到了美国人不摆花架子、实干的精神。黄三荣在美国期间一直寻找对口单位 —— 专业设计院，但始终找不到，原来美国没有类似中国和苏联那样的设计单位，而是承办单位负责项目的实施，没有像中国设计院那样代表政府把关性质的单位。代表团过去从没有接触过有线电视，这次看了之后有所了解，CATV 中的 CA 原是公用天线（Common Antenna）之意，后来演变为 Cable，即电缆（有线）电视。但他们的电缆电视都是从小区开始的，主要是可以插入一些本地节目，而不是要与无线电视对抗。这与我们后来的有线电视（当时我们还没有）从市级到省级，再到全国的推广方式完全不同。

美国有一个单位送给代表团每人一个计算器，具有函数计算功能，在当时很高级。按规定，计算器回来都要上交，但朱高峰认为其在技术研发中很有用，便向梁健提出请求，希望破例将他那个计算器留给所里使用。梁健同意了这一请求。朱高峰回国后还办理了相关手续，将这个计算器带回所里交给了滤波器组，他们非常喜欢。在 4380 路滤波器的研发中，这个计算器发挥了巨大作用，其计算速度比电动计算器快了许多倍。为了充分利用这个计算器，滤波器组的同事们甚至分班倒着使用它，直到这个"小东西"寿终正寝。

## 五、反映问题，毫不粉饰

出访代表团回国完成总结后，朱高峰赶回眉山，稍作准备，即刻奔赴京沪线了解情况。当时，工程前线指挥部设在南京，这一地点相对适中。朱高峰从北京经天津、山东到了南京，后来又去了蚌埠、合肥（有一条支线到合肥）、徐州，再返回南京。南京郊外站设在小茅山，距离市区较远，地形较隐蔽。在沿途考察过程中，朱高峰发现工程中还有一些地方不尽如人意，存在一些亟待解决的问题。

为此，工程指挥部决定在南京召开一次汇报会，会议由邮电部副部长朱春和主持。朱春和是山东寿光人，早在土地革命战争时期就加入了中国共产党。新中国成立后，他历任华东军区防空部队政治部副主任、华东工程兵工程指挥部副政委兼南京工程兵学校政委、南京军区工程兵司令部副政委。1961年晋升为少将军衔，曾荣获中华人民共和国二级独立自由勋章和一级解放勋章。1964年转业后，他先后担任邮电部政治部主任、邮电部副部长。之后，朱春和曾短时期调入交通部工作。邮电部恢复建制后，朱春和再次调回邮电部任副部长，分管基建工作。4201工程自然也归他负责。

邮电部基建局派了一支队伍，在沿线检查并了解工程情况，然后一同前往南京开会。此次会议的情况基本上与天津召开的2109天津工程试验总结会情况相似，只是层次更高了。基建局首先汇报，主要强调了工程方面取得的成绩。工业科研方面由朱高峰汇报，他听完基建局的汇报后，认为工程情况要一分为二地看待，不能只讲成绩，问题也必须如实反映。他实事求是地指出了一路考察中发现的问题，并提出了对下一步工作的建议。实际上，在后续的工作中，工程存在的问题还是通过研究所和工厂的努力得到了解决。朱高峰始终坚持实事求是的原则，有一说一，有二说二，不夸大成绩，也不掩盖问题。他觉得只有这样，通信工程才能经得起历史的检验。

会议最终决定，工程全线从南京经湖州到上海（由于南京到杭州的支线经过湖州，所以工程的总名称为"京沪杭1800路中同轴电缆工程"）。

连续两次出国和一次对4201工程检查的长途出差，让朱高峰的身体不堪重负。经医院检查，他的肝功能指标很高，医生建议他要休息一段时间。

1976年，尽管朱高峰回到了上海治病和休息，但他的思考却从未停歇，始终在考虑一些重要的问题。其间，眉山的同志到上海时来看望过朱高峰几次。部里的宋直元同志一直在沿线工作，也抽空到家里看望过朱高峰。宋直元是四川成都人，1952年毕业于四川大学电机工程系，1963年曾赴瑞典爱立克森公司实习，先后供职于邮电部设计院、邮电部基建局。两个人的私交不错，相互间一直配合默契，相处十分愉快。

1976年夏天，王春梅出差到上海，并带着孩子一起回到四川眉山，朱高峰仍基本上在上海休养。其间，工程上的压力和昼夜奋战，导致两位技术骨干相继因过度劳累而突然离世。其中一位是张鸿堂，他的大学毕业设计还是朱高峰指导的，为人勤奋，也有见地，英年早逝，非常可惜。另一位是技术人员李贵根，在所里工作时突然倒地去世。这两位新中国培养的知识分子，远离家乡、不知疲倦地为邮电通信事业构筑地基，却以他们万万不该离去的年纪，先后倒在了工作岗位上，令所有人唏嘘不已，万分惋惜！

1976年10月底，朱高峰从上海启程，乘坐长江渡轮经武汉、重庆返回眉山。途经重庆时，朱高峰特意前往515厂和九所（重庆邮电学院）看了看。邮电部和邮电科学研究院决定在九所研发数字通信系统，原第一研究室的数字通信组全部从眉山迁往重庆。朱高峰回到眉山时，已接近年底，肝功能指标也基本恢复正常了，于是又投入下一步的工作了。

# 第三章　迎接科学的春天

## 一、4380路，迎接挑战

1976年，朱高峰负责主持的京沪杭1800路中同轴电缆系统顺利通过国家鉴定，4201工程也进行了验收。眉山六所下一步究竟研发什么？这个带有全局性、方向性的问题就被提上了日程。资料显示，美国早在20世纪50年代就开发了中同轴电缆6千米增音段系统（1920路），并逐渐建成了全国性的系统，成为长途通信网的骨干。苏联随后也研发了类似的系统。之后美国进一步研发了3千米增音段系统（3600路），并已投入使用。20世纪70年代，美国已经开始研发1.5千米增音段系统（万路系统），试验成功并已开始投产。与此同时，欧洲一些国家由于国土面积小、城市之间距离短，大量采用小同轴电缆，有300路、960路，直至2700路，也有实现3600路的。面对这样的国际形势，中国怎么办？经分析，决定还是先研发3千米增音段系统，如果直接研发1.5千米增音段系统，增音站数量太多，会出现什么问题，当时没有把握。此外，电缆的远距离供电电压太高，电缆特性问题和过压保护问题也会相当严重。

此前，505厂九连已明确恢复为研究所，开始时归属于505厂，后来又明确独立出来，恢复为原来的六所，由邮电科学研究院直接管理。赵陵川任书记，杨树荣任所长，江廷林任副所长。邮电科学研究院的领导梁健全面负责邮电科学研究院的工作。

1977年年初，又一项大通路的重要工程在四川一个不起眼的小地方——眉山悄悄地启动了。这项工程的全称叫"中同轴电缆4380

路载波通信系统"，这项工程有什么特殊之处呢？就是工程的通信容量更大，如果说上一节讲到的中同轴电缆1800路载波通信系统可以有1800对人同时通话，那么4380路工程则通信容量更大了，同时通话的人数更多了。当时在眉山六所的朱高峰正在为此事主持一项试验，这项试验的意义重大。如果试验成功，则可以在3千米增音段系统容量上超过美国。朱高峰的想法是，既然我们不直接研发1.5千米增音段系统，那么在3千米增音段系统的研发中就要制作得好一些，至少不比别人差，具体就是要把容量尽量制作得大一些，初步定为4380路，并研究了总技术要求和总体方案。4月，朱高峰到北京讨论中同轴电缆4380路载波通信系统研发方案，基本得到确认。回到研究所后，他立即着手进行工程的前期准备工作。

中同轴电缆4380路载波通信系统是以中同轴电缆为传输媒介的长途大容量通信系统，它能够在一对2.6/9.5mm（2.5/9.4mm）的中同轴电缆管上同时传输4380个话路。其原理是基于频率划分的多路复用传输技术。除电话通信外，该系统还可以用来传输电报、传真、广播信号，进行高速率的数据传输，以及传输一些宽带信号等，也可以在一定的距离内用于电视节目传输。建成后，它不仅是当时国内最大容量的长途电缆通信系统，可供国内通信网急需的重要干线使用，同时这项工程也是中国通信科研和长途通信建设史上的一个里程碑。

俗话说，"前有车，后有辙"。1800路长途载波通信系统的成功研制，已经让朱高峰成为20世纪70年代中国通信科技领域炙手可热的人物，那么中同轴电缆4380路载波通信系统的研制任务更是对朱高峰的极大挑战。面对挑战，朱高峰说：我喜欢这种挑战，挑战就是一种动力，它会激活所有的大脑细胞，听从使命的运转！

1977年，邮电科学研究院恢复六所后，朱高峰被任命为总体研究室的负责人，同年11月被选为六所党委委员。1978年，在参加全国科学大会期间，他被任命为六所总工程师、邮电科学研究院学术委员会委员。此后，所里的杨树荣书记和江廷林所长曾多次找朱高峰谈话，希望他担任副所长，朱高峰一直没有接受。他认为，国家培养了他多年，正是应该在工程一线打拼的年龄，技术工作是他的专长，他希望继续沿着这条路走下去。六所的领导也被他的坚守所打动，遂作罢。

## 二、科学大会，永载史册

1978年3月18日，这一天必将被载入中国史册。

中共中央、国务院在北京隆重召开了全国科学大会。时任中共中央副主席、国务院副总理的邓小平作了重要讲话，号召"树雄心，立大志，向科学技术现代化进军"。这次大会是在国家百废待兴的形势下召开的一次重要会议，也是中国科技发展史上的一次具有里程碑意义的盛会。来自全国各地的5586名代表出席了大会，朱高峰荣幸地代表邮电科学研究院第六研究所参加了这次大会。会议代表是按属地原则组团，朱高峰所在的单位位于四川眉山，因而他加入了四川代表团。团长是四川省委副书记杨超，副团长有马识途（著名社会科学家）等人。四川代表团一到北京，就听说四川的老乡邓小平将出席全国科学大会并发表讲话。自邓小平恢复工作以后，四川的老乡们还没有见到他，大家的激动之情难以言表。

人民大会堂灯火通明，邓小平的讲话掷地有声 —— "科学技术是生产力，从事体力劳动的、从事脑力劳动的，都是社会主义社会的劳动者……"

台下的朱高峰和其他知识分子代表、历经磨难的科学技术专家们听得热血沸腾，许多人眼含热泪、把手高高地举过头顶，双手拍得通红。

邓小平在这次大会上的讲话中明确指出"现代化的关键是科学技术现代化""知识分子是工人阶级的一部分"，重申了"科学技术是生产力"这一马克思主义基本观点，从而澄清了长期束缚科学技术发展的重大理论是非问题，打开了"文革"以来长期禁锢知识分子的桎梏，迎来了科学的春天。

3月31日，中央人民广播电台播音员王琦在全国科学大会闭幕式上宣读了时任中国科学院院长郭沫若的书面讲话《科学的春天》。他在事后回忆说，当我念道：这是人民的春天，这是科学的春天！让我们张开双臂，热烈地拥抱这个春天吧……哗……台下响起如雷鸣、如潮水一般的掌声。我不讲下边的这句话，这个掌声一直会延续下去，后来我看，如果再这样念就怕把会议时间拖得太长了。掌声还没有停止，我就把下一句读出来，当我下句刚刚说完，下边又马上呼应起来，又是热烈的掌声。

1978年召开的全国科学大会是我国科学史上一次空前的盛会。这次大会不仅确立了一个国家尊重知识、尊重人才的根本方针，也为中国未来的发展指明了方向，成为改革开放的先声。在这次史无前例的大会上，朱高峰牵头负责研制的中同轴电缆1800路载波通信系统荣获"全国科学大会科技成果奖"。

大会结束后，朱高峰仍然情绪激昂，心情久久不能平静。他觉得从来没有像今天这样，可以抬起头、挺起胸走路了。


# 三、科学分析，统一认识

1978年，中同轴电缆4380路载波通信系统研发工作在眉山六所全面展开。所里先后召开了任务制定会议、中同轴电缆4380路载波通信系统技术方案讨论会。邮电科学研究院也召开了中同轴电缆4380路载波通信系统方案审查会，审查的结果是邮电科学研究院与眉山六所的意见一致。由于外部对方案还有些不同看法，为此，六所于年底在北京又召开了中同轴电缆4380路载波通信系统技术方案辩论会，继续对方案进行讨论。

就在北京关于中同轴电缆4380路载波通信系统技术方案审查会、辩论会一场接一场召开的时候，远在四川眉山的研发工作一直在如火如荼地进行着。从中同轴电缆4380路载波通信系统的总体角度来讲，朱高峰根据系统工程的经验和国外的一些参考资料，一直在研究均衡偏差规律和预均衡问题。因为在3千米系统中，容量能达到4380路的关键是采用一些与1800路系统不同的新技术，除2倍以上频宽外，其中预均衡和预调节是减少频响偏差和减少杂音使之达到系统要求的指标值，也是保证通信质量的关键技术。根据分析情况，朱高峰正式写出了关于预均衡的文章，随后发表在《通信学报》上。根据分析，采用预均衡后，杂音的变化量可以降低到未采用预均衡时的1/3～1/2，可以较大程度地改善系统工作状况，或有效地扩大线路频带宽度，增加通路数，因此将容量定为4380路是可行的。这个关键的分析如同一锤重音，不仅消除了一部分人对4380路容量的怀疑，也使六所的工程技术人员更加坚定地、全力以赴地推进工程的研发。

1979年年底，朱高峰再次赶赴北京，向邮电部及邮电科学研究院的相关部门汇报工程进展情况和下一步中同轴电缆4380路载波通信系统试验段的选点方案，建议将该系统设在浙江杭州周边。

1980年年初，朱高峰组织所内人员对4380路的样机进行了全面检查。由于六所的赵陵川书记已于1979年去世，所领导班子也相应进行了调整，杨树荣接任书记，江廷林任所长。这一年的秋天，朱高峰和江廷林所长一起出差到杭州，就中同轴电缆4380路载波通信系统试验段问题与浙江省邮电管理局进行商议。浙江省邮电管理局副局长郁淮同志主管这方面的工作，有关试验段的具体工作则与电信处秦处长商议。

然而，商量的过程并不顺利。六所建议将试验段设在杭州与湖州间，两地同属浙江省，便于协调管理。更重要的是，杭州—湖州之间已有4201工程中埋设的中同轴电缆系统，这意味着中同轴电缆4380路载波通信系统无须再铺设新电缆，只需改换系统设备即可。这一关键条件可以避免进行大规模的基建，但双方在具体条件上未能达成一致，秦处长也有自己的看法，最终未能谈成。

1981年，邮电部、邮电科学研究院组织在六所内对4380路设备进行检查，并召开了中同轴电缆4380路载波通信系统工程领导小组会。由于中同轴电缆4380路载波通信系统的研制工作已经万事俱备，只欠"试验段"这个东风了。为此，心急如焚的朱高峰再次前往浙江，继续与浙江省邮电管理局商量试验段的事。鉴于中同轴电缆4380路载波通信系统是邮电部的重点工程，时间紧迫，不容再拖，邮电部特意向浙江省邮电管理局打了招呼，试验段的事终于有了转机。经朱高峰与浙江省邮电管理局友好协商，试验段最终确定在杭州与湖州之间。

1982年年初，眉山六所在杭州电信局召开了中同轴电缆4380路载波通信系统工程试验段准备会议，浙江省邮电管理局积极配合。由于朱高峰即将调去邮电部工作，不能继续参与试验段的试验工作，因此六所的后续组织工作便由苏德昌等同志接手。

1958—1982年，朱高峰攻克了一个又一个长途载波通信方面的技术难关。1963年，朱高峰被破格晋升为工程师。其实1958年在苏联的毕业文凭上已经明确了他为工程师，欧洲称为文凭工程师，但这个工程师资格在国内并未被认可。直到1978年职称制度恢复，经过年底的全面考核后，朱高峰才被正式确认为工程师，而这已经过去了整整20年！ 1980年年底，朱高峰参加了邮电科学研究院高级工程师考试，考试合格后，正式被评为高级工程师，之后又被评为主任级高级工程师。

## 四、考察马可尼公司，完成交流

1980年，国家经委组织一些企业的技术骨干到国外实习，邮电部分到了一个名额，安排了六所的朱高峰前往意大利学习并考察意大利的马可尼公司，时间为3个月（3月初到6月初）。与朱高峰一同前往的还有一位来自第一机械工业部重庆某厂的钱总工程师。由于两人分属不同单位，只好分别前往意大利。朱高峰从北京出发，经德黑兰抵达南斯拉夫贝尔格莱德（现塞尔维亚首都），在贝尔格莱德使馆住了一天，还抽时间去瞻仰了铁托的遗体。第二天继续前往罗马。飞机在罗马机场降落时却出现了意想不到的情况——机场的工人正在罢工。朱高峰所乘坐的飞机就在空中转圈，转了一圈又一圈，等待地面工作人员罢工结束，飞机才终于落地。这种事听起来可笑，可对在飞机上的乘客来说那是一个心惊肉跳啊！

中国驻意大利大使馆的一位三秘负责接待朱高峰。由于马可尼公司总部位于热那亚，这位三秘向朱高峰介绍了一些基本情况后，朱高峰便转机前往热那亚。热那亚是一座历史悠久的海滨城市。马可尼公司派专人前来接机，并安排他住在一个旅馆里。

马可尼公司负责接待朱高峰的是一位销售经理，名叫 Muti，他安排朱高峰依次到产品设计部门和主要生产车间参观。朱高峰通过查阅资料和与公司员工交流，深入了解了该公司的情况。由于朱高峰和钱总工程师的专业不同，马可尼公司为他们分别安排了不同的活动。意大利马可尼公司与英国马可尼公司并无关联，但同样生产电子设备，包括无线通信设备。意大利马可尼公司并非世界顶尖企业，朱高峰感兴趣的也不是该公司的具体产品，而是他们的工作流程、管理方法和组织结构等方面。他遇到的主要困难是语言障碍，因为资料都是意大利文的，而且公司员工大多数不会主动与他交流。朱高峰最初以为他们太忙，或者对中国客人存在偏见，但后来才发现他们也不是忙到没有时间交流，于是就主动和他们交谈，这才发现其中的端倪。原来马可尼公司基层员工和大多数技术人员的英语水平都不高，这才是交流的最大障碍。

朱高峰深知这3个月对于他来说多么宝贵，一分一秒都不能浪费。在语言学习方面，他从来不怵头，既然他们英语水平不高，那就陪他们讲意大利语。朱高峰在出国前特意带了一本意大利语教材，没想到正好派上了用场。意大利假期和休息日特别多，这为朱高峰提供了突击学习的时间。俗话说"临阵磨枪、不快也光"。凭借法语基础，朱高峰学习意大利语并不算太难——毕竟两者都属于拉丁语系。通过短时间的"恶补"，他居然连蒙带猜地弄懂了技术资料！技术词汇有一个特点——外来语多，只要语法关系别弄错就行。朱高峰通过接触了解，马可尼公司有一套比较完整的工作规范，他们基层技术人员不多，如一个车间只有一个工程师，所以平常也不叫名字，仅称呼他们为工程师，经常说"有什么问题找工程师去"。

在意大利期间，他们还去了一次米兰和都灵，米兰位于意大利北部，是意大利最大的工业城市。公司派车送他们去另一家公司参观，当天往返。他们去都灵也是参观，印象较深的是旅馆建成了大船的形状，就在水上。此外，朱高峰还利用一个假日去了佛罗伦萨，这里无疑是艺术的殿堂，街头巷尾布满了雕塑，宫殿里陈列着米开朗琪罗等人的壁画和顶画。整座城市文化底蕴深厚，佛罗伦萨是英文译音，意大利原名音译成中文为翡冷翠，确实给人以翡翠的感觉。其实再往南有拿波里、西西里岛等地，也都非常有特色，但由于时间有限都未能去，只能遗憾了。

朱高峰在意大利期间还买了些东西，钱是从日常生活费中节省下来的，也不可能买什么"大件"。当地电子产品的自动生产线上的集成电路容器很好，当时国内还没有，他便买了一些，还买了一些元器件。

1958年，朱高峰从苏联列宁格勒电信工程学院毕业回国后，面对的是西方国家自抗美援朝战争以来对中国经济、科技、人员全面的封锁和"巴黎统筹委员会③"的严格限制。新中国成立以来，

---

③ 巴黎统筹委员会（简称"巴统"）的正式名字是"输出管制统筹委员会"，是1949年11月在美国的提议下秘密成立的，因其总部设在巴黎，通常被称为"巴黎统筹委员会"。"巴统"共有17个成员国：美国、英国、法国、德国、意大利、丹麦、挪威、荷兰、比利时、卢森堡、葡萄牙、西班牙、加拿大、希腊、土耳其、日本和澳大利亚。第二次世界大战后，西方发达工业国家在国际贸易领域组成一个非官方的国际机构，旨在限制成员国向社会主义国家出口战略物资和高技术产品。列入禁运清单的有军事武器装备、尖端技术产品和稀有物资等三大类上万种产品。被"巴统"列为禁运对象的约有30个国家。

我国邮电通信的整体水平不仅没能大幅度提高，反而由于各方面的限制，与西方通信水平间的差距越来越大。作为国民经济发展和社会进步的基础设施，邮电通信的发展已经严重滞后。在这种情况下，"自力更生、艰苦奋斗、白手起家、自主研发"是当时一代中国通信科研人员的豪迈誓言。朱高峰正是在这样一种环境下，开始参与中国通信设备研发工作的。

没有样机，没有图纸，没有采购国外元器件的渠道，甚至连放试验样机的地方都没有！朱高峰和那个年代的工程师、技术人员、工人以及刚刚毕业的大学生们，没有怨天尤人，没有一丝一毫的气馁，他们心中始终怀揣着为国家建设献身的志向！

这是一个多么可爱的邮电通信的科研群体啊！朱高峰作为1800路和4380路科技攻关的带头人，一边背负着家庭出身带来的心理包袱，一边承受着科研工作日日加班的压力及各种因素叠加造成的梅尼埃病、乙肝等健康问题。这些都给他的科技攻关之路增添了许多不确定性，但他没有倒下，没有退缩，仍然一丝不苟地坚持，仍然倾尽所有智慧奋斗在科研生产的第一线！从12路载波机到60路载波通信系统，再到中同轴电缆1800路载波通信系统、中同轴电缆4380路载波通信系统的研制成功，他的身后留下了一个又一个标志中国电信科技水平进步的里程碑！

当时，全球通信系统正经历从模拟向数字、从铜线向光纤的转型。中国改革开放后，迅速面临这一技术变革的挑战，邮电系统随即启动了数字、光纤通信系统的研发工作。为此，原武汉邮电学院转为武汉邮电科学研究院，以适应科技的发展，主攻光纤通信系统。朱高峰由于很快调入邮电部从事行政管理工作，未能继续参与系统装备的进一步研发，而只能从创造条件和管理经营上给予支持了。

朱高峰参与或主持研制的长途电信载波通信工程一览表

| 设备名称 | 3路载波机 | 12路载波机 | 高12路载波机 | 60路载波通信系统 | 晶体管60路载波通信系统 | 中同轴电缆1800路载波通信系统 | 中同轴电缆4380路载波通信系统④ |
|---|---|---|---|---|---|---|---|
| 使用线路 | 架空明线 | 架空明线 | 架空明线 | 地下对称电缆 | 地下单四芯组电缆 | 地下中同轴电缆 | 地下中同轴电缆 |
| 开发时间 | 1958—1960年 | 1958—1962年 | 20世纪60年代 | 1960—1965年 | 1968—1969年 | 1969—1975年 | 1979—1983年 |
| 使用时间和范围 | 长期、全国 | 长期、全国 | 长期、局部地区 | 北京—石家庄 | 成都—乐山［为长距离开通通新研制的设备做试验（短期）］ | 长期，北京—天津—杭州，北京—上海—武汉—北京—广州 | 杭州—湖州［为长距离开通通新研制的设备做试验（短期）］ |
| 个人参与强度 | 调研、线路测试 | 方案研讨、设备使用情况调研 | 提出意见与建议 | 全过程参与、线路增音系统设计、试验、改进与完善 | 全过程参与、系统设计、试制、线路试验、调试、开通使用 | 全过程参与、线路系统设计、改进试验到系统定型 | 系统设计、线路试验⑤ |
| 设备所起作用 | 改革开放前主导设备之一 | 长时间内主导设备 | 解决局部地区需要 | 局部地区使用④ | 局部地区使用 | 长期为京沪、京汉广主干线使用 | 是否投入使用不详 |

④ 在系统实验过程中，朱高峰因工作变动，由研究所调到邮电部，由其他同事完成整个试验工作。

⑤ 原设想为京汉全线建设使用，因面临三年困难时期停留在京一石段，这也为后续多路载波通信系统打下了基础，待京一石段试验成功后又因种种原因，未能继续。

第 | 三 | 篇

邮电部工作的认知
与实践
（1982—1994 年）

# 第一章 邮电部来了两个年轻人

## 一、一个电话，改变一生

　　1982年年初，正在杭州出差的朱高峰，接到了邮电部政治部从北京打来的一个电话。这个电话曾辗转多次，从政治部找到邮电科学研究院，再找到四川眉山，最后在杭州中同轴电缆4380路载波通信系统项目的测试工地上找到了朱高峰。通知内容极其简单：即刻到邮电部政治部，有事找他。

　　这个电话让朱高峰有点困惑，甚至有点蒙。对于他来说，邮电部的电话通知再正常不过。作为基层通信技术科研工作的负责人，他经常接到部里的电话，内容无非是通知开会、布置科研任务、汇报科研进展。但这些都是邮电部科技司通知的，或是业务部门诸如电信总局等通知的，这次怎么是邮电部政治部呢？不过朱高峰并没有多想，反正抓紧去就是了。

　　下达这个通知的是当时的邮电部政治部主任张健。张健（1922年12月7日—2002年8月23日），河北省饶阳县人，是一位"三八式"的老干部。在抗日战争和解放战争时期，他一直奋战在我军的无线电通信岗位上。新中国成立后，他投身新中国的邮电通信建设事业。1953年10月，他调入邮电部工作，先后担任邮电部监察室监察专员、检查处处长、党组办公室副主任、办公厅副主任等重要职务。1961年1月，他被任命为中共青海省邮电管理局党委书记、局长。1966年3月，他又任中共邮电设计院党委书记。1973年6月以后，他担任中共北京长途电信局党委副书记兼政治部主任。从1980年9

月起，他先后担任邮电部政治部副主任、主任。

此时，张健正全力以赴地贯彻邮电部党组的指示，认真落实党中央抓紧解决接班人问题的要求，抓紧实现"干部队伍要年轻化、知识化、专业化"。

由于历史原因，当时我国各级干部的文化水平已不适应新时期经济建设和大发展的需求。在党的十一届三中全会前，各级党政领导干部中只有9%的人具有大专以上文化程度，而初中以下文化程度的干部占比高达70%以上。从专业结构来看，正如某位中央领导同志尖锐指出的："缺乏专业知识、专业能力的干部太多，具有专业知识、专业能力的干部太少。"

为此，中央有关部门根据中央领导的指示，立即着手推动这项工作，各省和中央部委选拔中青年干部的工作得以全面、迅速展开。

新中国成立初期，全国工业、交通系统各级岗位的主要领导干部大多数是从部队转业到地方工作的，这些同志革命意志坚定、工作热情高，但专业知识欠缺。具体到邮电部，邮电算是一个对专业技术要求较高的领域。新中国成立后，历任邮电部的主要领导除朱学范、范式人外，王铮、王子纲、钟夫翔均是原部队通信兵出身，熟悉业务，但邮电领域的技术发展日新月异，几十年后早已不是他们原来在部队时熟悉的情况了。邮电部领导班子中各副职领导人员也都是从部队过来的，并且绝大多数（包括司局级干部）也是从通信部队出来的。1981年年初，文敏生作为长期在地方工作的领导干部，被中央任命为邮电部部长。他的到来，一方面是为了解决遗留下来的各种问题；另一方面是为了解决邮电部领导班子的调整、改组问题。

## 二、部长出面，亲自考察

朱高峰进了邮电部大院后，才知道找他谈话的不是张健主任，而是邮电部的党组书记、部长文敏生。这让朱高峰十分诧异，文部长究竟找他谈什么呢？恐怕不是4380路载波通信系统这种具体事情吧？

文敏生（1915年10月—1997年6月），山西垣曲县人。1981年被任命为邮电部部长。

文敏生到邮电部工作后，延续了他在地方工作时深入实际、注重调查研究的工作作风。当时邮电部的领导班子是一正九副（即一位部长和九位副部长），副部长大部分是战争年代从事通信工作的老同志，年龄偏大。为了雷厉风行地贯彻党中央关于选拔接班人的重要部署，以文敏生为首的邮电部党组，立即进行了部署，并积极推进相关工作。当时被推荐上来的有两个人，一个是邮电科学研究院的副院长杨泰芳，另一个是六所的总工程师朱高峰。文敏生部长对邮电部政治部上报的关于朱高峰的历史和政治表现、工作情况及电信科研方面的成果已了然于胸。但本着对党高度负责的精神，文敏生还是决定亲自会会这位年轻人。

朱高峰按约定时间来到文敏生部长在主楼二楼的办公室。

"你好啊，高峰同志。请坐。"文敏生一口浓重的山西口音。当一个部长如此亲切地招呼朱高峰时，朱高峰有些紧张的情绪也慢慢放松下来。

"是从四川眉山过来的吗？"

"不是，我正在杭州测试试验设备的工地上。"朱高峰答复。

"是从工地上直接到部里来的吗？"

"是的。"

这句话让文敏生部长记忆深刻。所以后来他一直说朱高峰是从工地上直接到部里来的。

谈话持续了一个多小时。文部长主要还是询问对当前邮电通信情况的看法，如当前通信紧张、电话短缺问题应该如何解决等，也询问了朱高峰本人及家庭的一些情况。当然，朱高峰只是在基层负责电信通信设备的技术攻关，对邮电通信全面的情况并不是十分了解，但他还是结合自己的工作经历，谈了谈自己的看法。

从文敏生部长办公室出来后，李一清（时任邮电部党组副书记、第一副部长）的秘书正在楼道里等着朱高峰，表示李一清副书记请朱高峰去他的办公室。于是，朱高峰又前往李一清的办公室。李一清与朱高峰的谈话内容似乎更广泛一些。

从与文敏生部长和李一清副书记的谈话中，朱高峰未完全领悟其中的深意。说实话，他虽然有感觉，但也没有多想，也不敢再往深处想，因为和他一个基层的技术干部距离太远了。

谈完话，政治部告诉朱高峰没有事可以回去了。就这样，朱高峰在北京站直接买票，返回了杭州，工作告一段落后就回眉山了。因为去北京是从杭州直接去的，所里多数人并不知道，自然也没有人议论。

## 三、过渡班子，新老搭档

1982年4月初，邮电部正式通知朱高峰前往部里报到。这时才正式明确，中央已任命朱高峰为邮电部副部长了。

朱高峰在接到部任职通知时，并未觉得很突然。一方面，此前与部领导的谈话已为他做了心理铺垫，他也意识到六所在眉山不可能长期待下去。事实上，部党组已决定将六所迁到成都与五所合并，只是尚未执行而已，因此他个人的去向无非是去成都或调到北京邮电科学研究院本部工作。另一方面，因为王春梅父母都在北京，一个孩子也在北京，二老身边无人照顾，还要照顾一个外孙，确实有困难。所以，调到北京是个两全其美的方案，朱高峰当然希望是这个结果。

但是对于到部里任职，他是没有一点思想准备的，可以说从来也没有想过。从具体情况看，当年他47岁，如果从23岁参加工作到60岁退休来算，一共工作37年，此时已过了24个年头，虽然对部级岗位来说算是年轻的，但从一生来讲应该说大头已过，再则他当时任职研究所总工程师，职务只是副处级，从副处级被直接提到副部级，是不可想象的事。这种跨越三级提拔的情况当时虽然有一些，但也是很少的。在干部的任用上，这件事可以说是非常时期的非常举措。再从工作性质来看，他一直从事的是技术工作，虽然实际工作涉及一些管理性质的事，但也仅是技术管理，对于通信业务、组织管理、人财物管理等方面，他从未接触过。所以，朱高峰对于未来到底是什么情况，心中是一抹黑，如果说他一点担心没有，那也不可能。

但在他的一生中，除了报考清华大学是自己的志愿外，其他都是组织安排的，所以这一次既然是组织安排，那当然要相信组织，只要自己努力，就可以做好工作的。当然对于工作中的困难，他相信依靠组织，加上自己的努力，应该是可以克服的。

接到邮电部的通知后，朱高峰对后续的科研工作进行了一些交代。

朱高峰在六所党委书记杨树荣的陪同下，到乐山地委去告别。巧的是，几年后，时任乐山地委书记的康书记也被调到北京，担任轻工部副部长。在四川乐山这一个小地方，接连有两位干部被提拔到北京担任副部长，可以从一个侧面得出这样的结论：当时中央培养和选拔青年干部的步子之大、力度之强，已经遍及全国！

之后，朱高峰见到了各位老部长。李玉奎、侯德原、李临川、朱春和、罗淑珍等老部长，他以前均见过或有过工作上的联系，其他没有见过的老领导见了面也对他很客气。当时邮电部新的党组成员共5人，分别是文敏生、杨泰芳、朱高峰、李玉奎、成安玉。

部里各位司局长大多数比朱高峰年龄大、资历长，且大多属于老革命，他们支持和尊重新上任的年轻干部的工作。

朱高峰上任后遇到的第一件事是党组成员分工。文敏生部长曾让几个主要司局长提建议，但大家的建议各不相同。李玉奎和成安玉是老同志，分工不是主要问题。建议杨泰芳负责行政、人事、党务等方面工作。但对朱高峰的看法就不一致了，几位主要司局长建议朱高峰负责科技和教育方面的工作，但最后是文敏生部长拍板，决定朱高峰负责电信和外事工作。负责外事工作主要是因为朱高峰的外语水平较高，同时对国外情况也有所了解。电信方面的工作则是整个邮电部业务工作的重中之重。这个决定充分体现了文敏生部长对朱高峰的信任和对年轻干部寄予的厚望。

朱高峰到北京后，首先去杨泰芳家里拜访。杨泰芳在家里招待朱高峰吃了一顿饭。由于两人都是新人，对部里情况也不是很清楚，谈话内容并未涉及具体工作细节。他们相约到部里后尽快熟悉情况。

朱高峰到部里后迅速处理了一件事，就是回了一趟四川，解决了六所迁至成都的问题。原部党组对此事已经作了决定，但还需要一位部领导到四川与省领导沟通才能落实。朱高峰到部里工作以后，了解清楚情况后，就和研究院商量去四川解决此事。他为此向文部长请假，一是来京时匆匆忙忙过来的，随身物品少，要回去带些衣物过来；二是想顺便解决六所搬迁之事。文敏生同意，同时关心地说了一句，既然回去就把家搬过来吧。当时王春梅和小女儿还在眉山，朱高峰当然是求之不得的。向文敏生汇报完后，为了稳妥起见，朱高峰又向李一清报告了一下四川和六所的事，李一清听完汇报后表示很好。此时分管的李玉奎主动提醒朱高峰，要注意不要影响505厂的稳定，当然这也确实是要注意的事。

随后，朱高峰就和代表研究院的崔思九一同去了成都。朱高峰首先找到四川省邮电管理局，请他们联系省领导。省里很明确，改革开放需要人才，他们来成都是好事，但要有个标准，即只有具备大专学历的或即使不到大专学历但有相应职称的人员才能进成都。这既然是省里的界限，邮电部也只好接受。谈完以后，双方决定共同下发一个文件，具体执行。至此，六所搬迁问题得到解决，也给在农村地区待了13年的所里的同仁们一个交代。

朱高峰随即赶回眉山，收拾了一些东西。至于王春梅和孩子回京的事，因人事调动文件还未下发，暂时还不能回京。朱高峰只好自己先回京了。几个月之后，调动的文件下来了。王春梅母女俩才回到北京。

朱高峰临走前，所里的书记、所长一直把他送到了成都。一再向他表示感谢。朱高峰说，我是拍拍屁股走了，后面这一大堆事还要靠你们来担着。

朱高峰到部里工作以后，碰到了业务上的一件小事，似乎可以折射出朱高峰对机关工作的态度。某司要召开一个部门业务相关的会议，各省邮电管理局的同志都要参加。这种规模的会议，照例分管副部长要去讲一次话。由于分管的副部长出差，司长便请朱高峰去讲。会议前一天，司里派人给朱高峰准备了一份讲话稿。但他看完后觉得内容没有体现邮电部的高标准，于是告诉司长不必准备讲话稿。当天他查阅了一些相关的资料。第二天会上，朱高峰脱稿讲了一番话，会后反响还不错。此后，除部工作会议等经集体讨论决定的稿子外，相关司局没有人再给朱高峰准备会议的发言稿，最多只是提供一些参考性的数据、论据。一般都是他自己拟好提纲去讲话，需要成文的在会后由秘书整理，本人阅改过后就行了。后来朱高峰还在部里建立了生产汇报分析会制度，每个月开一次会，由各相关司局提供报表并进行生产汇报。这样一来，不仅提高了司局长们对报表内容的理解和应对能力，还加强了他们的沟通技巧和问题解决能力，同时营造了一个更加开放、透明和高效的工作环境。

# 第二章　邮电发展的方针和道路

## 一、进入角色，熟悉情况

1982年4月，身着一身褪色蓝布制服的朱高峰走进了邮电部大院。这里将是他今后为之奋斗的地方。

尽管国务院领导和以文敏生为首的邮电部老领导对年轻一代的干部寄予了厚望，但朱高峰十分清楚自己的能力。对全国邮电通信情况的了解不足，则是他急需补上的关键一课。

1978年12月，党的十一届三中全会召开，标志着中国历史已翻开新的一页。这一年也成为国民经济各部门总结新中国成立后29年发展成就和社会进步的关键节点。那么，1978年我国邮电通信究竟处在怎样的水平？与世界上发达国家间的差距究竟有多大？原因是什么？这些都是摆在朱高峰面前绕不开的课题。

1949年10月1日，天安门前升起了新中国的第一面五星红旗，但边疆的部分地区及一些沿海岛屿尚未解放。在此背景下，我们以1950年为起点，以1978年为节点，探讨新中国成立后29年间邮电通信的发展状况。

1950—1978年，我国工农业总产值增长了12.8倍，其中工业总产值增长了38倍，而同期邮电业务总量仅增长11倍，其中固定资产原值增长5倍，城乡电话交换机数量增长10倍，长途线路增长5.5倍，北京、上海的电话增长率仅为工业增长速度的1/50和1/70。有关资料显示，1960—1980年全世界的国内生产总值的年平均增长率是4.7%，电话机数量的年增长率为6.6%，后者是前者的约1.4倍。其中，英国为2.7倍，西德为1.6倍，日本为1.5倍，苏联为1.4倍，美国为1.3倍，而印度则达到了2.6倍。

从以上数字可以清楚地看出，新中国成立后的前29年，邮电通信的发展远远落后于国民经济的发展。到改革开放之初，全国只有406万线电话交换机、369万部电话机，电话普及率仅为0.38%，即1000人不足4部电话，尚不及世界平均水平的1/10。而当时美国的电话普及率已达72%，为中国的190倍。当时日本的电话普及率也达到了43%。长途通信更是薄弱，当时全国1.88万条电路中的90%以上都是架空明线，不仅数量少，通达地区也少。当时主要是人工长途交换，绝大多数电路在业务繁忙时常常阻塞，导致用户长时间打不通电话，逾限、退号现象严重。例如，济南到广州只有一条直达电路，尽最大努力一个月只能满足2750张拨打长途电话申请单的需求，而实际需求量是6000张申请单，也就是50%以上的长途电话无法接通，国际通信更是紧张。

1950年和1978年相比，我国邮政业务量由6亿件增长至29.2亿件，增长了约4.9倍，但邮政固定资产只增长了不到1倍。很多邮局露天作业，局所空间狭小，生产用房十分紧张，邮政设施陈旧。当时还有一个有意思的现象，全国邮电系统全年收入不到30亿元，其中邮政收入大于电信收入，是"以邮养电"。

在新中国成立后的29年里，由于多种原因，国家投入的资金严重不足，这对我国通信技术装备的发展产生了一定的影响。20世纪80年代初期，世界通信已进入程控交换、光纤、卫星时代，而我国通信网基本上是20世纪40年代至50年代的水平，甚至还有部分20世纪30年代的设备在勉强支撑。1978年，在全国仅有的市内电话交换机中，自动化的电话交换机所占比重仅为57%，在自动交换机中，主要是旋转制、步进制、纵横制等的机电式设备，其余的都是人工设备。即便是北京、天津、上海及省会城市，人工设备仍占相当大比例，大部分县城和农村基本停留在"摇把子"的状态。长途传输除北京、上海、杭州中同轴电缆1800路载波通信干线外，主要依靠明线和模拟微波，容量小，手段单一。

邮电部外事司的一位日语翻译曾经讲过这样一件事。1972年，中日邦交正常化后，日本政府邮电代表团首次来我国访问。这位日语翻译领着他们参观北京长途电话及电报通信设施。第一站先到北京长途电信局长途台参观。当时北京长途台使用的设备还是20世纪30年代安装的日制3C型长途台。这套设备是新中国成立后进行设备扩装时，从天津拆装到北京的。日本政府邮电代表团成员一走进北京长途台时，不约而同地惊呼："怎么北京长途台还在使用我们20世纪30年代生产的3C型长途台？"日本人的惊呼和那一瞬间的表情，让陪同参观的中方人员五味杂陈。这就是当时北京通信设备的真实写照。

造成上述问题的原因究竟是什么呢？一是指导思想上的问题。从我党领导的土地革命战争时期起，通信事业主要服务于军事需求，通信部门属于司令部管辖。新中国成立后，这种局面并未根本改变，通信服务的重点从单纯的军事需求转向了党、政、军机关的需求。后来军民分开，军队有了独立的通信系统。二是受户口、户籍地及购买粮食票证等的束缚，当时社会人口流动性不大，通信多用于报平安、通报红白喜事。婚事通常提前安排，并无紧急性、突然性，而大量需要快速通报的是丧事或病重、病危之类的信息。大多数人民群众通信是通过信件和电报完成的，即便是改革开放后，国务院也暂未调整信函8分钱的资费标准，这可能是考虑到20世纪80年代电话未普及及职工工资没有调整。

技术层面，大量依赖人工交换的方式勉强维持了直线指挥型的党政通信业务，当时市话还有相当一部分采用人工交换，至于长途电话，除少数几个大城市之间有一些自动交换外，绝大部分还是依靠人工交换。改革开放后，这种情况就维持不下去了，首先受到冲击的是对外交往和引进外资。当时有句话叫"要想富，先修路"，但实际上通信比交通更为重要，电路需求比公路需求更紧迫。国内许多外商每晚要和家里人通电话，但常常无法接通，导致他们只能选择其他地方投资。另外，国内政策放宽了，经营活动广泛了，市场因素增多了，人口流动多起来了，同样需要通信。三是人民收入多了，也需要有通信。因此，要不要加快发展通信就是邮电部当时面临的首要问题。当然，每个人都希望自己从事的事业能加快发展，关键是能不能加快以及如何加快，这首先是一个对形势的思想认识问题。

党的十二大明确了奋斗目标，到2000年国民经济要比1980年翻两番，即平均年增速要达到7.2%。但20世纪80年代初，受国内外多种因素影响，国民经济面临一定的困难，国家的年度计划是"保四争五"。在这样的背景下，邮电行业该怎么发展？文敏生部长组织党组成员反复讨论，最后下了很大决心提出邮电业务量要翻两番半，即增加5~6倍，年度计划要超过"保四争五"的目标。由此可见，当时是下了很大决心才定下这个目标的。

具体数字不是关键，关键在于明确了邮电通信要满足改革开放的需要，满足经济发展的需要，满足人民群众的需要。1982年，邮电部新领导班子对邮电通信发展的指导方针进行了重大调整，这一具有战略眼光的决策将深刻影响邮电通信发展的全过程。

由于邮电通信在当时较为落后，已经制约了国民经济的发展，于是邮电部提出："邮电通信要以高于国民经济发展的速度发展"，这一条，不仅是对前30年我国邮电通信发展状况的深刻总结和反思，也是以文敏生部长为首的邮电部党组解放思想、审时度势提出来打邮电翻身仗的号角！

## 二、新老交替，使命完成

1984年，在文敏生部长和邮电部党组的积极选拔和推荐下，党中央批准了邮电部领导班子再一次的调整方案，杨泰芳接替文敏生成为邮电部部长，宋直元和吴基传被提拔为副部长。经过1982年和1984年的两次调整，邮电系统一批对党忠诚、具有高学历、年富力强、经验丰富的专业干部走上了部一级的领导岗位。这也解决了党中央一再强调的关系改革开放成败的接班人问题。

　　文敏生部长1981年到邮电部任职，1984年退出领导岗位，仅仅用了3年的时间，就把党中央交给他的培养选拔接班人的大任迅速落实，两次调整邮电部的领导班子，打造了革命化、年轻化、知识化、专业化的邮电部新班子。

　　1984年7月11日上午，邮电部召开了一次干部会议。参会的有部机关和在京直属局级单位的负责人。在宣读完中央关于调整邮电部领导班子的任命之后，文敏生也挥手告别了奋斗几十年的高级领导干部岗位。文敏生满怀深情地发表了感人的简短讲话："我完全拥护中央的这个决定。人总是要老的，这是不可抗拒的自然规律。但是，我们党的事业是要不断前进的。为了党的事业的需要，我们的队伍就要有新老交替，党的干部队伍要按'四化'的要求，把年轻有为的干部吸纳到领导岗位上。在国际共产主义运动中，这个问题我们中国解决得最好。这在我们党内已经成为一项制度，表明我们党的事业后继有人，也是我们党的事业兴旺发达的标志。我作为一个老干部、一名老党员，衷心拥护中央的决定，心里很高兴。我个人在1982年机构改革时，年龄就是过杠的，当时我就向中央提出要求退下来，那时中央讲'你在邮电部就是过渡一两年'。要说有思想准备，我是准备最充分的。近一二年，自己确实感到年龄大了，力不从心。为了贯彻我们党的干部制度改革，为了邮电系统干部年轻化，为了开创邮电工作新局面，我向中央写了要求离休的报告。现在中央批准泰芳同志做邮电部部长、党组书记，对我个人来说是了却了一桩心愿。同时，中央决定我做顾问，我将本着有一分热、发一分光的精神，做力所能及的工作。"

一个在革命战争年代出生入死，在和平年代鞠躬尽瘁、甘冒风险，始终心系人民群众安危冷暖的老干部，站好了最后一班岗，就这样转身了。他不恋权、不恋位，干干净净地来，干干净净地走，因为初心和使命早已在他心中深深扎根。让我们衷心致敬这位老干部！

## 三、发展通信，政策是金

方针明确了，需要决定具体如何实施，即走什么道路，用什么方法和政策。首先是资金问题，当时电信业的年总收入为20多亿元，利润和折旧率较低。国家在基础建设上的投资也相对有限，特别是与铁路等其他交通部门相比，邮电部门的年投资额相对较少，最多一年也就几亿元。为了解决这一问题，国家采取了多种措施，其中包括政策支持、群众参与和各方面的协助。

政策中最主要的有两条，一是初装费政策，二是"三个倒一九"政策，后来又收取邮电附加费。邮电部此前已争取到初装费政策，借鉴国外的一些经验，尤其是日本的经验，装电话收初装费是电信业起飞的一个重要措施，但当时的初装费较低，只有几百元。后来深圳首先将初装费提高到了5000元左右，实施后影响还不大，不久北京也决定提高到5000元，这样全国各地纷纷效仿。尽管很多地方表示无法跟北京相比，需要降低一些，但初装费还是大幅提高了。一部电话的初装费是5000元，一年装10万部电话的初装费就是5亿元，最多时一年达到几百亿元，成为电信发展的主要资金来源。"三个倒一九"政策指利润留成90%，外汇留成90%，拨改贷偿还本息10%或免还本息90%。尽管数额没有初装费大，但其激励作用显著，使大家明白了邮电业是特殊行业，必须加快发展，其中外汇留成对购买国外先进设备也起了很好的激励作用。

与政策直接有关的主要是初装费。要说明一下，对初装费政策，有人持不同看法。20世纪80年代中期，有人提议将其改为债券，理由是日本从收初装费改为发行债券了。但朱高峰与NTT时任总裁儿岛仁接触时，朱高峰问他上任后面临的主要问题，儿岛仁说主要问题是还债。原NTT是公社，民营化后改为了株式会社（公司）。原来在NTT为公社时把初装费改成了债券，欠了老百姓很多钱，现在变成公司了，这些钱要还上。这件事给朱高峰敲响了警钟——要吸取日本的教训，绝不能留一个负债累累的摊子给后人。贸然改为债券，会留下很大的风险。实际上，研究经济政策要结合实践知识和经验，政策不可以贸然实施，不要给今后带来被动。所以，朱高峰在面临发行电话债券以解决资金问题的压力时，从邮电通信的长治久安考虑，坚决顶住了压力，没有丝毫退缩。最终，没有采纳这些意见。

人民群众对建设中造成的一些不方便（如破路、拆迁等）一般都给予了谅解，这对加快工程进度起到了重要的促进作用。此外，人民群众对当时通信能力紧张、排队装电话的情况也比较体谅，所以建设和运营总体较为顺利。

各方面的支持主要是地方政府支持，在这一点上，文敏生部长发挥了很好的作用。原来邮电系统一直是垂直管理系统，较为封闭，和各级地方政府很少打交道。文部长长期在地方工作，对地方情况非常了解，所以他一再强调要依靠地方，和地方搞好关系。他亲自带头拜访一些地方政府，而各地要改革开放，也急需通信发展，因此一拍即合。

朱高峰也分别前往各省与当地领导商谈怎么发展通信，并与北京、天津、上海3个直辖市建立了部省、部市联合的通信建设领导小组。各省管理局也纷纷效仿，与各地市政府建立合作关系。地方政府在征地、拆迁、施工、破土等方面都给予了全力支持，基本上是免费的，有的地方政府甚至还提供资金支持。同时，在引进国外设备时，各地邮电管理局也请地方领导同志一同出国考察，这在改革开放初期对了解国外情况具有重要意义。

邮电部经过总结后，形成了"四个一起上"的邮电发展宗旨，即中央、地方、企业、个人（用户）共同出力，一起发展邮电通信业。后来国务院分管邮电工作的邹家华副总理归纳为16字方针，即"统筹规划，条块结合，分层负责，联合建设"。

由于通信具有全程全网的特点，需要统一指挥，所以产权上的多元化会引起很多不好处理的问题。尤其在大发展时期，资产增值很快，其中政策因素占很大比重。邮电部始终坚持"四个一起上"的宗旨和16字方针，明确不涉及产权问题，逐步建设了一个统一、完整、顺畅、高效的通信网。

## 四、建设方针，提质扩量

新中国成立后的前30年，邮电通信的发展受投入资金的制约，底子太薄，欠账太多。党的十一届三中全会召开后，随着全党工作重点的转移，以及对内搞活、对外开放政策的深入推进，城乡经济日趋活跃，内外联系日益增多，全社会对通信的需求急剧增长，通信业面临着前所未有的巨大压力。

当时，通信建设面临着设备需要更新换代的大问题。这些具有先进水平的设备从哪儿来呢？改革开放的大门打开后，国人真正看到了与世界先进水平的巨大差距，这种差距不是短期内能够缩小的，因为中国通信业是在较为落后的基础上起步的。当时有两种解决办法，一是引进先进的设备，但资金从哪里来？能一直买下去吗？因此，邮电部根据中央的方针，明确了"三步走"的发展策略，第一步是购买先进设备，但要买先进的、便宜的，即保证价廉物美；第二步是要在买设备的同时买技术，即组织专门力量对引进的设备和技术进行消化吸收，不能放松；第三步是坚决不能放弃自主研发，要在引进和吸收的基础上创新，制造出自己的新设备、新系统，充分发挥已有研发力量的作用，在新的基础上大大提高，逐步追赶世界先进水平。二是邮电通信的发展在资金设备有了着落后，主要靠建设，因此正确的建设方针很关键。建设方针包括规划目标、量的增长、质的提高、建设标准和管理制度等方面。

规划目标首先要有正确的规划方法，但当时对科学规划方法掌握不足，同时形势发展非常快，难以定量掌握。当时邮电部规划所的周麟书找过朱高峰，说他们经过计算发现，到2000年深圳一地的电话数会超过全国电话总数，这让他们无法理解。朱高峰说，你们习惯了外推法，这里用了指数外推，深圳当时一年的电话数量增长翻一番还不止，如果按每年翻一番持续外推，10年增长1000倍，20年增长100万倍，当然不对了。因此规划目标只能粗略一些，近期计划详细一些，定量指标多一些，长期计划则笼统一些，定性指标多一些。如前所述，文敏生部长当时曾规划到2000年邮电通信水平要翻两番半，后来又修订为翻三番，明确提出以翻三番保国民经济翻两番，但实际发展远远超出了预期。

通信量的增长来源于传输干线的建设。当时我国的通信干线资源极其紧张，全国只有京沪杭和京汉广两条中同轴电缆，对称电缆数量很少，再有就是日寇占领东北时期的一些老电缆，其他地区都是明线了。当时的主要任务是尽快解决通信的迫切需求，因此采用了多种手段。根据国际通信技术的发展趋势，同轴电缆不能再建了，新建的干线主要是光缆。邮电部首先确定的是建设宁汉光缆，这样可以把京沪和京广两条主干线连接起来。但由于第一次建长距离光缆（此前在湖北和四川有武汉邮电科学研究院和成都五所开发的小容量短距离系统），光缆和设备都是从国外购买的，所以进展相当慢。这种情况直到1990年才开始扭转。此时朱高峰已分管计划。年中他在武汉开会主持讨论京汉广干线光缆项目时，参会的一些省局领导反映通信干线资源极度紧张，而光纤建设还要好几年，能否快速建设一条架空光缆。朱高峰听了觉得有道理，但要进一步论证。他连夜通知武汉邮电科学研究院、505厂领导和郑州设计院的同志来一起讨论两个关键问题，一是长距离架空是否可行？二是国内能否自主生产光缆和设备？因为从国外采购不仅面临技术限制——世界上没有这么长的架空光缆，制造商未必愿意承接，而且采购手续烦琐，时间上也不允许。经过讨论，几个单位觉得可以自己建设。朱高峰不放心，一再问江廷林等人敢不敢打包票，他们拍胸脯保证没问题。得到肯定答复后，朱高峰要求参会人员迅速制定方案，回北京后提请党组讨论。党组研究后批准了该项目，并紧急立项，要求从当年年底开始，在18个月内完成。这条光缆最终按期完成，极大地缓解了当时的通信紧张状况。

从京汉广光缆项目的实践来看，确实存在一些问题，比如干线建设进展缓慢，以及各条干线过于独立，无法满足快速发展的通信需求。主要原因是全网规划滞后，因此朱高峰要求计划司明确提出全国干线网的终期形态——目标网，据此再确定具体各条干线项目。按此要求，计划司初步拟定了目标网，并提出了"八五"期间（1991—1995年）22条光缆干线的建设计划，为后来的"八纵八横"大容量光纤通信干线传输网建设奠定了基础。

20世纪80年代是中国改革开放的火红年代。当时，邮电部为了进一步加快市话的建设和发展，明确除北京外，其他各省、区、市的市话建设由各省邮电管理局负责，这样的政策调整，既发动了群众，也便于争取地方政府的支持。大多数省份将地（市）县的市话建设和发展下放到基层。政策的调整极大地激发了各省邮电管理局发展市话的积极性，一举带来了市话大发展的可喜局面。

朱高峰在上海调研时，上海市话局局长反映，市话放号放不出去，要想完成计划，需要降低月租费。当时住宅用户的月租费只有6～8元，朱高峰对他讲，你想靠降低资费来发展很好办，免费就可以了，保证有大量用户，但你发展的钱从哪儿来？不久后，他到天津调研，天津市话局局长也和朱高峰说了类似的话，认为市话放号计划不可能完成。朱高峰听了这些话后非常着急，因为除北京外，上海、天津两个直辖市都有这样的反映，究竟怎么回事呢？当时的天津市市长聂璧初担任天津通信发展领导小组组长，朱高峰担任副组长。聂璧初市长的态度是，电话要大发展，可以通过提高资费和初装费来解决。上海市政府的领导也认为电话要大发展。从两市领导的态度可以看出，市话大发展的愿望非常强烈，根本没有就此止步的打算。

在质的提高方面，当时面临的主要问题是长途自动化问题，实际上是通信自动化问题。尽管市话用户数量不多，但人工电话仍占有相当大的比重。1989年，朱高峰到山东调研时发现，全省五六个地市市话仍采用人工接续，一个局有上百个话务员上班，工作很忙、很辛苦。市话自动化问题亟待解决，但在设备制式的选择上存在争议，这在后面会提到。对于长途自动化，当时苏联有个说法，在电话普及率不到10%时，不能推行长途自动化。这个说法究竟是怎么来的，有什么根据，谁也搞不清楚，朱高峰当时对此还是比较慎重的。因为如果确有道理，决策上就不能鲁莽从事，以致走弯路。经过反复查证，并未找到明确的依据，随后组织技术人员讨论，得出的唯一结论就是电话普及率低时，单线话务量太高，影响电话接通率，这对从事通信相关工作的人来说是常识，但电话接通率低不等于电话接不通，维持人工转接效率太低，代价太大，所以还是决心要大力推行长途自动化。在话务量设计时要提高标准，国外设备的平均忙时单线话务量通常只有0.05爱尔兰⑥左右，远远满足不了国内的需求。根据设计院的测算，在一段时期内，国内设备的平均忙时单线话务量标准最高到0.24爱尔兰，这意味着需要大幅

---

⑥　爱尔兰是一个电信方面的指标值，即一条线路上的负荷情况，在监测时段内，如果都占满为一个爱尔兰，占用比重是全时按占用比例计算为零点几个爱尔兰，一般市话用户线上在每天最繁忙小时也就不到0.1爱尔兰（平均到每条用户线的占用比例），到长途线上较通畅的网络上大概平均为0.1爱尔兰或以下。我国改革开放初期，由于电路紧张，网络特别繁忙，可以达到0.2爱尔兰以上，因此通话接通率就低，网络总体质量差。

增加交换机中的公用设备容量，这也是当时在购买国外设备时要谈判的主要问题之一。

至于长途自动交换机，改革开放前我国已开始研制纵横制的交换机，并一直延续到20世纪80年代中期。在京沪线和京广线上的各大站均配备了国产的纵横制交换机。当时这些设备的生产工艺和质控较差，故障不断。朱高峰曾在某机房里见到一名工作人员，一直在检修接线器。关于这个问题后面还会提到。后来上海开始研制半电子制的交换设备——DD-16型设备和作为对端设备的DD-14型设备，容量较小，但是在不少市（地）级及以下的局站中还是发挥了作用，且价格也很低，比买国外的全电子制程控交换机便宜很多。1990年9月，朱高峰要去西藏自治区调研，当时拉萨是全国唯一没有开通长途自动化的省会城市。朱高峰就让上海在2个月内赶出一套DD-16型设备并在拉萨安装好开通。上海果然按时赶制成功了。朱高峰去拉萨时与西藏自治区政府副主席毛如柏共同主持了全国实现长途自动化的仪式。当然，自动化的主体设备是程控交换机，开始时我国大量从国外购买，后来国内企业逐步实现了自主开发和生产。

建设标准也存在很多问题，主要是没有搞明白设计规范中很多内容，部分内容明显过时了，但修订起来又很难。例如，关于机房开窗的问题。设计规范要求机房开窗以实现自然采光，为什么要自然采光？因为人要长时间待在机房里。这样问题就来了，机房开窗会影响机房的保温和防尘性能，导致北方机房需要安装两层窗，东北有的地方的机房要安装三层窗，而南方不少地方的机房夏天要开窗，否则人会不舒服，这会造成建筑造价和温度性能的很大浪费。随着技术的进步，通信设备的质量有了显著提高，设备故障率大幅降低，而且即便设备出现故障也会自动告警，不需要人员长时间待在机房内进行监控。

有一次，通信代表团去日本考察，成员都是地市局长。临行前，朱高峰见了他们，就问了一个问题："北京的电源机房夜里有人值守，而上海机房夜里没有人值守，而是将告警信号引到通信机房，这是为什么？能否把人都撤了？"其中一位局长回答："不派人值夜，出了故障，我是要负责任的。"朱高峰反问道："机房有人值夜出了故障，你就没有责任了？"这种对话实际上是在死胡同里，根本走不出来。后来我国派了几批人到日本等地考察，发现这些国家的机房像仓库，根本没有窗户，平时很少有人在里面。但即使有国外的经验可以借鉴，我们改起来还是很困难。例如电源一定要放置在底层的问题。当时大容量站耗电量越来越大，汇流线从底层往上，一层层的损耗很大。有报道指出，美国人把电源放置在中间楼层或分散放置电源，以减少能耗。可国内的设计部门开始并不接受这种设计思路，后来他们自己看多了才逐渐接受。再如地面承重问题。本来朱高峰没有注意到这个问题，但有一次要从国外购买数据分组交换设备，两个外国厂家争执不下，最后说了一个理由是一种设备太重，机房承重能力不行。朱高峰就想到了这个问题，比如机房承重能力每平方米不超过500千克是什么含义，是说任意一平方米的承重均不能超过这个重量还是总体机房承重不能超过这个重量？在机房内，有横梁的地方和没有横梁的地方的承重能力肯定是不一样的。另外设备本身具有一定的截面积，不是在地面上均匀分布的，这意味着在设备集中的区域，承重需求会更高。想不明白，他就找人询问。问了许多人，最后找来负责土建的人了解，负责土建的人表示要根据房屋结构计算不同点的不同应力。听起来比较有道理，但实际设计是负责工艺（设备布局）的人进行的，两者概念体系不同，但朱高峰就是想打破砂锅问到底。

至于管理制度，也在制定和完善之中。

# 第三章　实事求是地认识邮政

## 一、邮件积压，症结在哪

1984年以前，在朱高峰所分管的工作中基本没有涉及邮政。他多次非常真诚地表示，确实不懂、不了解邮政。朱高峰首次接触邮政工作是到北京邮局调研。当时，北京邮局的分拣车间里放着一台庞大的包裹分拣机，占了很大的地方，影响了其他岗位的生产作业，而且不能正常使用。据了解，这台设备是邮电科学研究院研制的。朱高峰就问北京邮局的领导，不能用为什么不拆掉？答复说没有人点头，所以不敢拆。朱高峰一再问，究竟能不能用？有没有改进后使用的可能性？北京邮局的领导说确实不能用，研发部门已多次尝试，但问题仍未解决。朱高峰当即表示，如果你们敢对这个话负责，我就让你们拆了。其实当时他既不分管邮政，也不分管科技，但他坚持实事求是，一切从实际出发，这一原则在当时邮局因场地不够而发愁的情况下尤为重要。事后了解到，该设备很快就被拆掉了。

前文已述，1984年，邮电部领导班子进行了调整，文敏生部长和李玉奎、成安玉副部长都退了。领导班子的分工重新调整后，朱高峰分管的部门增加了邮政总局，因此，邮政通信的现状、存在的问题、发展规划、发展路径等方面的问题一下子就成了他必须了解、掌握的情况。

当时反映最大的是邮政运输能力不足的问题。20世纪50年代末到20世纪80年代初，实行计划经济，每人按月领取国家分配给自己的票证，如本市的粮票、布票、油票、糖票……且每个省之间的票证不能通用。1983年，国务院发文宣布取消票证，此后各种票证陆续退出了历史舞台。票证的取消，实际上是打破了生活必需品和部分生活用品购买的限制。大量的民间包裹，以及商品经济发展以后呈几何式爆发增长的商业包裹，全部拥塞到当时唯一的物流渠道——邮政寄递系统。再加上当时邮政运输网络的能力、组织、管理严重不适应变化。如此一来，基层邮局的邮件处理能力、邮政运输能力、干线枢纽的邮件处理能力纷纷告急。各个大区的邮政枢纽已经无法处理天量的邮件，东北告急、华东告急、北京告急……一些邮政局的门口破天荒地挂起来了一块牌子，上面写着"本局暂停收寄包裹"。杭州是华东地区最大的邮件中转处理地，一到旺季，邮件堆积如山，当地邮政局局长和邮政局职工没日没夜地加班，但一批邮件还没处理完，又一批邮件卸到了站台上……一封封告急电报发往北京。新华社内参甚至把邮件严重积压情况汇报给了中央……

邮电部对此高度重视，朱高峰亲自前往浙江温州调研，调查邮件严重积压的症结究竟在哪儿？温州是20世纪80年代初小商品生产发展最快的地区，由于其他可以长途运输的渠道很少，所以小商品流通多靠邮政运输。朱高峰到邮政基层一看，的确是邮件堆积成山，已经到了无地存放的地步。包裹积压不仅让基层职工苦恼，基层干部也很发愁。但让朱高峰奇怪的是，当地的邮局领导却要求大量盖房子，以解决邮件积压问题。朱高峰问了省局和地区局领导一个问题，发展邮政的目的是要把邮件发运出去还是把邮件存起来？如果要把邮件存起来那就多盖房子；如果要把邮件发出去，那就增加运输能力。这么一问，大家的思路似乎通了——要大力发展邮政运输，才能解决邮件积压问题。

当时邮政运输几乎完全靠社会公共运输手段，以铁路运输为骨干，辅以公路运输，还有少量的航空运输。铁路运输需要增加邮车班次，而航空运输需要增加邮件运量，这些都要和铁路局、民用航空局进行协商。而由于铁路邮车运输价格相对较低，增挂邮车便成为一个经济高效的选择。

## 二、分流主路，开辟水路

面对各地纷纷告急的邮件积压，分管邮政工作的朱高峰，一方面紧急指导协调处理各地邮政运输的疏堵；另一方面在经过调研走访后有了全新的想法。他知道，多年来在列车上加挂的邮政包裹运输车厢，面对激增的铁路人流、物流的双重冲击，已经远远不能满足邮政干线运输的需要。采取"头疼医头，脚疼医脚"的办法已经无法治本。彻底解决问题的唯一出路，就是必须在邮政系统内进行重大调整。

一是根据邮件走向，对自东北到南方、自江南到北方的邮件，需从原有的京沈线、京广线运输路径分流。开通海上邮路，从大连沿海路向烟台、上海、宁波分流邮件，南方的邮件也沿这条海路到达大连，再由大连通过大吨位的运输车辆将邮件运往东三省各地，减轻原有主干线压力。

二是组建邮电部邮政运输局并设大连海运分局，承担全国干线邮件的调度、组织、运输任务，以弥补铁路运输能力的不足。

三是购买大吨位的海运船，引进海军退役人才，尽快形成运输力量，缓解干线压力。

四是紧急进口大吨位的运输车辆，形成陆路邮政长途干线网，承担邮政长途运输干线的邮件运输任务。

为了解决海运码头的建设问题，朱高峰北上大连，南下烟台、上海，亲自到地方做协调工作，终于在大连和烟台落实了码头建设位置，并很快扩建和修建起了邮政自己的船舶码头。

购买大吨位汽车，组建、成立邮政运输局，专门组织干线运输事宜，并不是邮电部说了算，按照当时的规定，进口大批量的汽车，必须经过财政部、国家物资局的审批，最后再经中央财经领导小组批准才行。经过说明和介绍，购买进口大吨位邮运汽车的申请获得了批准。

朱高峰在温州的调研还有一个发现，他在邮件积压最严重的苍南县看到邮局附近有不少个体运输户承揽邮件运输业务。这些个体运输户就在自家门口，不需要专门的场地，收到包裹后根据目的地和邮件数量选择通过邮政系统或直接到铁路、公路运输部门发运。当地邮局一方面面临邮件积压的问题，另一方面又认为个体户抢了邮局的生意，愤愤不平，要向政府反映。而到了乐清市邮局，朱高峰碰到了一位思路完全不同的市邮局局长。这位局长对朱高峰讲，他已经不在邮政包裹运输业务上下功夫了，现在主要发展农村电话。他认为发展农村电话比发展邮政包裹运输业务容易得多，也不用去和别人竞争。朱高峰觉得这个局长很有头脑，包裹运输并非邮政专营，我们自己能力有限，社会上又有别人愿意负责这个业务，成本比我们低，为什么一定都揽过来呢？后来朱高峰又一次到浙江调研时想再见见他，可惜他已因病过早去世了。

回到部里后，朱高峰找邮政总局的同志全面研究邮政业务问题，还召开了一些座谈会，其中上海的几位同志很有见解，如上海邮电管理局科技处处长吴越。他说全国邮政出身当科技处处长的人极少，但邮政是有科技问题的。他对当时提出的"不断提高服务水平"这一口号有看法。他说服务水平是有标准的，不能不断提高，如西方国家，周末投递员是不出班的，而我国是天天投递，甚至城市一天送两次，还能如何提高？朱高峰听了觉得有道理，意识到许多人概念模糊，将产品规格（服务水平是邮政产品规格之一）与工作改进混为一谈是不对的。同时，将服务质量（投准、投好、保持邮件完整）与服务水平（投递次数）混淆也是不对的。

朱高峰在基层慰问即将出班的邮递员

邮政的传统业务是函件、包裹、汇兑和报刊发行。其中函件是邮政的专营业务，是以实物为载体的信息传递，也是邮政的本意，这是必须发展好的。当时快件业务已在酝酿中，但由于问题还不突出，业务还没有开始。包裹业务属于运输领域，按现在的说法是物流业务，而汇兑是金融业务，这两个业务都不是邮政专营业务。其中包裹是实物，业务量大且成本高；而汇兑不是实物业务，邮政在小额汇兑方面有传统优势，比银行更贴近民众，发展好了，社会效益和自身效益都会比较好。发行主要指报刊发行，属于代理业务，不属于专营业务。

## 三、报刊发行，办与不办

报刊发行模式是从苏联传过来的，被称为"邮发合一"模式。在改革开放前，报社只负责采、编、印，而报刊发行由邮政负责，由邮局负责收订，报纸印刷后即由当地邮局负责发到各订局，通过各订局送到订户手中，邮政还负责报刊零售亭对外出售报刊。新中国成立时，中央和地方只有党报由邮政部门发行。改革开放后，各地报刊品种呈几何式增长，邮局是否负责发行就要通过谈判了。有的报纸发行量比较小，尤其是地方报纸就由报社自己发行了。至于刊物，邮局一直只发行一部分，主要是发行党刊和发行量大的社会刊物，而一些发行量少的刊物，尤其是科技刊物，大多数由刊物社自己发行，但也有不少刊物的发行还是通过邮政的邮寄渠道。

改革开放后，报刊发行逐渐成为一个相当突出的邮政问题。一是投递量很大。运输的报刊和包裹量都很大，但包裹是不投递而只发通知单给用户，由用户到邮局领取的，所以主要投递负荷是报纸。尽管大报都可以异地印刷（开始使用传真版，后来采用数字版）减少长途运输，但到了本地分发和投递环节，还是离不开邮政。因此报刊成为分发和投递的主要负荷。二是报刊尤其是报纸的时效性很强，必须天天投递，这也给邮政系统带来了巨大压力。三是报刊社开始强调效益，与邮局在费用上有矛盾，争议越来越多。面对这些问题，各方意见不一。一些人从传统观念出发，认为新中国成立初期邮递员出班送信时顺带投递报纸不会增加成本，邮车本身在开，运一些报纸也不会增加成本，按照他们的意见，报纸发行费是无本之木，是白拿的。但实际上，邮递员出班时90%甚至95%以上的负重是报纸，送达点中大多数也是报纸，邮路运输中报纸的重量大大超过了信函的重量。按成本分担原则，报纸投递绝对亏损，且亏损很大，何况报纸发行还存在来自各方面的巨大压力，如每年报纸征订成为农村反摊派减负的一项内容。

朱高峰在工作中曾与报纸发行相关方打过若干次交道，首先是有的报社向中央反映邮政收费过高。当时有位中央领导立刻打电话到邮电部了解情况。朱高峰向他反映了当前邮政面临的困难。这位领导建议和中央宣传部商量一下。

朱高峰随即找了中央宣传部常务副部长郁文商谈。当时城市的邮政发行费率是报纸定价的25%，农村地区的邮政发行费率是报纸定价的35%，报社反映的就是这点。朱高峰向郁文说明情况后，郁文很明白，也很理解。郁文说，他曾到国外出访时了解过这方面情况，报社的收入主要靠广告，报纸销售收入是全部给报童的。国内邮政办这项工作很不容易。中央宣传部这样理解是比较客观的。

另一个反映这方面问题的是部分全国人大常委会委员，他们也反映刊物发行费率太高。邮政规定，刊物发行量起点是2000份，发行量不足2000份的按2000份收取发行费，因为每一种刊物都要列入目录，进行登记，统计固定成本，所以有个发行量起点是合理的，但不少科技刊物的实际发行量很小，这无疑增加了其经济负担。而全国人大常委会中有一些知识分子，在研究所、大学工作，有人就是刊物主编。巧的是全国人大常委会当时正在审议邮政法，有人提出问题，朱高峰为此专门到全国人大常委会去解释过不止一次，但意见没有达成一致。后来全国人大常委会其他人觉得邮政的反映也有道理，所以邮政法还是通过了。

过了一段时间，国家新闻出版署的领导和人民日报社的一位经理（负责发行和经营工作）一起到邮电部，提了两个问题。一是改变报刊发行办法，城市由报社自发，农村仍由邮政发行；二是每年征订时的报刊预收款（全年）不应该交给邮政（当时邮政每个月向报社交钱），而应全部交给报社，由报社每个月向邮政交发行费，理由是现在强调商品经济（当时还未明确市场经济），要按经济办法办事。朱高峰听了反驳道："我们把话说清楚，邮政发行报刊究竟是政治任务还是经济关系。如果是政治任务，我们认了，以前怎么办还怎么办，吃了亏也就算了。如果是经济关系，那么报社有选择要不要邮政发行的权利，邮政也有选择替不替报社发行的权利。你要自办，我没有意见，你可以统统拿回去自办（不分城乡）。至于征订预收报费的问题，邮政方面也没有意见。如果你要这个钱你就去办征订，然后每月把费率给邮政。现在邮政在办征订，付出了劳动，为什么收来的钱要给你呢？"

结果双方不欢而散，此后这两个部门再也没有找过邮电部。

## 四、服务水平，强调稳定

在邮政服务水平和网点规模方面，朱高峰主张保持稳定，不能大幅度扩张。服务水平与成本密切相关，比如城市每天的邮件投递频次，如果从一次增加到两次，服务水平是提高了，但同时也需要增加人员及相应的开支，设备和车辆的损耗也会成倍增加。中国幅员辽阔，各地经济发展水平差异巨大，而当时邮政的普遍服务一直处于亏损状态，再加上义务兵免费邮寄平常信函、盲人读物免费寄递，邮政全行业的盈利较低。一个企业如果不从成本考虑，不从经济效益出发，盲目地提高服务水平，企业如何发展、职工的利益如何保障呢？

关于网点规模，朱高峰在访问英国时，当地邮政负责人告诉他，英国正在收缩网点，大力发展代办业务。当时中国的邮政服务网点数量庞大，共有5万多个邮政局所。朱高峰认为，不能再盲目地扩大网点规模，尤其在农村偏远地区，每个邮政局的运营成本都很高，而业务量却很小。朱高峰曾在海南调研时前往西沙群岛，乘坐直升机抵达主岛后，参观了邮电支局。该支局有10名职工，岛上除部队外基本没有居民。船只隔几天去一次，带去一些邮件，所以驻岛职工人数与工作量不成比例。当时海南省局的孙甫局长、王佟副局长陪同朱高峰一起去的。朱高峰询问海南省局的领导："为什么要安排10个人在此值班？改为代办行不行？"后来海南省局把值班人数减到了2～3人，邮政服务工作也完成得很好。

朱高峰和邮电部副部长林金泉（右三）到邮局信函分拣车间检查工作

　　邮政的另一个问题是网络及其体制。朱高峰分管邮政业务之后，对电信网络十分熟悉的他，自然会问起邮政网络的情况。有关部门介绍了邮政运输网大体上分为一级干线、二级干线和本地（城市市内、农村乡邮）几个部分，这部分说得还算比较清楚。而另外有分拣封发，叫封发关系，因为还未形成网络概念。后来又了解到邮政系统有"两网""四网"一说，"两网"是运输网和分拣封发网，"四网"是前述两个网络再加上投递网和营业收寄网，不少人对此还不清楚。他听后感到很奇怪，电信网络的概念是很清楚的。对比来看，邮政系统的4个所谓网络其实都属于元素或者环节，怎么能独立称为网呢？再进一步了解，过去邮政也没有"两网""四网"的概念，还是20世纪80年代中期邮政总局列了课题，由北京邮电学院研究提出来的。朱高峰多次召开座谈会，试图改变这个错误的结论，建立邮政统一网络的概念，一部分人接受了。后来进一步涉及网络体制问题，被告知邮政实行中心局体制。朱高峰问："具体内容是什么？"谁也不知道，朱高峰也不便再去刨根问底，只好再组织队伍进行研究，并指定当时邮政工作出身的研究院副院长王德荣负责。王德荣对此非常负责，组织开展了大量工作，并召开了几次专题会议。邮政总局对此很重视，总局局长亲自参会。在听取情况介绍后，有些人倾向于废除中心局体制。朱高峰根据会上讨论的情况，考虑再三，认为"中心局体制"这一名字已经公布出去，且部里已下发文件，废除并不合适，还是维持这个名字，充实具体内容吧。就这样，经过研究提出了新的邮政体制文件，在邮政系统内经过反复讨论后，终于成型并颁布执行，一直沿用至今。

1990年，邮电部进行了领导分工调整。朱高峰不再分管邮政业务。但当时有关邮政体制的研究工作还在进行中，朱高峰决定把这件事做完，在他的推动下，后来圆满地完成了。

在邮政工作中，建设方针是一个关键问题。当时各地邮政，尤其是省会邮局（省会城市是邮政和电信分开设局的）都要建分拣大楼。但楼里的工艺设备并不成熟，信函自动分拣装备也尚未完善，包裹（重件）分拣机也没有。设计院设计的几条传输线都不理想，有的传输线把几层楼连成一条线，一处有问题就会全部停摆。针对这种情况，朱高峰一再强调，邮政主要是实物作业，建高楼不仅要把邮件搬上去，处理完后还要再把邮件搬下来，会导致巨大的资源消耗。他指出，国外的邮件处理中心都是单层大平面布置，这种设计更为高效、实用。至于设备，朱高峰认为不应强求，而应根据实际业务量来确定要不要上自动分拣机。朱高峰有一次到郑州调研，发现郑州邮政局使用的是半自动分拣设备，虽是"土法上马"，却也能解决问题。他看了觉得很不错，马上对郑州邮政局立足于解决问题、不攀比的做法表示肯定和赞扬。但他提出的节约、实用、不攀比的理念，在推行过程中还是受到了一些阻力。

## 五、邮政储蓄，恢复开办

1986年4月1日，北京西长安街邮局张灯结彩。大幅红色的条幅上写着：邮政储蓄业务开办。

随即，这条新闻便登上了第二天首都各大新闻媒体的版面。对于北京市民来说，邮局开办储蓄业务，可是一件新鲜事。这条新闻的确吸引了不少读者的关注，一些用户还到邮局打听具体办理的手续等。严格来说，这条新闻的题目应该是"恢复开办"。因为中国邮政储蓄业务的历史可以追溯到1919年。那一年，中华邮政储金局成立，主营邮政储金业务。1930年，邮政储金汇业局成立，提出了"人嫌细微，我宁烦琐；不争大利，但求稳妥"的邮政储金业务经营方针，渗透到基础邮政支局所、办理小额存贷款业务，为广大老百姓提供服务。虽然利润有限，但经营稳定。由此，经营邮政储汇业务的邮政储金汇业局在当时的金融界占据了重要地位。

1949年11月，人民邮政接管邮政储金汇业总局，在中国人民银行统一指导下开展工作，1950年，邮政储金汇业局撤销，邮政储蓄改为代理业务，代收储个人存款和非经营性质的团体存款。1953年，受国内经济建设形势的要求，金融业务划归中国人民银行，邮政储蓄停办。邮局继续办理汇兑业务。

改革开放后，邮电部曾提出恢复邮政储蓄业务，并多次与中国人民银行沟通以获得支持。但最初得到的反馈是，不允许邮电部自办邮政储蓄业务，只允许代办。经过国务院领导的协调后，虽然中国人民银行最终同意邮政储蓄业务可以开办，但提出了一些十分苛刻的条件，如邮政储蓄业务在城市可以开办，但在农村不能开办；在有中国人民银行网点的城市不能开办邮政储蓄业务，没有银行网点的城市才可以开办等。又经过多轮协商未果。

1984年，朱高峰开始分管邮政工作。经过一段时间的走访和调研，结合中国邮政的发展现状，他提出了今后一段时间内邮政业务的发展方针，主要指导思想是：确保专营业务，发展轻快（型）业务。轻快（型）业务中的一个重要目标业务是尽快恢复办理邮政储蓄业务。时间来到了1985年，邮政储蓄业务的恢复终于有了重大突破。当时，陈慕华是国务委员兼中国人民银行行长，朱高峰先向她进行了汇报：邮政通信部门办理邮政储蓄业务，具有十分明显的有利条件，一是全国有5万多个邮电局所，机构网点多，遍布城乡；二是邮政内部管理严密，营业时间长，信誉较好，人民群众信得过；三是利用现有的邮政网点办邮政储蓄，一般不需拿出太多的投资进行建设。邮政收取了群众存款后，全部交给中国人民银行，中国人民银行付一定的代办费。这也是邮政为国家建设作出的一份贡献。

陈慕华原则上同意。朱高峰紧接着找到时任中国人民银行的分管副行长童赠银，向他介绍了恢复开办邮政储蓄业务的想法及近年来为恢复邮政储蓄业务所做的一些准备工作。童赠银曾在基层银行工作，对历史上的邮政储蓄业务有所了解，所以会谈很顺利。双方商定邮政只管收储不管资金运用，全额交给中国人民银行，中国人民银行按存款平均利率给邮政一个利差，千分之二多一点。这个商谈的结果对邮政来说比较有利，旱涝保收。

1986年年初，中央财经领导小组办公会议对邮政储蓄的开办作出了最终决定：邮政储蓄业务的经营管理接受中国人民银行的指导，吸收的储蓄存款全部交由中国人民银行统一支配；邮政储蓄业务试办期内（暂定3年），中国人民银行按照邮政储蓄累计存款余额，付给邮政手续费的比例定为千分之二点二；试点的单位不限于300个点，可以扩大一些。城市、农村都可以开展邮政储蓄业务。

根据中央财经领导小组关于1986年2月1日开始试办的要求，邮政部门迅速进行了部署，并于当年2月1日起在北京、天津、郑州等12个城市开始试办邮政储蓄业务。

1986年3月10日，朱高峰代表邮电部与中国人民银行的代表正式签署了《关于开办邮政储蓄的协议》。

1986年4月1日，邮政储蓄业务在全国正式开办。因此就有了本章开头时在北京西长安街邮局举行邮政储蓄开办仪式的情况。当天上午，陈慕华同志代表国务院出席了开办仪式并剪彩。

自当年4月1日起在全国正式开办邮政储蓄业务后，到5月底，仅仅两个月，邮政部门已在北京、天津、江苏、河北等省市开办了147个邮政储蓄网点，储户已达45000多户，储蓄总额达到1600多万元，这在改革开放的初期已经显示出了遍及城乡的邮政储蓄网点强大的吸储能力和人民群众对邮政信誉的认可。

随着商品经济的快速发展，一个突出的问题引起了朱高峰的高度关注。当时，全国范围内无论是商业银行，还是邮政储蓄机构，都没有开通银行活期储蓄异地存取业务，因此一些商户到外地交易时，不得不携带整包、整箱的现金。这引起了一些犯罪分子的觊觎。这一时期抢劫、杀人案件多发生在这些商户身上。面对这一问题，朱高峰敏锐地意识到，邮电部门遍布全国的电报线路或许能够为解决异地存取款提供技术支撑。随即，他指示邮政总局迅速调研利用电报线路开办邮政储蓄异地存取业务的可行性。

自4月1日开办邮政储蓄业务后仅仅两周，邮政总局就向朱高峰汇报了与部内电信总局、北京电信局和上海邮电管理局的调查、协商结果，主要内容如下：

①按照邮政储蓄异地存取业务的时限性、可靠性、报文作为凭证等要求，公用电报自动转报系统达不到上述要求，用户电报可以达到上述要求，拟采用用户电报；

②邮政储蓄异地存取业务只限活期储蓄，一切窗口业务和账卡登录、计算等均按现行规定办理；

③经与电总商定，北京、天津、上海、广州4个城市均可提供

两条用户电路，选点由当地邮电管理局负责；

④第一批试办工作进度规划为于1986年5月10日前完成组织、计划、准备；6月20日前完成人员培训；邮政总局统一安排试办局在6月30日前完成现场实习并进行异地存储业务实际训练；

⑤1986年7月1日开办。

朱高峰随即批准了邮政储蓄异地存取业务的工作安排和进度规划。邮政储蓄业务开办短短3个月后，国内第一家可以办理活期储蓄异地存取业务的邮局面世，在"时间就是金钱、效率就是生命"的20世纪80年代，这个速度不可谓不快。

1986年6月18日，邮电部通过新闻媒体向全社会宣布：邮政活期储蓄异地存取业务7月1日开始在北京、天津、上海、广州开办。

1986年7月1日，邮政活期储蓄异地存取业务准时在北京、天津、上海、广州4个城市的9个邮局开办。国务委员、中国人民银行行长陈慕华出席了在北京举行的开办仪式，并表示："我很赞成这个办法，最好普遍开办。"

不久，各省区市的邮局也陆续开办了此项业务。这项业务的开办，使公务外出、商业交易、探亲访友、异地购买商品的用户免除了携带现金的负担，既安全，又方便，同时也能为国家减少在途资金，利国利民。

邮政储蓄开办的异地存取款业务，无疑也对各个商业银行起到了加快异地存取款业务开办的促进作用。

邮政部门开办邮政储蓄业务后，曾出现部分储蓄网点通过提高利率或变相提高利率来吸引储户的现象，当然商业银行也有类似办法，因此也发生过各银行之间的"利率大战"。经过规范之后，各个商业银行和邮政储蓄机构之间的不良竞争才逐步得到遏制。1994年，朱高峰离开邮电部，到中国工程院工作后，中国人民银行与邮政部门多次磋商，尽管采取了压低利差等措施，但邮政储蓄业务依然是邮政最盈利的业务，并迅速发展为中国邮政的第一大业务。一些基层邮局一半以上的收入来自邮政储蓄业务，尤其在农村地区，由于当时几家商业银行很少在县城以下开办网点，邮政网点就有了得天独厚的优势。随着农村经济形势的好转，一些开办邮政储蓄业务的基层网点的邮政储蓄业务收入甚至占整个邮政业务收入的80%以上。从特定的历史时期来看，邮政储蓄资金转存中国人民银行的制度安排，对于支持国家经济建设，促使邮政部门集中精力抓好业务发展、风险控制和信息化建设发挥了积极作用。然而，随着网点规模的扩大和邮政储蓄业务收入的增长，关于邮政自办银行的呼声逐渐出现。从当时的情况来看，一些商业银行的工作人员在商品经济的影响下，频繁出问题，案件时有发生。而邮政工作人员在业务水平、专业水平、人员素质方面尚未具备独立办银行的条件。所以朱高峰当时是坚持不办邮政储蓄银行的。当然，随着一批一批的专业人员陆续进入邮政储蓄行列，管理手段和监控不断加强，情况发

《中国邮政储蓄银行》邮票小版张

生了很大变化。随着国家经济、金融形势的变化和金融体制改革的深入，邮政储蓄转存款政策的调整也势在必行。那是另外一回事了。

根据国务院金融体制改革的总体安排，在改革原有邮政储蓄管理体制的基础上，2007年3月20日，中国邮政储蓄银行有限责任公司正式挂牌成立，成为中国第五大银行。2012年1月21日，经国务院同意并经中国银行业监督管理委员会批准，中国邮政储蓄银行有限责任公司依法整体变更为中国邮政储蓄银行股份有限公司。

2016年，中国邮政储蓄银行H股在香港联合交易所上市，2019年A股在上海证券交易所上市，正式跻身国有大型商业银行行列，标志着邮政储蓄银行现代企业制度的初步建立。2023年，邮政储蓄银行营业收入已达到3425.07亿元，净利润达到864.24亿元。从当年艰难恢复开办，到如今逐步成长为中国金融行业的排头兵之一，我们在为中国邮政储蓄银行不断发展壮大的成就感到欣喜的同时，不应忘记那些为邮政储蓄大厦奠基的前辈们，包括那些被历史的尘埃逐渐淹没的领导和默默无闻的普通工作人员。

## 六、邮票发行，社会关注

邮票发行工作是邮政部门一项重要的工作，也是国家赋予邮政部门排他的唯一性职能。从广义上来说，邮票发行工作涵盖了邮票选题、邮票设计、邮票印制、邮票发运及邮票的销售和使用的全过程。而狭义的邮票发行工作仅指邮政部门向社会发售邮票的行为。

由于我国购买邮票的受众群体庞大（20世纪80年代末到20世纪90年代初，集邮爱好者曾超1000万人），邮票发行工作一直备受社会关注。1984年，朱高峰开始分管邮政工作。此前，他长期从事电信科技工作，对邮票发行工作十分陌生，对集邮业务、集邮的概念也不熟悉。朱高峰第一次碰到有关集邮的事是在1982年，办公厅的人告诉他，中国集邮总公司出了一本1974—1982年的纪特邮票全集，里面有猴票等经典邮票，部领导每人可以买一本，一本200多元。当时朱高峰一个月的工资不到100元，家里还有两个上学的孩子，手里没有闲钱，而且当时他对这些邮票一点都不懂，就没有购买，而是把购买资格转让给了别人。过了10年，据说这本邮票全集已值几万元。有人为朱高峰惋惜。但他却说："即便当时买了，我现在能把它拿到市场上去卖吗？"

邮票发行工作和集邮业务是邮政工作的重要组成部分，特别是邮票发行工作，涉及面广，尤其牵涉集邮者的利益。因此，朱高峰在分管这方面工作后，曾花了相当长的时间进行调研，向集邮家请教，并积极听取集邮者的意见。这些努力对于他尽快熟悉这方面的工作起到了四两拨千斤的作用。

新中国成立后，尤其是改革开放以来，我国的邮票发行工作和集邮业务得到了快速发展，邮票的品种也日益丰富，涵盖了纪念邮票、特种邮票、附捐邮票、专用邮票、普通邮票，以及小型张、小全张等种类。但长期以来，无论是邮政内部还是社会上的集邮者，不知从何时起把邮票划分成了两类，一类是通信用邮票，如普通邮票；另一类是集邮邮票，如纪念邮票、特种邮票等。

对于这种划分，朱高峰很不理解——难道普通邮票不能收藏？纪念邮票、特种邮票不能用于通信？

的确，这种划分只有中国有，国外从没有这样

中国第一套邮票——清代发行的大龙邮票（薄纸）

特别发行邮票——《众志成城 抗击疫情》

纪念邮票——《梅兰芳舞台艺术》

普通邮票——中国鸟

小型张——《第29届奥林匹克运动会——竞赛场馆》

的划分。在国外，无论是普通邮票还是纪念邮票，都可以在邮政窗口买到。而在中国，邮政窗口较少出售纪念邮票和特种邮票。用户只能去集邮门市部购买，而且零售的纪特邮票少之又少。这与国外的邮票发行渠道明显不同。那么这种情况是如何产生的呢？

小全张——《君子兰》

朱高峰试图找到它的根源。改革开放后，人们对精神文化生活的需求急剧增加，这激发了人们对新时期各种经典邮票的欣赏和收藏热情。例如，《奔马》《齐白石作品选》《庚申年》《从小爱科学》等设计上乘的邮票一经面世，便受到人们的追捧，成为经典。这些邮票最初都是在邮政窗口销售的。1979年，中国邮票总公司成立（具有邮票发行和邮票经营管理双重职能）。随着全国四级集邮销售体制，即中国邮票总公司、省集邮公司、地市集邮公司、县集邮公司的逐步成立，所有纪特邮票的发行和分配均由中国邮票总公司负责。不管是普通邮票还是纪特邮票的分配渠道由此变成了两个渠道，造成了邮政窗口只有普通邮票和部分"长腿票"（通信适用的）销售，纪特邮票全部集中到邮票公司销售的情况。

在发行的邮票种类里，纪念邮票和特种邮票无疑是最受集邮者关注的。纪念邮票主要纪念重要人物和重大事件，一般有历史意义的重大事件如中国共产党全国代表大会、人民代表大会换届、每逢10周年的国庆节、奥运会、在中国举办的亚运会等，我国都发行过纪念邮票。至于重要人物，除革命领袖外，还有老一辈无产阶级革命家、革命先烈、中国共产党早期领导人，以及古代、近现代著名科学家、文学家等。人物题材邮票大多在其百周年的诞辰日发行，也有提前发行的，但都是到实际年龄尾数为5或0时方安排发行，如陈云同志的纪念邮票就是在他诞生95周年时发行的。中华人民共和国的缔造者、人民领袖毛主席和改革开放的总设计师邓小平的纪念邮票就发行过多次。纪念邮票因其政治性和重要性，选题和邮票图稿经部党组审查通过后还要送中共中央宣传部审批，审批内容还包括邮票发行多少枚、每枚邮票的具体名称等。有时中共中央宣传部也会主动提出来要发行某个人或某个题材的邮票，有时中央关于某重大活动的文件中也会提到发行邮票的内容。至于特种邮票，主要宣传介绍自然风光、动植物、文学艺术、体育、人文历史、考古、重大科技活动及建设成就等，题材比较广泛。策划选题时要考虑到各方面的平衡，包括题材方面的平衡，避免失之偏颇。改革开放后，旅游成为老百姓休闲生活的一种常态，不少地方的党政领导提议发行展示当地自然风光、历史建筑等题材的邮票。这些提议对当地的经济发展有利，邮电部也都考虑了。此外，还有和其他友好国家联合发行的邮票，一般选同一主题，如风情或建筑，两个国家各选取一个代表性内容，作为联合发行邮票的题材。通过这种方式，既向世界展示了中国的美丽风光或独有的文物古迹，又增进了两国人民的友谊和了解。

## 七、一封来信，切中要害

邮票选题确定后，就要进行邮票图稿设计。20世纪80年代中期，邮票发行局有十几个专业设计人员，大多是中央美术学院或中央工艺美术学院（现清华大学美术学院）毕业的，过去的邮票图稿绝大部分都是由这些专业人员设计的。据了解，外国邮政部门大多没有专门的设计人员，图稿设计是面向社会约稿或征稿的。邮票图稿设计既包括个人创作，也包括在摄影作品或在已有原样（如人物照片）的基础上进行二次设计，使其符合邮票选题要求。邮票设计完成后如何审查通过，是个难题。原来都是行政审查，邮票图稿出来后，邮票发行局领导先审，审查通过后再报邮电部，部里由部长办公会议审查。

这期间，朱高峰收到了一封寄给邮电部领导的信。这封信让他看到了从来不了解的一面，即邮票设计和审查方面长期存在的一些问题。这封来信的作者身份有些特殊，是澳门的集邮者苏兆雄先生。他在给邮电部领导撰写的这份长达近7000字的亲笔信中，对国内邮票的设计质量提出了十分尖锐的批评。朱高峰看到后，将这封信批转到中国邮票总公司。中国邮票总公司的领导将这封信全文发表在了内部简报《集邮动态》第14期上。中国邮票总公司在这封来信前还加了编者按："澳门苏兆雄先生最近给邮电部寄了一封长信，谈他对邮票的意见和建议，语意恳切，批评尖锐，对我们改进邮票工作很有帮助，特转载于此，供作参考。"

苏兆雄先生的来信比较长，为了让读者大致了解这封信的主要内容，特摘录其中部分如下：

邮票的画面设计是邮票制作的首要部分。我国不乏优秀的美术工作人才，为什么不少邮票的画面设计，水平却如此低劣？

1.用色。我国邮票的色调不够和谐，用色过分鲜明，尤其红色用得太滥。请多参考英、美、德的邮票用色。

2.技法。有些邮票画面绘制得不够成熟。像《人民公社五业兴旺》（T.39）、《服务行业中的妇女》（特75），人物呆滞。还有些群众看似木偶，缺乏生气。

3.构图。在很大程度上影响画面的优美。像《万里长城》（T.38）的构图缺乏雄伟的气势，尤其第4枚不知所谓。中国邮票在处理人物位置布局方面，很多时候都喜欢用排列的方式，就像人物排成小合唱一般，又像摄影全家福一般，缺乏生动活泼。

4.风格。我们当然要有自己的民族风格。近年来极少看到像《首都名胜》（特15）那样精彩的雕刻版邮票。不知是什么缘故？

5.套金套银。中国邮票常见套金套银，这种处理，间可为之就好了，不可太滥。

6.主题表现。邮票无疑是宣传的有力工具之一。正因为如此，邮票既要突出主题，又须力避做作。

7.小型张。在小型张中，《万里长城》那枚最差，底色灰暗，构图凌乱。我不明白为什么选这张小型张加印金字来作纪念里乔内第31届国际邮票博览会？但这枚小型张也说明了中国邮票制作水平的低劣。总之，小型张必须有其特色。如果像《全国科学大会》那样的小型张，就没有什么意思了。

苏兆雄先生最后质问"我们优秀的美术工作者都到哪里去了！"

这封信笔者没有全部照搬，一是文字过长；二是举例过多，涉及太多的专业邮票设计者。我相信，澳门的苏兆雄不是对我们的邮票设计家有成见而措辞尖锐，而是以一颗热爱邮票之心对我国邮票设计的水平痛心疾首，直抒意见，同时也对邮票发行部门的工作提出了批评。

对于中国邮票总公司存在的政企不分、邮票设计质量不高，以及集邮业务中不重视集邮文化的宣传，而过分突出邮票经济价值的商业化倾向，邮电部党组也察觉到了，而且到了必须尽快下手解决的地步了。

## 八、大刀阔斧，实施改革

1985年，邮电部对中国邮票管理体制进行了一次重大改革，将中国邮票总公司原有的职能一分为二，即邮票发行管理部门和邮票经营部门分开，组建邮电部邮票发行局和中国集邮总公司。这是改革开放后，邮电部对政企合一的中国邮票总公司第一次进行带有政企分开性质的重大调整。新组建的邮电部邮票发行局为正局级单位，主要履行邮票发行等政府职能。中国集邮总公司为邮电部直属正局级企业，主要负责集邮业务等经营性工作。邮电部在这次改革中认真贯彻中央关于落实知识分子政策的决定，做了一个令所有人深感意外的决定，就是在邮票发行局的领导职数中，增加了一名专业领导干部。1985年7月3日，任命邵柏林为邮票发行局总设计师。

邵柏林（1930—2023年），邮票设计家、摄影家，天津人。在中央美术学院学习期间，主要受业于张光宇、张仃等教授，专习装饰美术，1953年毕业后被分配到邮电部邮票发行局从事邮票设计工作。编写有《邮票设计印刷工艺》等书。主要邮票设计作品有《西周青铜器》《植树造林，绿化祖国》《第28届世界乒乓球锦标赛》《齐白石作品选》《庚申年》《故宫博物院建院六十周年》等。邵柏林还擅长风光摄影，代表作品有《石林深处》等。他曾为中国摄影家协会、中国邮票总公司设计会徽和徽志。曾任邮电部邮票发行局邮票设计师、《中国摄影》杂志编委、中国美术家协会会员、中国摄影家协会会员。1980年，邵柏林在黄永玉绘制原图的基础上，设计了中国首枚"猴票"。邵柏林曾为故宫博物院建院60周年设计纪念邮票及首日封，担任故宫博物院院徽设计的艺术顾问，主持设计了故宫博物院的院徽。

邵柏林被任命为邮票发行局总设计师后，朱高峰曾多次与他长谈，听取他对提高邮票设计艺术质量的建议。邵柏林对邮票图稿的设计、审查很有想法。朱高峰和他商量两点：一是邮票设计可不可以面向社会征集？开始先征集一部分，逐步放开，已有的专业设计人员也可以参与，每个邮票选题应有多个设计方案，通过相互比较、竞争，优中选优；二是组建一个邮票图稿评议委员会，主要邀请美术界专家来把关。

邵柏林很努力，很快将他亲自撰写的《关于提高我国邮票设计质量的报告》送到了朱高峰的办公室。他在报告中向邮电部提出了两项改革措施。

一是敞开大门，邀请社会上的美术家和平面设计精英参与邮票设计。保留专职设计人员的同时，广泛向社会美术家约稿、征稿，使他们也有机会参与邮票设计工作，使一个题材多几人设计、多几个设计方案，从中择优选用。这样既能激发专职设计人员的积极性，又能调动广大社会美术家的参与热情。既邀请著名的美术家参与邮票设计工作，又为富有才华的青年设计师提供一试身手的机会。

二是组成以著名美术家为主，包括集邮家、出版家、专业设计人员和邮电部、邮票发行局的行政领导参加的邮票图稿评议委员会，对邮票图稿的思想性、艺术性把关，邮电部也可向他们咨询，这项措施的实质是尊重知识、尊重艺术、尊重人才、尊重内行，按艺术规律办事，以保证决策的科学化、民主化。

朱高峰立即批准了这两个方案。

为了组建邮电部邮票图稿评议委员会，究竟请哪些艺术家最为合适呢？作为20世纪50年代初从中央美术学院毕业的学生，邵柏林对母校的老师们再熟悉不过，那是一批中国顶尖的艺术家，如吴作人、李可染、张仃、黄永玉、周令钊等。这些艺术家历经风雨，却始终在艺术领域熠熠生辉，深受人民群众的敬仰。其实，邵柏林的心里已经有了邮电部邮票图稿评议委员会的初步名单，但他还是想听听老师们的意见。中央工艺美术学院院长张仃是他第一个拜访的老师。随后，邵柏林又去拜访了中国美术家协会党组书记、副主席华君武先生。两人推荐的名单出奇地一致：黄永玉、周令钊、伍必端、邱陵、郁风，再加上张仃先生、华君武先生，邮票图稿评议委员会的基本架构就成型了。改革开放后，这些艺术家仿佛迎来了第二个创作的春天，个个精力充沛，全身心投入创作。他们是否愿意牺牲自己的创作时间，参与邮票图稿的评议呢？邵柏林决定亲自登门拜访，一家一家征求意见。这些艺术家听到"为了尽快提高我国邮票的设计水平"这一重任时，纷纷举手赞成，愿意参与。原本让邵柏林很纠结的落实工作，竟然出人意料地顺利解决了！

第一届邮票图稿评议委员会的成员如下：

主任委员：赵永源（邮票发行局局长）；

副主任委员：华君武、张仃、黄永玉；

委员：刘天瑞（邮政总局局长）、周令钊、郁风、伍必端、邱陵、邵柏林、王仿子、成志伟、林丰年、董纯琦、李印清；

秘书长：邵柏林（兼）；

从邮票图稿评议委员会成员的构成来看，我国著名美术家7

人，出版印刷专家1人，集邮家2人，专业人员2人，邮电部和邮票发行局有关领导3人，共15人。

其中成志伟是中共中央宣传部的干部，也是集邮界代表，另一位集邮界代表为林丰年。王仿子是出版印刷专家。

1985年10月15日，第一届邮票图稿评议委员会正式成立。邮电部副部长朱高峰和邮票发行局党委书记许宇唐、邮票发行局局长赵永源出席成立大会。朱高峰向每一位评委颁发了盖有国徽图案的邮电部大印的评委证书，并代表邮电部对邮票图稿评议委员会的成立表示祝贺。他在谈到邮电部成立评议委员会的目的时说："新中国成立以来，邮票的发行数量有了很大的增长。邮票图稿设计上也（有了进步）出现了一些受群众喜爱的图案，有了一支专业（邮票图稿）设计队伍。但随着人们对邮票需求的不断提高，（目前）在邮票设计和印刷质量上都不能满足需要，也不断收到人民群众的批评和建议。由于邮票流传很广，一枚邮票设计的优劣在一定程度上反映了一个国家文化艺术水平的高低，因此，为迅速提高我国邮票设计质量，我们一方面采取专业设计与向社会约稿、征稿相结合的方式组织邮票图稿创作；另一方面邀请各方专家组成评委会，加强对图稿的评议工作，择优选用，以期尽快提高我国邮票设计、印刷质量。这就是我们成立邮票图稿评议委员会的目的。"

秘书长邵柏林宣读了邮票图稿评议委员会的工作规则，主要是为迅速提高我国邮票艺术质量：一、搞事业，不搞山头；搞科学，不搞关系学；搞艺术，不搞权术；二、为了保证邮票图稿评议的公开、公平、公正，参加评议的邮票图稿一律不署名，只标注第一方案、第二方案等；三、邮票图稿的作者严禁私自找评委说情，一经发现，立即取消参加邮票图稿竞选资格。

这些规则形成了邮票图稿评议委员会评议邮票图稿时每个人必须遵循的纪律，也使每一幅邮票图稿都得到公开、公平、公正评议。那么，这些大艺术家如果参加邮票图稿的竞争，是不是有特例？抑或得到特别关照呢？邵柏林讲了在评议邮票图稿时的一桩往事。评委周令钊先生是我国著名美术家，第一轮生肖狗票的图稿设计就是周老担纲的。他也曾参与了一套邮票图稿的创作，并送来图稿参评。由于送评的邮票图稿都不记名，在认图不认人的情况下，另一套邮票图稿被评委选定，周令钊先生的图稿落选。事后，评委们才知道谜底。这件事成为各位评委印象极其深刻的一桩往事。

当时邮电部的这两项改革措施执行的效果究竟如何？我国1986年、1987年的邮票设计水平有没有提高？有没有对这两年邮票设计水平的总体评价？

1987年2月6日《人民日报》刊发了一则消息："我国7套邮票被日本评为世界杰出邮票。据日本《邮趣》杂志1986年12期报道，我国1986年发行的《珍稀濒危木兰科植物》邮票被评为25套杰出邮票之一，这是去年我国发行的邮票被该杂志评出的第7套世界杰出邮票。被评为世界杰出邮票的中国其他6套邮票是《民居》《哈雷彗星回归》《白鹤》《国际和平年》《十二生肖虎年》（应为《丙寅年》）和《航天》。"

无论是西方国家还是东方国家，尽管民族不同、观念不同、意识形态不同，但是对艺术的赏识是相通的。特别是《邮趣》的评选完全出自民间，基于民意的自由选择。因此，对美的事物的标准、对艺术的理解，是可以有共识的。

在1987年日本《邮趣》评出的25套世界杰出邮票中，中国又有10套邮票中选。对此，《光明日报》的一篇文章给出了答案。这篇题为《我国邮票艺术质量显著提高的原因是——邮票设计向整个美术界敞开大门》的文章开门见山地指出："邮票被称为'国家名片'，过去邮电部的邮票设计基本上由专业设计人员负责，常常一个题材一个人画，没有选择的余地，形成一种封闭的、缺乏竞争的局面。1985年下半年，邮电部确定了两条改革措施。两年过去了，改革的效果究竟如何呢？"

文章借用了几位美术界人士的评说，"中央美院教授孙美兰指出，近期我国邮票从总体上说发生了值得注意的转向：设计观念由封闭转向开放；审美意趣由单薄转向厚重，由平庸转向高格调；由小景观转向大国风范。这种发展趋势是可喜的。《中国古代体育》借鉴了汉画像砖，以古拙之美诱人；《濒危珍稀木兰科植物》则典雅、大方；《辛亥革命著名领导人物》有时代风云的悲壮氛围，人物与背景的关系处理相当出色。邮票艺术是美育的神奇通道，人民需要开拓性的、多样化的设计风格。

"中央工艺美院教授刘巨德说，发动全国的画家来设计邮票有利于多种艺术风格并存。实践证明现在风格是多样的。我们需要写实的东西，也需要写意的、象征的、抽象的、变形的东西。

"中央工艺美院教授袁运甫说，邮票艺术不能完全用'大众化'的语言，还应当有思想性和艺术性。采取广泛招标、集思广益的办法是很好的。

"评委之一，著名美术家张仃教授说，我参加过几次邮票图稿评议会，可以说是严肃认真的，始终把（邮票）质量放在第一位。评议的结果也是令人满意的，对太差的稿子就行使否决权。我认为这样坚持下去，中国邮票艺术水平的提高是大有希望的。"

20世纪80年代后期，由于两项改革措施的实施，我国邮票的设计质量得到了明显的提高，形成了新中国邮票设计的又一个高峰。

这个邮票图稿评议委员会成立时，朱高峰的态度就很明确："邮票图稿的政治性我们管（其中纪念邮票展示的人物、事件，政治性很强），艺术性就拜托各位了。"这些艺术家对邮电部的开明态度也都十分满意。

这两项方案在实施一段时间后，在邮票发行局内部却引来了较大的争议，一些局内的专业邮票设计者纷纷给部里写信。

朱高峰收到这些反映后，没有回避矛盾。既然有意见，那就去听听意见是什么。朱高峰专门抽出了两个半天，到邮票发行局听取意见，也做做工作，总算大体上平息下去了。但是有一点他一直没有做到，按原来的想法，邮票图稿通过评议委员会的评议后，没必要再送到部里审查，但是别的部领导不接受，还要审查。一开会，大家总会提些意见，而朱高峰是不提意见的，别人有意见时，他还进行解释，总希望尽量不改动，但还是有不少要求修改的意见。其中就发生过这样一件事，1990年将要发行《庚午年》马票。部党组在1989年开会审查该邮票时，没有选择邮票图稿评议委员会推荐的方案，而是选择了其他方案。邮票发行后，引起了不少集邮者的不满。原来选择的图稿方案，设计师把马腿画错了。当时大家都没有看出来，就这样印成邮票发行了。集邮者戏称《庚午马》是"瘸腿"马，这成为第一轮生肖邮票中的一个遗憾。朱高峰离开邮电部调到新的工作岗位后，邵伯林也退休了，邮票图稿评议委员会

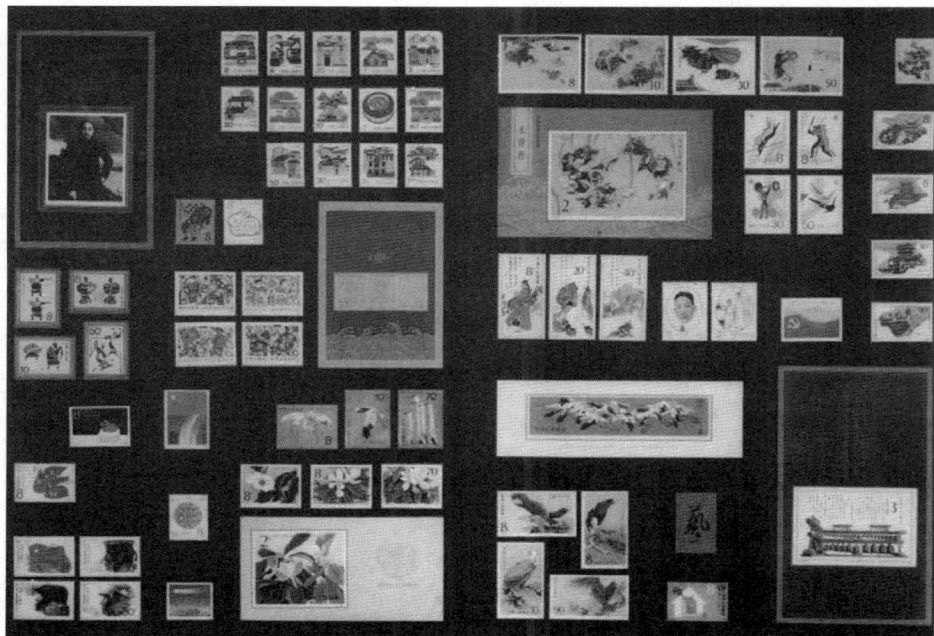

邮票管理体制改革后（1986—1989年）出现了一批设计质量上乘的经典邮票，形成了新中国邮票设计的又一个高峰

也改组了，这些艺术家也不再参加了。

朱高峰一直认为，专业的事就要让专业的人来干。邮电系统的人员大多是工科或理科毕业的，对艺术领域并不熟悉，邀请艺术类的专家来帮助把关，就要相信他们，相信他们对作品的评价。

## 九、集邮事业，倡导文化

中华全国集邮联合会（ACPF）的简称为"全国集邮联"，是1982年1月30日经中华人民共和国国务院批准成立的全国性的群众团体组织，是中国境内各省、自治区、直辖市集邮协会和全国行业性集邮组织自愿结成的全国性社会组织。

新中国成立前，江浙沪曾有以集邮爱好为基础的自发的集邮组织，比较知名的有中华邮票会、新光邮票研究会、甲戌邮票会等。

改革开放后，各种文化活动又蓬勃地出现在欣欣向荣的祖国大地上。集邮这个古老的收藏爱好也在中国的大中城市迅速萌发，北京鼓楼集邮研究会率先成立。各地的集邮组织也如雨后春笋般出现。成立全国性集邮组织已经水到渠成。1982年8月25日，中华全国集邮联合会第一次全国代表大会在北京召开。第一届名誉会长是朱学范，会长由邮电部当时分管邮政的成安玉副部长担任。1984年，成安玉从岗位上退下来了，部党组重新分工后由朱高峰分管邮政。1986年，中华全国集邮联合会换届，由朱高峰担任第二届会长。名誉会长是薄一波、朱学范。当时副会长有若干人，主要负责人是曾任中国邮票总公司总经理的宋兴民。中华全国集邮联合会的会员主要是集邮爱好者，其中有一些有资历、高水平的集邮家，如上海的马任全、浙江的张包子俊、广东的常增书、北京的沈曾华等。还有一批老干部对集邮也很感兴趣，非常关注，如原第四机械工业部部长钱敏。中华全国集邮联合会请薄一波担任名誉会长时，朱高峰专门去向他汇报过中华全国集邮联合会的情况。李先念对集邮也很有兴趣，朱高峰也曾去向他汇报过全国集邮活动的情况。

集邮的物质基础是邮票，再扩大一些是由邮票衍生出来的各种封、片、卡、折及邮戳等，这些统称为集邮品。所以集邮工作和邮票发行工作分不开，是密切相关的。在中华全国集邮联合会的领导层中有相当一部分邮票工作者。

朱高峰接手中华全国集邮联合会后，碰到的一个实际问题是当时的邮票发行量到底该是多少。邮票发行量少了，集邮者买不到，反应很大；邮票发行量多了，集邮市场中邮票价格会跌破面值，也损害集邮者的利益。从这件事上反映出两个问题，一个是邮票发行体制问题，更深层次的问题则在于集邮界多年存在的对邮票性质以及集邮的性质与功能的不同认识。另一个是从邮票本身来看，还存在每年发行邮票的种类数量、选题和图稿审定等方面的问题。

先说说邮票的选题和图稿问题。当时邮电部除邮政总局外还有一个邮票发行局，主管北京邮票厂和集邮公司。每年发行的邮票套数和邮票选题由邮票发行局提出计划，经部党组讨论通过后执行。在确定邮票发行套数时，主要考虑的是当时集邮者的购买力，因为新发行的邮票，集邮者通常都会购买，如果邮票发行套数太多，很多人会觉得买不起。至于邮票面值的设置，其对应的是邮政通信中不同寄递种类的资费，如本埠平信资费、外埠平信资费、印刷品资费等。一般来说，平信的邮资最低，也有一些面值高一些的邮票用于挂号信邮资或国际邮资等。小型张的面值会高一些，所以每年的邮票发行计划会有全年的总面值。这里说的不包括普通邮票，普通邮票由邮政总局提出要求，由邮票发行局负责选题、设计、印制、发行。邮票发行后提供给各地邮政局，由邮政窗口出售给群众寄信贴用。当然也有集邮者喜欢收藏信销票，不少人连信封一起收藏。其中不乏有价值的珍品。

邮票具有双重性，即邮资凭证和收藏品属性，这在集邮界和邮政服务领域被广泛认可。前者是邮票的基本功能，类似于代金券，它本身印制成本很低，但代表了一种购买邮政服务的价值，与纸币是一样的，只是其代表的价值不具有全社会普遍性而只在邮政领域体现。至于收藏功能，则是其派生功能，因为邮票是一种艺术品，可供鉴赏，所以具有收藏价值。这里产生了另一个问题，即邮票作为收藏品可以进行交换，因此具有交换价值，甚至可以在市场上公开交易，所以有人认为邮票有第三种属性，即投资品。但是所有的收藏品都可以交换，因此其投资价值是收藏品本身就有的，不能成为一种独立特性。当然邮票因为发行数量大，收藏面广，所以市场交易的数量也大，但这不能作为其具有第三种属性的理由。在改革开放后的几次邮市大潮中，有的人轻信市场个别人的鼓噪，下赌注投资某些邮票，最后血本无归。

在邮票性质方面，存在两个问题，一是忽视邮票的基本特性，纪特邮票不在邮政领域广泛使用，甚至不在邮政柜台出售，只强调其收藏的一面。二是在集邮中过于强调其交换价值，而忽视其收藏价值，违背了集邮本身的基本意义。甚至有人说邮票和股票一样，大家知道，股票既无基本价值（其面值不代表基本价值，不能作为交换凭证），又无收藏价值，只是一种交易工具。

至于集邮的性质问题，本质上是一种文化活动，广为流传的一句话是"增进知识，陶冶情操"。中国把集邮发展成为广泛的群众活动，正是着眼于其文化性质，能够从一个方面满足人们的文化需求，提高人们的文化品位。但是如前所述，邮票又确实属于商品，具有交换价值，但其交换价值不仅仅取决于其图案是否精美、含义是否丰富，而主要取决于其稀缺性。确实有些世界著名集邮者，由于拥有某些极其稀缺的邮票而获得大量财富。由于除普通邮票外的其他邮票不能再版（国际上普遍认可的潜规则是邮票不应再版，违反这一规则的国家或地区会遭到谴责，并且再版的邮票价值会大幅下降），因此随着时间的推移，每种邮票的数量只会减少，不会增加，理论上每种邮票的交换价值会逐渐升高。这就给了市场经营者一个机会，有的人可以通过邮票交易而致富。有些集邮者为了集邮，通过市场调剂余缺也很正常。但当有少数人垄断货源、炒作邮票、哄抬价格就是另外一个问题了。

朱高峰分管邮票相关事务后，通过深入调研、学习和与各方讨论，逐渐厘清了邮票性质的问题。此后，他多次在不同场合，尤其是每年中华全国集邮联合会召开的会议上反复强调，希望能有个正确的指导思想和方向，并且把宣传部门、文化部门的同志吸收到中华全国集邮联合会中来，明确集邮活动属于精神文明的范畴，突出集邮活动面向全社会的特色，尽量淡化其作为行业部门御用工具的色彩。在他的努力下，全国各地有不少大企业、学校纷纷成立集邮协会，甚至一些地方的监狱都成立了集邮协会，通过集邮活动帮助罪犯转变思想。一时间，集邮活动在全国呈现出蓬勃发展的良好势头。

在这一背景下，青少年集邮活动也出现了欣欣向荣的局面。一是在中华全国集邮联合会的参与和倡导下，中央新闻媒体和地方新闻单位与各省集邮协会分别组织了邮票知识竞赛、青少年邮票设计大赛、集邮进学校、青少年集邮讲座、集邮主题队会等活动，取得了良好的效果。二是部分城市的中小学已经有了集邮小组或集邮兴趣小组，学校老师定期或不定期进行辅导，当地的集邮协会也派出集邮家与孩子们一起交流。厦门大学还开设了集邮选修课（1986年开设"基础集邮学"），为学生们讲授邮票相关知识。

在此基础上，中华全国集邮联合会又提出了建设集邮文化的目标。特别是刘天瑞从邮政总局局长岗位退下来以后，担任了中华全国集邮联合会的副会长兼秘书长，他力主在集邮文化理论研究方面应有所突破。但反对的声音也不小。社会上已经形成一部分靠买卖邮票谋生甚至致富的邮商，其中不少人是正常经营的，但也有一些人是靠不正当手段控制票源进行倒买倒卖的。中华全国集邮联合会倡导集邮是文化活动，他们则强调其经济属性，收益为上；中华全国集邮联合会希望广大集邮者能买到邮票，少数人则想方设法垄断票源，使邮票不正常涨价，以谋取高利。这些意见必然反映到邮政内部，造成长期的意见分歧。

分歧首先体现在邮票发行量上。当时邮票发行量较少，新邮票发行时社会普遍反映买不到票，甚至要前一天晚上去排队。邮政部门内部有些人认为这说明了集邮有价值，是好事。但朱高峰不同意这种说法，他要求加大邮票发行量。这样一来，又出现了另一种情况，即邮票发行当日，甚至在邮票发行前在市场上就可以买到邮票，并且低于面值。朱高峰开始很纳闷，邮票不像其他商品可以多渠道供应，邮票只有邮政一个来源，为什么会出现这种情况？而且邮票有面值，是作为邮资凭证使用的，它的价值不会变，为什么会低于面值出售？经过了解他才明白，邮政看似一个出口、一个渠道，但实际上全国每个邮政点都是一个出口，所以有几千个出口在向外出售邮票，而且相互竞争。

还有一个特殊的问题，即邮票生产成本极低，当时的印刷成本按5%来结算，所以面值与成本根本不能比。邮票发行局下发邮票时，只收成本费，不按邮票面值收费，各地邮政把邮票卖出去收来的钱用来补偿邮政提供邮件寄递服务的成本，这就产生了两个问题。一是对普通邮票来说，卖邮票收到钱的邮局和为贴这枚邮票的函件提供寄递服务的邮局可能不是同一个邮局，而是一系列的邮局为这个邮件提供服务，这属于全程全网的问题。后面将对核算制进行说明，就是要解决这个问题。但核算制解决不了谁卖邮票的问题，所以发生过某个县邮局的人跑到另一个县去卖邮票的事，当然被发现以后就被制止了。二是对纪特邮票来说，因为不进入邮政渠道，所以实际上不计入邮政成本。在邮票量少时，卖家想囤积邮票等待升值所以不肯多卖；在邮票量多时，升值无望就想早卖出去，反正又没有成本，低价也卖。本来性质上是独家垄断，而实际上变成几千个卖家在竞争。弄清这些情况后，朱高峰要求财务司想办法解决，但财务司也想不出来什么好办法。确实也因为其他事情太忙，这件事又不是说几句话、开个会就能解决的，所以也未能去真正解决此事，这是朱高峰自认为没解决好的一件事。

在这种情况下，朱高峰听到很多反馈，什么把邮票市场挤垮了，邮票没有价值了，等等。对于这些议论，他还是顶住了压力。朱高峰在分管邮政的时候始终坚持基本满足集邮者需要的邮票发行量。1990年朱高峰不再分管邮政工作，1994年中华全国集邮联合会换届，他也不再担任会长了。

后来邮电部并入工业和信息化部，邮政工作也已交给交通部主管。

中华全国集邮联合会的一项工作是举办集邮展览，这是一项重要的集邮活动。

1989年，在改革开放的大潮中，新中国迎来了成立四十周年大庆。中华全国集邮联合会秘书处提议，为庆祝这一重要时刻，推动我国集邮事业的蓬勃发展，计划于10月中旬在北京举办一次全国性集邮展览。

接到中华全国集邮联合会秘书处的请示后，朱高峰召集邮电部相关部门召开会议，听取了关于邮展筹备工作的汇报。然而，当讨论到邮展经费问题时，出现了难题。秘书处指出，此次邮展规模较以往两次（中华全国集邮联合会曾分别于1983年和1985年举行过两次邮展）更大，租用中国美术馆的费用较高，还需专门制作邮集展架，因此经费需求远超预期。那么这笔经费从哪儿出呢？朱高峰也犯难了。当时，邮电部正集中力量解决邮电通信能力不足的问题，难以适应改革开放的大潮。若要拿出大量资金举办邮展，首先与国家部委的财务规定明显不符；其次，部里的财务状况也捉襟见肘。这一难题让邮电部的相关司局一时无法找到解决办法。在会议上，朱高峰提出了"取之于民，用之于民"的想法，即为这届邮展单独发行一枚邮票，供集邮者购买，用筹集到的资金来举办邮展。

如果有结余，未来可以继续用于举办邮展或其他大型集邮活动。这一提议一出，与会者纷纷举手表示赞同，认为这是一个两全其美的好办法。

原则确定后，邮票发行局立即对选题进行了研究。由于距离邮展仅剩五六个月，重新设计新选题已来不及。时任邮票发行局党委书记的许宇唐提出了一个既节省时间又能出彩的方案。邮电部不久前发行了一套高面值普通邮票《中国石窟艺术》（普24），这是采用影雕套印工艺印制的一套4枚高面值邮票，由北京邮票厂印制，群峰设计。

《中国石窟艺术》邮票发行后，受到了集邮界的广泛好评，社会反响也不错。因此，许宇唐向朱高峰副部长汇报：如果重新确定选题并找人设计，周期太长，时间可能来不及，建议直接使用这套邮票中的一枚图稿设计成小型张。朱高峰当即同意了这一建议。

这套邮票的发行正式进入倒计时。许宇唐找到了1988年设计《中国大龙邮票发行一百一十周年》邮票小型张并荣获当年最佳邮票奖的年轻设计师王虎鸣，将任务交给了他。许宇唐向王虎鸣交代，设计一枚小型张，以"普24"中的《麦积山石窟·西魏·菩萨》作为小型张中的邮票图案，并一再强调要抓紧时间完成设计。

《麦积山石窟·西魏·菩萨》由北京邮票厂第三代邮票雕刻师李庆发雕刻。邮票中的菩萨一手下垂，一手平举，头部微微低垂，长眉细目，挺直的鼻梁上接眉际。由于麦积山地区除有少数民族外，还有汉族，石窟的雕像和壁画都带有明显的汉文化特征，这尊雕像

《中华全国集邮展览'
89·北京》小型张

也不例外。雕刻版精准地展现了菩萨嘴角微微上扬的笑容。通过避免高突的眉骨、缩短眼睑与眉骨的距离，并在面部和唇间刻出斜面和深槽，雕像的面部显得更加生动自然。

王虎鸣为了突出麦积山石窟·西魏·菩萨的美丽形象，边饰采用了邮票中少见的砖红色，完美衬托出菩萨像的端庄、典雅与恬静。在菩萨像的上端，王虎鸣设计了金黄色的荷花状团花。边饰采用影写版印制，与雕刻版的菩萨像套印后，两者相得益彰，浑然一体。

这套邮票虽然是专门为全国邮展发行的小型张，但没有用"J"字头邮票志号，而是用了一个特殊的邮票志号——普24甲。这也是中国邮政为历次全国邮展发行的邮票中唯一的一次例外。

1989年10月12日，由邮电部，文化部、全国总工会、共青团中央、全国妇联和全国集邮联合会联合主办的"中华全国集邮展览·1989·北京"，在中国美术馆隆重开幕。这是自1982年中华全国集邮联合会成立以来规模最大的一次展览，共展出204部邮集、85种集邮书刊，总计1060个展框和20个展柜。经评审委员会评审，共有180项展品获奖，其中金奖12项、镀金奖23项、银奖39项、镀银奖40项、铜奖66项。

邮展开幕当天，以普24第3图《麦积山石窟·西魏·菩萨》为主图的《中华全国集邮展览'89·北京》小型张（志号：普24甲）正式发行。邮票边饰采用砖红色底色，印有"中华全国集邮展览'89·北京"的金色字样，面值为10元。这枚小型张主要面向集邮协会会员发行。由于边饰为砖红色，民间称之为"红佛"张。

普24甲邮票的发行，是在邮电部的大力支持下，为中华全国集邮联合会举办大型集邮活动筹措资金的一次有益尝试，是以"邮"养邮，以"邮"办邮的一次成功实践。这一举措对我国集邮事业的发展以及维护集邮者的权益都有借鉴意义。通过集邮展览来提高集邮者的兴趣和集邮水平，这也是国内集邮者乐此不疲的追求。

　　集邮展览分为地方集邮展览和全国性集邮展览，国际集邮展览还有亚洲国际集邮展览和世界集邮展览。集邮展览分为综合性和专项性，有竞赛性和非竞赛性之分。展品都有主题，围绕某个时期或者某个领域、某个事件等。每次正规邮展都事先发通知征集展品，由各省集邮协会初审后报中华全国集邮联合会，经审查后展出。竞赛性集邮展览设评审委员会，对参展的展品进行评审。经过评审员打分后，评选出每个类别的不同等级奖项。评审标准包括处理和重要性、知识和研究、品相和珍罕性、外观等。我国还比较强调主题的思想性，这点与国际上有区别。20世纪80年代，我国邮集参加国际邮展获得的奖级普遍不高，主要有3个原因：一是当时能编组邮集的人不多；二是受语言限制，必须用英文制作邮集；三是邮集中珍贵素材较少。

　　中华全国集邮联合会参与了一些对外活动，并且也是国际集邮联合会和亚洲集邮联合会的成员。这些国际集邮组织定期举办邮展和相关会议，中华全国集邮联合会通常由秘书长或副秘书长带队参加。朱高峰在担任中华全国集邮联合会会长期间，对于国际集邮组织的领导成员到访中国，都会亲自接见他们。中国与国际集邮组织的关系不错，尤其是亚洲集邮联合会。当时亚洲集邮联合会的会长是新加坡人郑炳贤，还有马来西亚等国的集邮组织，华人居多，所以交往更方便一些。

# 第四章　电信业务管理

## 一、管理体制，维护工作

　　这里所说的管理体制是指邮电通信企业内部管理体制。新中国成立后，邮电部长期实行政企合一的管理体制。邮电企业的内部管理体制很大程度上是参照政府构架设置的，具有较为齐全的职能部门，并且呈现出上下对口的特点。通常，部里设有某司局，省局有对应的处室，地市局有对应的科室，县局有对应的股室。真正的生产单位处在"谁都要管"的状态，经营工作没有真正独立出来。随着市场经济的深入发展和企业规模的扩大，这种体制越来越不适应现代通信发展的要求。

　　过去，邮电企业的建设职能仅限于管理，生产任务完全由外面单位承担，企业并没有真正的经营职能，企业的主要生产功能似乎只是维护，而维护又受到各个职能部门的制约。从国外通信企业的情况来看，企业的管理职能主要就是两个——人力资源管理和财务管理。在提出"三条线"的企业管理思路后，朱高峰不想调整省部两级，因为邮电部是国务院邮政主管部门，各项职能由国务院制定，甚至涉及中央各部门。省局的政府职能较强，且没有具体的生产部门，当时企业内部机构的设置原则上由企业自行决定，但上级职能部门往往会干预，因此改革基点要放在地市县局。朱高峰在电信专业工作会议上强调了几次。在他离开邮电部后，电信企业在改革过程中逐渐推行了这种思路。至于国外企业的事业部制，由于当时中国的电信业务集中在电话业务上，电报业务逐渐萎缩，而数据业务等新兴业务尚未兴起，因此并没有形成事业部制。但为了支持新业务的发展，邮电部电信总局成立了部数据通信局和部移动通信局，作为专业局，具有一定的独立性。各省和多数地市也都相应成立了这些专业局。随着移动通信的快速发展，移动通信局迅速壮大，逐渐独立并演变为今天的中国移动。而数据通信业务在较长时间内处于亏损状态，尽管技术发展很快，设备不断更新，但直到互联网较快发展时，数据通信才有了较多的业务。

邮电系统的设备维护力量是比较强的，但由于20世纪80年代和90年代正处在通信快速发展期，建设方面的力量明显不足。因此，各地邮电部门不得不从生产部门抽调维护力量去负责建设工作。实事求是地讲，在当时邮电通信大发展的历史时期，企业的领导注意力主要集中在建设上，而非维护上。因此，在较长时间内，企业对通信维护工作的重视程度不够，设备质量也出现了不少问题。朱高峰在20世纪80年代末到各地检查工作时发现，省级以下地区大多还是采用明线，一级干线上明线仍占相当大的比重，但明线载波通信系统绝大多数运行不正常，导频无法自动开启，指针要么无法起动，要么持续摆动。询问机房工作人员，普遍反映线路不好。

朱高峰严肃地说："你们不要糊弄我，我就是做这个的。电路明明是通的，导频却没有，怎么可能是线路问题？"反正线务员不在现场，没法申辩，机房的员工就把责任推给线路问题。局里长期没有人深入机房检查，载波机长期"带病"工作，这可能是大部分电信局机房的普遍状态。然而，这次机房的值班主任碰上了较真的"硬茬子"，谁也没想到站在对面的竟是电信传输领域的专家。

朱高峰亲自到机房检查明线载波的消息不胫而走，一传十，十传百，有的省邮电管理局局长没有从事过电信维护工作，但受到朱高峰的影响，一到基层便直奔机房，先查看导频是否正常，后来甚至直言这是跟朱高峰学的。其实，真正熟悉朱高峰的人都知道，

朱高峰在电信机房调研

他到基层检查工作绝非蜻蜓点水、走马观花。他对于电信工作非常熟悉，检查项目不是按"套路"，而是随机，但检查的都是电信设备和线路运行的关键，都涉及终端用户使用质量的反馈。

下面仅举一例。

系统维护方面存在问题，之所以反映不出来，其中一个重要原因是故障记录不完整。112台（当时是电话故障申报台）的用户申告和障碍记录在大多数局内的执行情况很差，有的漏记，有的处理完后也没有准确的时间记录，导致市话质量无法准确掌握。朱高峰到各地检查工作，一定要去112台，去了一定要查故障记录。后来，消息传遍各地：朱高峰到基层检查工作，是要查看电话故障记录的，你们都要提前做好准备啊！

后来，当得知朱高峰要来某省开会或检查工作时，省会邮电局和各基层邮电局事先会把故障记录补齐。其实，朱高峰并不是一个喜欢搞"突然袭击"的人，他更希望通过调研和实地检查来发现和

朱高峰在基层电信机房了解设备运行情况

解决问题。如果省会邮电局和各基层邮电局能够在他到来之前主动改进存在的问题，那也很好啊。

　　还有一件事令他印象深刻。有一次，朱高峰到石家庄调研，照例要去市电信局看看。叶连松当时是常务副省长，一定要陪朱高峰去。那天正好是星期天，朱高峰不想占用地方领导的休息时间，就一再劝叶连松不要去了。但叶连松很客气，一定要陪着去。视察完生产现场后，他们就在会议室座谈。市电信局领导汇报工作后，朱高峰问了几个业务问题。其中一个问题是："市话忙时每线话务量是多少？"前面已说过，因为通信资源紧张，电话普及率低，所以单线话务量很高，他想了解一下实际情况。但没有人能回答。朱高峰就问市话科长来了没有？回答在。

　　朱高峰又问了一句："到底每线多少爱尔兰？"市话科长想了一会儿回答："一个多爱尔兰吧。"

　　朱高峰听了真是啼笑皆非。旁边的人听了想笑也不敢笑，因为叶连松副省长在场。叶省长还问朱高峰："什么叫爱尔兰？"朱高峰只好简单解释："这是一个网络的指标。"

会后有人给朱高峰解释，说这位科长是线路工作出身，对话务工作不太懂。朱高峰不客气地说："你既然当了市话科长，市内电话的一些基本概念总要知道一些吧！"

其实，当时在会议室参加汇报的有几十人，却没有一个人能说清楚这个问题。会后也没有人来告诉朱高峰这个指标到底是多少。从这件小事就可以看出当年的电信管理水平如何了。

面对全国设备维护方面存在的突出问题，邮电部决定在全国邮电系统内进行设备大整治。尽管朱高峰不赞成这种办法，但面对全国设备维护中暴露的种种问题，他认为已经没有其他更好、更合适的措施了。邮电系统设备大整治在全国范围内开展，持续了一段时间。在此期间，对各种规章制度、测试方法、测试要求，甚至设备说明等（有些国产设备资料不完整）进行了补齐，还动员了研究院各所和工业总公司各厂的人员参加，这为后来的维护工作打下了基础。

通过这次整治，还发现了其他问题。当时全国还有大批微波干线在运行，因为很多微波站建设在山上，职工生活很艰苦。为此，值班的员工都是两个班次轮流倒，一个星期换一次班。后来微波站开始陆续减少山上的值班人员，人员少了，例行测试少了，没想到的是，故障反而也少了。原来值班人员多时，值班人员的设备维护水平整体不足。由此也让人意识到，一些技术水平高的设备应该尽量自动化。集成度高的设备，机房值班人员是无法维修的，设备坏了只能换备用板。这为通信企业设备维护体制的改革提供了重要指导思想。对设备质量比较好的微波线路应较多发展无人值守模式，当然对质量较差的老设备还是要加强日常维修工作。

## 二、技术进步，装备来源

改革开放不仅引发了通信需求的激增，也推动了技术的飞速进步，总体趋势是接续方式由人工、半自动向全自动发展，交换机由机械式向半电子式、全电子式发展，控制方式由布线逻辑控制向程序控制发展，传输手段由架空明线、电缆向光缆发展，处理和传输方式由模拟向数字发展，接续部分组成方式由空分、频分向时分发展，基础元器件由半导体向集成电路、大规模集成电路发展。在这种飞速发展和强大需求的驱动下，国内之前积累的成果显得远远不够，必须借助改革开放的契机，从国外引进大量先进的设备和技术，一方面是为了应急，另一方面也有利于对新技术、新设备的消化、吸收，为国产化作准备。

邮电部装备来源的布局与国家总体布局一致，存在科研开发和生产两个系统。科研主体是邮电部研究院，下设分布在各地的十几个研究所，工业主体是邮电部工业局下面的30多家工厂，厂所之间存在一定的对应关系。上海一所开发市话交换机和卫星设备，对应上海520厂；西安四所开发微波设备和上海一所的卫星设备，共同对应西安503厂；西安十所开发长途交换机，没有对应工厂；成都五所开发电缆后又加上光缆，对应成都514厂和山西侯马502厂；眉山六所开发载波通信系统后又加上数字传输设备的开发，对应眉山505厂和上海519厂、重庆的515厂，北京邮政所和上海三所开发邮政设备，无明确的对应厂。在原武汉邮电学院的原址上（学校已撤销）建立了武汉邮电科学研究院，逐渐专注于光通信系统的开发，包括光纤光缆和光传输设备的开发，但没有明确的对应厂。当时的情况是可以生产模拟系统和设备、机电交换机，但程控交换机、数字传输设备刚立项不久，有的还没有开始，而光通信系统则刚开始研发小容量系统。

在这种情况下，大量购买外国的设备是必需的，但和国内研发、生产有什么关系，长远规划是什么，成为必须认真考虑的问题。在这方面，邮电部领导保持了清醒的头脑，明确认识到不能长期依靠购买外国设备。经过逐步摸索，邮电部总结出了"三步走"方针，具体如下：

第一步，购买国外设备以满足急需；

第二步，引进（包括合资）生产线，逐步掌握技术；

第三步，与自主研发相结合，逐步转向依靠自己。

最早购买的较大规模设备是福州从日本富士通引进的F-150万门程控交换机。当时，福建省邮电管理局局长郝峰云同志是一位有远见卓识的老同志。1979年年底，他主动提出从国外引进这个项目，并得到了邮电部的支持。在与日本厂商的谈判中，中方争取到了优惠条件。设备到货比较快，安装调测也比较顺利。1982年年底开通后，其性能远超国内原有的机电交换机，时任邮电部部长文敏生亲自前往考察，并给予了很高的评价。同时按谈判条件，中

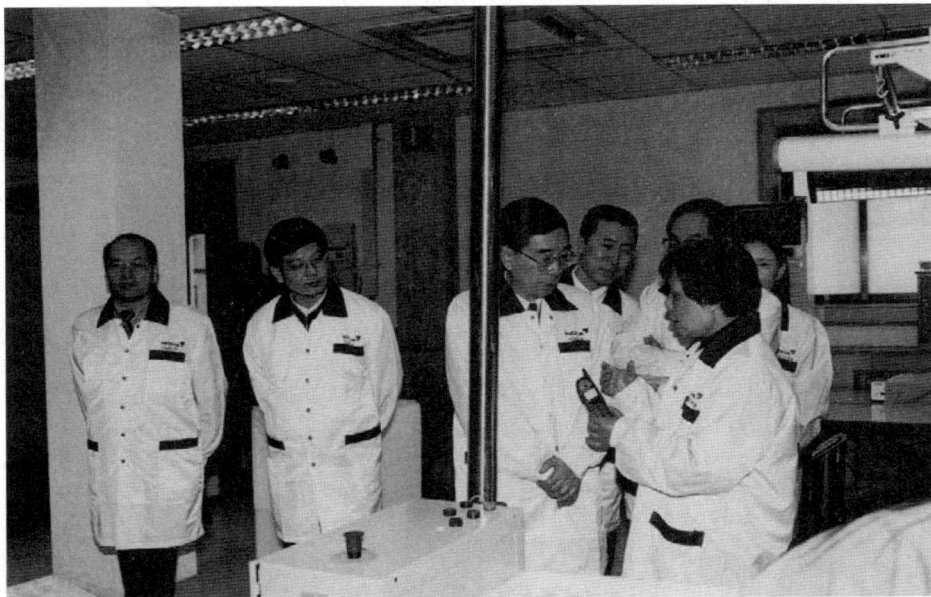

朱高峰到某通信合资企业考察

方派了6名技术人员到日方厂里进行培训和设备接收，福建省邮电管理局分了几个名额给部属研究设计单位，这几个人回国后成为国内研发程控交换机的"种子"。一段时间内，各地邮电管理局的同志纷纷到福州参观学习，从中受到启发，邮电部也在福州开过现场会。有意思的是，在大规模参观基本结束后，文敏生部长特意嘱咐朱高峰到福州去看看。实际上，文敏生的头脑是十分清醒的，他就是考虑在这样的热度下，不要有片面性。这就是他让朱高峰去福州亲自看看的真实目的。

朱高峰到福州机房看过以后，发现当地对福州市全网规划得不够长远，最大容量只考虑到5万～6万门。这样的规划显然比较保守。为此，朱高峰向福建省局的领导提出，要求他们要关注此事。

此后，中国开始大规模从国外引进设备，主要是购买程控交换机，也包括传输设备和光纤光缆。供应商范围很广，应该说世界上主要的电信设备厂商都来了，日本厂商主要是富士通和NEC，此外还有日立等厂家，欧洲厂商主要有瑞典的爱立信、德国的西门子、法国的阿尔卡特、芬兰的诺基亚，还有意大利、西班牙、比利时等国的厂商，北美厂商主要是AT&T、摩托罗拉和北方电信等。电信网最好采用统一制式，无论是在互联互通和监控方面，还是在设备维修、人员培训和备件方面都可以更方便和节省。国外一般也是这样做的，在有多个运营商的国家中，至少一个运营商的网内制式是统一的。但中国采用了多家供应商的方式，后来供应商越来越多，甚至在一个省内也有两三种制式，形成所谓的"七国八制"的局面，引起了国内外、邮电部内外的广泛议论。形成这种局面既有内部原因，也有外部原因，后果也有正反两方面。先说内部原因，当时建设资金有限是个主要问题，共同的想法是要买一些物美价廉的设备，而外国各厂商就利用这一点来竞争。当时市话建设已由地方负责，地方政府在设备选型上有较大的发言权。哪个省的考察团访问了哪个公司，一般就会倾向于购买该公司的设备。邮电部虽然明确表示要审批，开始时还规定了用什么制式，但实际上难以控制。再说外部原因，确实没有哪个厂家能满足全国的供货要求，适当分散是必然的。

事后总结，以中国之大，所需设备数量之多，仅有一种制式是难以满足需求的。一个厂家，即使是大型跨国公司，也没有这么强的能力。同时过于依赖单一厂家，就一定会受制于人，不仅价格很难谈判，国际关系紧张时还可能面临其他问题。因此，从长远来看，多制式的选择是合理的。由于相互间竞争激烈，市话程控交换机的价格很快从一线几百美元降到了一线几十美元，当然其中有技术进步的因素，但中国引入的供货商相互竞争的策略，无疑起到了重要作用，这在发展前期资金严重缺乏的情况下是头等重要的。当然，多制式也带来了一些问题，例如设备间接口复杂、全网管理困难，需要建立多个网管中心（或分层次管理），但这些问题相对来说还是排在第二位的，并且在实践中也基本解决了。为了规范竞争，1994年，在引进SDH光纤传输系统时，朱高峰提出了"打擂台"的办法。他召开了国际重要厂家参加的会议，明确邮电部要引进SDH光纤传输系统，欢迎各厂家在限定时间内提供样机。在测试过程中，对各厂商一视同仁，根据统一条件进行设备测试和对比，先从技术和性能上判定优劣，然后再进行商务谈判。各公司的人都非常紧张，但都按规矩照办。朱高峰让邬贺铨（当时在研究院工作）具体负责组织测试工作。实践证明，采取这种办法，引进的设备价钱合理，性能和技术先进。后来很多新技术、新设备的采购都采用了这个办法。

实践下来有以下几点需要说明。

①在引入国外设备时有一个特殊问题，就是是否使用二手设备。在与日本NTT的接触中，对方提出有一些纵横制交换机要更替下来，但这些设备的性能仍然完好，询问中方是否愿意接收，并表示可以免费提供，包括拆装运。中方研究了一下，认为国内不少

市县的电话系统还是人工操作的，很需要程控交换机，但当时外汇储备有限，技术力量也暂时不足，使用国产纵横制交换机几年后又要更换，也很不划算，用二手设备是一条快速、省钱的出路，就接受了这一提议。首先在山西试点，为此NTT总裁儿岛仁还前往大同考察。山西试用这些二手设备后觉得不错，很快装上放号还可收取初装费，于是决定大规模推广。由于日方拆装人力不够，中方派出人员在日方指导下进行拆卸，并对设备进行检修。后来中西部地区不少省份都使用了这些二手设备，设备服役期长短不等，大概3～5年吧。总体而言，这些二手设备还是发挥了很好的过渡作用，加快了自动化的进程，也给使用的地方提供了原始积累的条件。

②在引进生产线方面，最重要的当然是上海贝尔的S1240程控交换机生产线，还有北京西门子程控交换机生产线等。前面已经介绍过，这里再补充一下其他方面的生产线。大规模通信建设需要大批光缆，国内自己研制的光缆数量、水平均不足。早些时候，机械工业部与日本古河电工合资在西安成立了西古公司，但一直没有发展起来，因此邮电部决定引进光缆生产线时，首先想到的是全球领先的美国康宁公司。康宁公司是研发光纤、光缆比较早的厂家，技术比较成熟。他们到中国各地考察后，提出要在上海设立光缆生产线，而邮电部因为重点扶持武汉邮电科学研究院，所以想将生产线设在武汉，而康宁公司认为武汉不具备条件，如生产用的特殊气体供应不上，这也是事实，但中方认为这个问题可以解决，双方都坚持己见，最终没有达成一致意见。后来邮电部转向荷兰飞利浦公司寻求合作，经反复谈判，双方原则上达成了合作协议，成立了长飞光纤光缆股份有限公司，邮电部由武汉邮电科学研究院出面作为投资者，武汉市政府也提供了部分资金。公司建设启动后，进展比较慢，很多问题迟迟解决不了。最后邮电部下决心，以事业为重，把公司转由武汉市管理，这样就能比较顺利地解决一些之前存在的问

题了。但是公司业务的技术问题具有很强的专业性，武汉市缺乏专业人员，难以顺利开展工作。当时的武汉市市长赵宝江同志比较开明，他了解情况后，认为市里无法管理这个企业，于是到邮电部找朱高峰，提出把这个企业交回邮电部管理。邮电部经过研究，认为赵宝江是真诚的，并且该由地方解决的问题大多已解决。赵宝江也答应，今后如有问题，他仍会一如既往地给予帮助。基于这些考虑，邮电部同意了赵宝江的意见，重新接管了该企业。此后长飞光纤光缆股份有限公司一步一步发展起来了，并逐步壮大，现在仍是中国光纤光缆领域的龙头企业。

其他方面，如 PCM（脉冲编码调制）设备（它的作用是将模拟信号经过抽样、量化、编码转化成标准的数字信号）的研发，重庆的529厂和意大利企业合作，西安四所、503厂与加拿大企业合作等，大多规模不大，有的因种种原因合作不下去，项目就停止了。再往后在移动通信方面，北京506厂、杭州522厂和几个欧美厂商的合作，已经是20世纪90年代后期的事情。

③邮电部在自主研发方面是有一定基础的，但也存在一些体制性问题，如技术与经济、研发与生产分离等，这些是全国性的问题，科研体制改革没有解决这些问题，企业成为技术创新主体的目标还远未实现。邮电系统也不例外，形成了研究院负责开发，工业局负责生产的局面。在计划经济时期，遇到大的项目，通过行政方式强行组织，成立指挥部实现"产学研"结合还是有效的，朱高峰的前半生也一直参与其中。但改革开放后，发展市场经济，这种办法就不再适用了。按科技体制改革思路，研究所事业经费不断减少，要自己盈利，所以研发成果不能无偿提供给工厂，而工厂认为研究所经费是国家提供的，因为历史上一直是向工厂无偿提供科研成果，所以也不愿意向研究所提供成果转让费。更多研究所希望进行自我生产和销售，而因为开放了，生产企业可以从国外购买成熟技术，并且主要是从企业买，不像研究所开发的技术后面实现产业

化还有很多事要做，所以两者间的关系越来越疏远。其结果是研究所的生产规模很小，工艺（生产技术）过不了关，产品质量较差，主要是稳定性、可靠性、可维护性较差。而工厂则依靠购买国外成熟技术，当然往往只能买到下游技术，即生产线上的装配技术，中游技术（设计技术）一般是买不来的，更不用说购买上游的开发技术了。举两个例子，一是卫星地球站，上海一所在这方面有一定的基础，当时宋健同志在航天部当副部长，曾找到朱高峰，希望双方进行合作，朱高峰满口答应。但上海一所不同意，没谈成。后来邮电部让上海一所和工业局的503厂合作，还是未谈成。在这个过程中，国内的一些厂家逐渐成长起来了，技术也成熟了。后来国务院决定在西部地区建50个卫星站，以解决边缘地区通信和传递电视信号的问题，其他部门的任务都按时完成了，但分给邮电部的任务就是完不成，因为上海一所制作不了6米天线。当时时间很紧，朱高峰正好出国不在部里。杨泰芳部长急了，亲自找到航天部，请他们的下属工厂帮忙，才勉强完成了任务。另一个例子是杭州522厂（东方通信）与美国摩托罗拉公司合作生产手机，一时很红火，东方通信的产值急剧增长，但是朱高峰去看了一下，发现美国人只给了装配图，连手机的电路图都不给，这样的情况下东方通信可以说什么技术也没有学到。后来摩托罗拉公司在天津建了独资厂，并没有和东方通信合作。由于东方通信没有任何技术储备，前段时间赚的一些钱都用于盖大楼了，其后果可想而知。这两个例子大体上说明了情况。

究其原因，大体上有体制、政策和人员三个方面的问题。在体制方面，除上面讲的大体制外，研究院和工业局（后改为工业总公司）都是行政机关，下属厂所都是独立核算的单位。后来研究院和工业总公司也成为独立法人后，对下面没有实际的控制权，形成多级法人，无法集中力量。

而在邮电系统之外出现了一些新的单位，有发展势头好的，也有没发展好的。发展势头好的企业如华为、中兴，两者都在深圳，华为是民营企业，中兴是原航空航天部下属企业，是混合所有制企业，两者起家都在20世纪80年代后期，研发的产品都是小型交换机。华为的不少技术开始时是从邮电系统学去的。有一段时间，凡是邮电各研究所所在地，华为都设一个同样内容的研究所，华为慢慢地成长起来了，后来学习外国厂商，规模也越来越大，并且打开了国际市场。华为的发展道路有很多特点，其在早期通过模仿和学习国际先进企业的技术和产品，快速追赶并形成自己的产品，在较短的时间内积累了技术和市场经验，并充分利用中国劳动力优势，在激烈的市场竞争中快速崛起。华为并非家族企业，但始终不上市，尽管外界对此议论一直不断，但华为不为所动。华为在人力资源战略上利用了中国大学生来源多的现实，实行"大进大出"战略等。华为属于民营企业，没有一些条条框框，自由度比较大。当然还有其他特点，包括其领导者的远见等。中央和地方政府也给予了华为很大的支持，现在华为已是国际上通信制造龙头企业之一，2023年销售收入已达到7042亿元。由于产品价格比外国企业的产品价格低，所以从实物量来讲，还要更多一些。中兴的企业经营方针大体上和华为差不多，但是中兴是国有控股的上市公司，所以相对来说更规范一些，规模大概是华为的一半。

当时曾有"巨大中华"一说。"巨大中华"主要指当时国内研发、生产通信装备的4家企业，即巨龙通信、大唐电信、中兴、华为。巨龙通信是解放军郑州信息工程学院创办的企业，主要研制生产HJD-04程控交换机。当时曾有国内的一部分通信企业购买开通了该型号的程控交换机。后来由于缺少接入系统设备的配套研制工作，这家公司垮掉了。大唐电信是邮电科学研究院成立的公司，技术比较强，但产业化上始终不尽如人意，后来在研发TD-SCDMA第三代移动通信空口技术规范上作出了很好的成绩，但这时朱高峰已离开邮电部了。随后电子54所（中国电子科技集团公司第五十四研究所）也开发了一种交换机，并与广州市合资办了一家公司，叫金鹏，因此也有了"巨大金中华"的说法，但金鹏生产规模不大，未产生多大的影响。在移动通信设备方面，最早在20世纪80年代后期，国际主流还是模拟制式，当时有美国的AMPS、欧洲的TACS和北欧的NMT。

AMPS制式占了2/3以上的市场，但我国在进行选型时，因为一直倾向于欧洲，所以选了TACS。到20世纪90年代进入2G时代时，欧洲设计了GSM，是基于TDMA的数字蜂窝移动通信系统，美国高通公司设计了IS-95，基于CDMA。科技部门的人倾向于欧洲的GSM，再加上此时已成立联通，联通决定立即上GSM，所以邮电部也决定上GSM。而美国由于AMPS用得很好，所以在2G实用化期间，CDMA并没有得到发展，而在3G时代双方都用CDMA，此时美国方面显然有优势了。实际上，如果当时不是中国加入了GSM阵营，后来的格局很可能不同，包括厂商的情况也会不一样，这当然只是一种假设。

## 三、引进 S1240，消化吸收

S1240是程控交换机的一种制式，原产于比利时的BTM公司。S1240程控交换机在20世纪80年代是十分先进的，硬件的设计构思、生产工艺和质量都是属于世界一流的，而且集成度高、机架数量少、节约机房面积，也便于维护；软件设计也有其独到的地方。对于当时的邮电部来讲，这种先进设备是尽快扭转改革开放以后电信技术严重落后状况的可遇不可求的一次机遇。

这次机遇来之不易。在朱高峰到邮电部工作之前，邮电部的老领导从20世纪70年代末就已经开始接触一些国外厂家，分析和比较世界上先进国家生产的数字交换机的先进性和适用性。当时，美国和欧洲一些国家都已经掌握了程控交换机的生产技术，制式不少，令人眼花缭乱，究竟该选哪家呢？原邮电部领导侯德原参与并主持了引进 S1240 程控交换机生产线的谈判和组织工作。

侯德原（1912—2003年）是一位邮电通信专家。从事电信技术工作逾50年，是我国电信事业的开拓者和奠基人之一。新中国成立后，他主持全国长途明线恢复工作，成功设计88交叉取代了美国 K8 交叉，对我国长途明线通信作出了重大贡献。他长期担任邮电部设计院院长。1952—1984年，他参与了全国所有重点通信工程的方案制定、审定和实施，领导并亲自参与了对称电缆60路载波通信系统和2GHz 120路微波通信系统的研制攻关工作，取得了成功。改革开放以来，积极支持引进国外的先进技术，同时提出"以话养话"等建议并付诸实施，对市话的发展起了重要的推动作用。1979—1982年，任邮电部副部长，后任邮电部顾问。

侯德原在组织引进程控交换机的工作中，曾多次赴西方一些国家考察，由于这些国家受以美国为首的"巴黎统筹委员会"的限制，都是一个腔调：向中国出售交换机可以，出售程控交换机生产线，不行。

而引进生产线确实是邮电部引进程控交换机的根本目的。为什么呢？引进程控交换机生产线是邮电部作出的我国通信发展中的战略性一步，是"三步走"中的重要环节。

在西方阵营里，不少国家一说到中国引进程控交换机就来了兴致，削尖脑袋、千方百计地往里钻。而说到中国引进程控交换机生产线，纷纷退避三舍。但有一个国家，却向中国伸出橄榄枝，愿意出售程控交换机生产线（包括其配套的大规模集成电路生产设备，在上海专门成立了上海贝岭公司）。这个国家就是比利时。

比利时在欧洲的西部，是一个高度发达的资本主义国家，是欧盟和北约创始成员国之一，也是世界十大商品进出口国之一，外贸为其经济命脉。比利时拥有极其完善的工业体系，以及港口、运河、铁路和公路等基础设施。主要工业行业有钢铁、机械、有色金属、化工、纺织、玻璃、煤炭等。比利时的主要贸易伙伴为欧盟成员国，其次为其他欧洲国家及北美、亚洲和非洲国家。

成功引进比利时S1240程控交换机生产线，是我国打破西方国家在大规模集成电路和数字交换机领域对我国出口限制的成功案例；是我国布局通信市场、大幅度降低程控交换机的进口成本、全面吸收先进技术、实现国产化的重要一步；是全面提升我国通信网设备水平，推动通信网由模拟向数字化转型的重大举措。

1982年，侯德原副部长率团出访比利时，与比利时BTM公司会谈，并就转让S1240程控交换机生产线达成协议后，顺利回到国内。此时，邮电部的领导班子已经调整，文敏生任党组书记、部长，杨泰芳、朱高峰、李玉奎、成安玉任副部长。朱高峰已到邮电部上班。

虽然侯德原代表中方与比利时方签署了转让协议，但其实双方后续仍需完成一系列更复杂的工作。特别是还有很多具体问题要进一步谈判。例如，比利时的BTM公司是美国ITT公司的子公司，所以这项转让协议必须征得美国ITT公司的同意，否则也办不成。此外，还有"巴黎统筹委员会"一关要过，即要获得美国政府的批准。用形象一点的话来说，转让生产线协议只是一个"玻璃"协议，尽管中国和比利时双方签署了该协议，但最终决定权在美方。如果过不去这"关"，合作随时可能"破碎"。

中方代表团在与比利时方会谈时，比利时BTM公司特意邀请美国ITT公司来参加谈判，表示对母公司的尊重。ITT公司派了一个副总裁来参加会谈，他在会谈中不大说话，对这一项目也没提什么意见。但美国政府对此还是持有异议，迟迟没有批准。这让比利时方面非常着急。后来比利时首相出面，利用一个机会和美国沟通后美国才同意。而中方正式对外的是外贸部。当时比利时驻华大使也非常热心促成此事，因此他有时也来参加谈判。有一次外贸部两位司长找到朱高峰，反映了对侯德原在会谈中的一些意见。朱高峰对侯德原的情况非常清楚，作为长期从事技术工作的老专家，性格耿直、直率、较真，容不得半点沙子，这是老知识分子长期形成的性格。所以，朱高峰只能劝劝他，不要什么会议都参加，先让下面的同志去谈。但侯德原的心里一直不痛快。

转眼到了夏天，有的朋友劝侯德原别老憋在家里，到各省走走。侯德原接受了这个建议，到了杭州疗养。侯德原到杭州后，心情好了许多。但杭州的夏天气温很高，湿度也很大。侯德原是从事通信工作出身的，根本闲不住。他坚持要省里的同志带他去看看过去领导参与过的工程。有一次到郊外看电缆线路，他非要下到人孔里去看，旁人没有拦住。但他回到驻地就病了，病得很重。省局的同志马上把他送到医院抢救，总算抢救过来了，没有出大事。之后，侯德原在杭州的医院里休养。邮电部党组对此很重视，经过商量，准备派人去把侯德原接回来。谁去接呢？

朱高峰主动向文部长提出，拟代表党组到杭州接回侯德原。文部长当即批准了。到杭州后，朱高峰先与浙江省邮电管理局和省局的几位领导交换了一些情况，然后到医院看望侯德原，转达了党组对他的问候，并建议侯德原回北京继续治疗。这样，朱高峰亲自把侯德原接回了北京继续治疗。经过一段时间的治疗，侯德原的身体基本恢复。唯一出现的问题是，脾气变得更加古怪。在这种情况下，侯德原当然不能再工作了。但引进 S1240 程控交换机生产线这件事侯德原一直记挂在心。朱高峰每次到家里看望他，侯德原还是会滔滔不绝地讲起 S1240 程控交换机生产线，这已经成为他的一块心病。

1994 年，朱高峰到中国工程院工作后，遂推荐了为新中国通信工程建设作出过重要贡献的侯德原为中国工程院院士，最后经表决，1995 年侯德原正式当选中国工程院院士。

邮电部引进 S1240 程控交换机生产线还有大量的工作要完成，

怎么办呢？只能由朱高峰接过来继续完成。具体负责这项工作的人员有解晓安等人。宋直元于1982年在美国 AT&T 公司培训一年，回来后也参加了这项工作。

当时国内还是计划经济体制，所有建设项目及引进项目的可行性报告都是由国家计划委员会负责审批。国家计划委员会（以下简称"国家计委"）曾是主管国民经济规划和进行市场宏观管理的国务院原有组成部门之一。所以，引进 S1240 程控交换机生产线的可行性报告要先报给国家计委，按照国家计委的工作流程，一般要召开有关部门参加的会议，审议这个可行性报告。如果基本达成一致意见，审批就很容易。如果有的部门反对，这"关"就不容易过，项目有可能搁浅。电子工业部和邮电部为这个项目争论不休。

邮电部办公厅接到国家计委的电话通知，几天后的下午3点开会，要求主管副部长出席，讨论邮电部上报的引进 S1240 程控交换机生产线问题。

会议由国家计委副主任甘子玉主持，他介绍了会议要讨论的内

朱高峰检查通信设备运行情况

容，以及参加会议的各部委领导名单。这次电子工业部出席会议的是魏鸣一副部长。

魏鸣一，湖北建始人。我国微波通信技术专家。1947年毕业于燕京大学物理系。1949年获美国布朗大学理科硕士学位，同年回国。1961年加入中国共产党。历任国防部第十研究院第十研究所总工程师，第四机械工业部第十研究院副院长，第四机械工业部、电子工业部常务副部长，中国电子进出口有限公司董事长，中国电子学会第三届副理事长，是中共第十二届中央委员会候补委员。他曾成功指导研制出中程、远程导弹连续波测量系统和安全控制系统。

魏鸣一在会上讲了一段话，讲话内容大大出乎朱高峰的意料，也使会议的气氛立刻缓和下来。他说，昨天晚上他把报告看了，原来电子工业部下面对这个项目有些意见，但他看后，认为这是个好项目，应该开展，他们不反对。魏鸣一副部长说完意见，这个扣自然也就解开了。这样一来，对于引进S1240程控交换机生产线可行性报告就没有什么反对意见了。接着，朱高峰也作了简短的发言，感谢各个部门对邮电部引进S1240程控交换机生产线的大力支持。甘子玉最后进行了会议总结。朱高峰原本预计难以解决的问题，结果不到一个半小时就得到了圆满解决。魏鸣一副部长作为一位高级领导干部，从国家大局出发，在关键问题上客观地评价相关部门的引进项目，使这项关乎国家加快通信发展、加快国家通信网更新换代的工作得以顺利推进。

中比双方在合资公司的谈判中还有一些重要问题要解决，如双方各占多少股份？中方要求控股，提出股份比例为6∶4；还有项目的选址等问题。这些问题都要通过双方的会谈协商并达成一致。

经过双方的友好协商，有关问题最终达成了一致。

①中比双方的股份比例为6∶4。

②项目的建设地址在上海。

这些问题最终都得到了解决。为了在组织上保证项目的推进，中比双方成立了一个 S1240 程控交换机生产线引进项目的筹备班子，中方以上海 520 厂副厂长刘崇基为首，首期厂房暂用 520 厂的，然后双方共同出去考察、购买设备、开展建设等。因为是邮电部第一个合资办厂项目，部里决定成立一个 S1240 工程局，并邀请上海邮电管理局的领导参与，以便于在上海开展工作。

1983 年 7 月 30 日，中比双方在北京人民大会堂签订了上海贝尔电话设备制造有限公司合营合同。

1984 年，中央对邮电部的领导班子又进行了调整，宋直元到部里任职，分管科技和建设工作，此后 S1240 工程就由宋直元负责了。

1986 年，由于开工不久的上海贝尔公司设备交货期长、价格较高，部分用户对 S1240 程控交换机的先进性和可靠性产生怀疑，加之日本厂商趁机向国内大量倾销，上海贝尔公司承受了巨大的压力。新闻媒体对此也进行了一些负面报道。这引起了国务院领导同志的高度重视，国务委员张劲夫多次召开会议，协调解决合资公司存在的问题。

此时的上海贝尔公司一方面要求比方严格按照合同加快技术转让和技术人员的配置，另一方面确保设备订单的全面跟进。朱高峰当时主管电信总局，在面对市内电话程控交换机"七国八制"的复杂局面时，清楚地意识到，市内电话的信号问题只涉及局部，而长途交换机则涉及全网，如果制式太乱，信号系统不一样，今后互通起来问题很大。于是，他决定地级市以上城市的长途交换机统一采用 S1240 程控交换机，不能采用其他制式的，这是一个硬性规定。为此，朱高峰召开了全国会议，进行了动员并下发了相应的文件。各省区市在执行过程中没有打折扣，严格按照文件规定执行。这样的一个措施，一方面使得国家电信网络实现了整齐划一，避免了潜在的信号互通问题；另一方面，面对上海贝尔公司订单急剧减少、工厂停摆的严重后果，为其提供了极大的助力。

1987年，在国务院领导的关怀下，经过邮电部和上海市政府的共同努力，上海贝尔公司开始扭转颓势，渡过难关。邮电部党组作出决定——为保证工作顺利推进，调整并充实上海贝尔公司中方的领导团队，进一步加强上海贝尔公司中方的领导力量，由邮电部派出吕明同志（原邮电部电信总局局长）接任董事长。

吕明，1924年生于河北省任丘县。1938年7月参加革命，1939年2月加入中国共产党。抗日战争期间，历任冀中军区司令部机要科科员、抗大二分校学员、晋察冀军区司令部科员、冀中军区第十军分区机要股长。解放战争期间任冀中军区司令部参谋、冀中军区第十一分区司令部三科副科长、华北补训兵团司令部三科副科长，1949年7月任石家庄电信局副局长。新中国成立后，在天津大学电信系学习3年，后任邮电设计院处长、副院长，北京长途电信局党委副书记、局长，邮电部电信总局局长。他是一位工作能力强、看问题犀利、能够在复杂的环境中把握全局的老干部。吕明从1989年4月到1997年12月，担任上海贝尔公司董事长，完成了大量工作，对上海贝尔公司的发展和稳定起到了重要作用。

1999年1月18日，上海贝尔公司成立15周年时举行庆典，朱高峰应邀去上海参加。会上，朱高峰讲话，提到了两层意思，他讲的第一层意思是，S1240项目能走到今天，不要忘记那些为了S1240项目打下基础的人，不要忘记曾经为此作出贡献的人，特别是不应该忘记两位老人，一位是原邮电部副部长侯德原，另一位是比利时原驻华大使；第二层意思是上海贝尔公司的产品太单一，在新领域产品开发上没有投入太多力量。此时，距朱高峰离开邮电部已有5年之久。5年后，朱高峰回来讲话仍然直率，话锋依然犀利、直接。台下出席大会的嘉宾纷纷赞扬——还是朱高峰能讲真话，敢讲真话！

## 四、国际通信，联通世界

1978年12月，党的十一届三中全会在北京召开。几乎一夜之间，改革开放的春风吹遍神州大地。大力发展经济、推进现代化建设已经成为浩浩荡荡的历史潮流，势不可挡！但当时制约改革开放的最大因素是落后的基础设施。国内通信的落后，是其中最突出的一项。但与国内通信情况相比，我国的国际通信形势更为严峻。

与西方国家的有线直接联通，还要追溯到1972年，我国最早开通的国际海底电缆是中日海底电缆。海底电缆的诞生，距今已有100多年的历史。早在1850年，英国人 John 和 Jacob Brett 两兄弟就在法国与英国之间的公海里用拖船敷设了世界上第一条海底电缆。1866年，跨大西洋海底电缆敷设成功，实现了欧美大陆之间跨大西洋的电报通信。时至今日，海底电缆仍在通信领域扮演着重要角色。1972年，为了加强中日两国间的通信联系，经两国政府商定，在中国和日本之间共同建设一条具有足够电路容量的海底电缆。1973年5月，中日两国在北京正式签订了中日海底电缆建设合作协议。中日海底电缆从中国上海市南汇县至日本熊本县苓北町，全长872千米，拥有480条电话线路。根据协议，双方需要完成各自部分的海底电缆敷设工程。1976年9月9日，在中日邦交正常化4周年之际，中日双方分别在北京和东京举行了中日海底电缆开通仪式。建成的中日海底电缆限于当时的水平，仍是同轴电缆。当时世界的国际通信（主要指洲际通信）已经大量依靠卫星来完成。1972年，美国总统尼克松访华后，在北京建立了卫星通信地球站，靠国际通信卫星组织 Intelsat 的卫星开通国际电话，但当时地面站的容量较小。

Intelsat是个商业机构，是最大的国际卫星通信机构，由各国的通信部门或企业参股，有一定股份的成员可指派董事，并派人参与实际工作。

改革开放后，为了加快国际通信的发展，最快的手段是发展卫星通信。当时卫星通信设备完全依赖进口，价格昂贵，所以无法大量采购。随着国内技术的进步，我国逐渐能够自主制作天线了，于是开始建设天线直径为6米的小站（国际通信用最大天线直径为30米，后来也用直径约17米的天线），但是只有国内边远地区通信使用。

后来，我国航天领域取得了重要进展，成功研制并发射了"东方红一号"卫星，在此基础上研发了"东方红二号"卫星，配备4个转发器，并投入实际使用，但转发器数量少，组网比较困难。随后，我国又研发了"东方红三号"卫星，配备24个转发器，情况好转了。但是国内卫星是用于组织国内通信的，国际通信一直还是用国外卫星，因为通信是双向的，难以要求外国人建立针对中国卫星的地球通信站。顺便说一句，在"东方红三号"卫星之后，我国曾经酝酿过研发大容量的"东方红四号"卫星，但由于体制变迁和立项过程复杂，长时期内一直停滞，直到后来才开始用"东方红四

北京卫星通信地球站锅形天线

号"卫星的平台研发新的大容量卫星。

国际卫星通信领域还有其他组织，如国际海事卫星组织（Inmarsat）。该组织最初是为满足公海上的船舶通信需求而设立的，采用大功率卫星体制。卫星功率很大，地面可用便携式终端，而不需要建设具有较大口径天线的地球通信站。地面系统使用方便，因此主要应用于边远地区。此外，美国摩托罗拉公司提出了铱星系统（计划），即在800千米左右上空用多颗卫星组成一个通信网（前面说的卫星都是位于赤道上空近36000千米处的定点卫星，即所谓地球静止轨道卫星，用3颗卫星即可覆盖全球）。原设计使用77颗卫星，因为元素铱的原子序数为77，所以称为铱星，后减到66颗卫星，仍保持原名。朱高峰在美国考察时，摩托罗拉公司主动与他接洽。朱高峰了解到公司其他部门对此并不积极，感到技术和经营成本方面存在较大不确定性，因此没有表态。他认为回国后要慎重研究，后来航天部门参与了发射，以发射费参股，少量开发了些应用。但铱星系统建成时，蜂窝移动通信系统已取得显著发展，导致铱星系统的市场大大受限，最终公司破产，系统被美军廉价收购。航天发射的费用也因此打了水漂，但摩托罗拉公司提供卫星是收回了成本的，可见美国人的精明。

到20世纪80年代后期，海底光缆技术已经逐渐成熟，邮电部和美国AT&T公司、日本KDD公司（现KDDI电信公司）商量建一条中国—日本—美国海底光缆，几经周折终于达成意向并开始建设。此时主要国际通信方式已逐渐转向光缆通信，卫星通信的分量减弱。中日美光缆建成后，成为我国有线通信出口主要手段。

建成国际通信的另一个方向是东南亚。随着改革开放的不断深入，我国与东盟各国之间的交往日益频繁，但囿于我国与东盟各国之间的国际电信通道是短板。因此，朱高峰于1993年提出建设一条中国—东南亚光缆，连接越南、老挝、柬埔寨、泰国、马来西亚和新加坡，跨整个中南半岛。1995年7月4日—7月7日，由我国邮电部负责协调，中国、越南、老挝、泰国、马来西亚和新加坡6个国家电信部门出席的中国—东南亚陆地光缆系统技术、财务工作组第一次会议在广西桂林召开。此时，由于朱高峰已到中国工程院任职，没有参加这次会议。

在桂林举办的会议上，各国就中国—东南亚陆地光缆系统的建设方式、路由选择、开通时间等技术问题达成了共识。经过两年的紧张建设，中国—东南亚陆地光缆系统于1997年建成并开通，标志着我国南向的国际电信通道成功建立。这条国际电信通道的建成，以及后面将要提到的亚欧陆地光缆系统的建成，使我国国际通信的能力大幅增强，同时与各国联络的安全性与可靠性得到了充分保障。

国际通信中的一个重要问题是出口局。按上述情况自然形成两个出口局，北京局以卫星通信为主，上海局以海缆通信为主。但后来各地尤其是沿海城市纷纷要求建出口局，邮电部后来考虑到华南地区尤其是广东对外业务量确实大，又建了一个广州出口局。其他出口局则是一些局部的出口，如乌鲁木齐对中亚各国的出口局、广西对东南亚各国的出口局、黑龙江对俄罗斯的出口局等。

20世纪90年代初，互联网在全球范围内兴起，最初主要用于科研和教育领域。我国最早使用互联网的也是科研单位。当时中国科学院副院长胡启恒来找朱高峰，表达了中国科学院希望与国际联网的需求。朱高峰经过了解，确认了中国科学院的实际需求后，最终同意了这一提议。中国科学院胡启恒副院长对朱高峰所持的开放态度非常赞赏。她一直没有忘记此事，后来还多次在其他场合提及朱高峰对互联网的支持。的确，正是朱高峰在国际互联网联通方面给予了支持，为后来互联网在中国的大发展打下了基础。

随着互联网的不断发展和普及，其应用范围也逐步扩展到商业领域，邮电部不搞不行了，于是由电信总局下属的数据通信局负责此事。邮电系统的工作人员长期从事电话通信工作，习惯于电路交换组网，对基于 TCP/IP 技术的互联网不了解，总感觉问题很多，难以管理，保密问题也无法解决，因此有些犹豫。后来又有人提议建设一个国内网，与国际网之间设置关口进行隔离，但互联网的实际应用主要是与国外联系，而互联网是由美国人主导的，有时国内的通信也要通过美国的网络节点进行中转，所以无法安全隔离，只能大幅扩展容量使国内通信畅通，同时保持与国际网络的畅通。至于管理、保密等问题，各国都存在，要采用与电信网管理、保密不同的另一种管理、保密办法来解决，与美国人之间的博弈也是长期的。不过，此时朱高峰已经离开了邮电部，去中国工程院就职。

## 五、陆地光缆，横跨亚欧

在我国的光缆建设史上，时任邮电部副部长的朱高峰是有杰出贡献的。他主持制定了"八五"期间的 22 条光缆建设规划，后发展成"九五"期间光缆工程、"八横八纵"光缆干线网及国际通信中的中日海底光缆、中韩海底光缆、中美海底光缆等建设项目，这些成就充分展现出他的远见和胆魄。20 世纪 90 年代，我国筹划建设的亚欧陆地光缆系统，也是由朱高峰提出并经邮电部批准建设的横跨亚洲、直达欧洲腹地的一条数字化电信大通道。

亚欧陆地光缆建设项目于 1992 年发起倡议，在朱高峰的亲自策划和参与下，共有 9 个亚洲和欧洲国家积极响应。在统一的技术标准框架下，各国的电信部门共同协商、共同建设，只用了 6 年的时间，长达 21000 千米的亚欧通信大陆桥工程于 1998 年圆满建成并投入使用。如今，已建成 20 多年的亚欧陆地光缆系统工程为沿线各个国家打通了电信路由的堵点，增加了彼此间的直达电路，实现了亚欧各国乃至全球的通信互联，也为我国实施"一带一路"倡议准备了腾飞的翅膀。

1.跨洲光缆建设缘由

①朱高峰从1982年到邮电部工作，一直到1994年，短短12年间，我国通信业经历了翻天覆地的变化，迎来了历史上最好的发展时期。特别是从20世纪80年代末开始，通信业驶入高速发展的快车道。到1994年，邮电通信的全年固定资产投资、通信能力、业务总量、业务收入、实现利润等主要指标都是历年来增长最快的。截至1994年年底，全国电话机总数已达3900万部，比12年前增长了近8倍。同时，我国电信通信网的科技含量与20世纪80年代相比也已发生了质的变化，通过大力开发新技术和引进新技术相结合，程控交换机、光缆、数字微波、卫星通信等已经在我国的电信网中得到普遍应用。到1992年，我国已有225个大中城市装有程控交换机，程控交换机在整个市话中所占比重已接近70%，接入长途电话自动网的城市达1476个，接入国际直拨网的城市达876个，长途自动网程控化程度已超过95%。

②在电信传输方面，经过多年的建设，我国已初步形成了由电缆、光缆、微波、卫星等多种技术手段组成的通信网。由邮电部投资建设的22条光缆干线、骨干网正在全国范围内如火如荼地展开，总长度超30000千米。其中，上海—广州（南沿海）光缆干线和沪宁光缆干线已在1992年投产使用。北京—武汉—广州架空光缆于1993年年底投产。这3条光缆干线的投产，不仅缓解了我国国内通信的紧张状况，还把我国3个国际出口局—北京出口局、上海出口局、广州出口局紧密地连接了起来。我国其余的主要光缆干线也均在1995年前后投产。因此，当时骨干通信网的建设呈现出一派热闹繁忙的景象。

③在国际通信方面，虽然我国早已建起了数座地面卫星接收站，但利用有线传输的国际通道却比较单一。20世纪80年代后期，海底光缆技术已经逐渐成熟，邮电部就和AT&T（美国）、KDD（日本）商量建一条中国—日本—美国海底光缆，几经周折

终于议成并开始建设。如前所述，由于光缆的传输速率快、容量大、单位建设成本低，而且传输质量要优于卫星通信，因而一些国家国际通信的主要传输方式已逐渐转向光缆。中国—日本—美国光缆成为我国主要的有线通信出口手段。但从我国长远的电信发展战略和保障国际通信的安全性来说，这条唯一的有线国际出口通道在我国面临的风云变幻与动荡复杂的国际形势面前，无疑略显单一。

④20世纪90年代初，苏联解体，各加盟共和国纷纷宣布独立。事实上，在此之前的几年中，苏联内部的动荡已经显现出一些预兆。这种巨大变化导致我国与俄罗斯及其他新独立国家之间的国际通信需要重新筹划布局。

⑤面对多重复杂的国际形势和从我国国际通信的需求出发，解决我国有线传输出口单一的问题，也摆到了桌面上。

主管通信的朱高峰副部长经过调研和慎重的思考后，在1989年9月27日召开的部办公会议上提出了要研究国际网络建设事宜，并明确要求电信总局和外事局共同召开国际光缆建设研讨会。根据部办公会议的指示精神，电信总局于1989年10月提出了以我国为中心的国际网络发展规划。其主要内容是，以我国上海和汕头作为国际通信海底光缆的登陆站和经转中心，向东建设经太平洋到美国的中美海底光缆；向西建设经印度洋、地中海到欧洲的亚欧海底光缆；在亚洲太平洋区域建设亚太海底光缆及由上海经我国新疆、中亚各地至欧洲的陆地光缆；建设由广州经南宁，以及越南、老挝等东南亚国家到新加坡的陆地光缆；还包括中国至朝鲜边境、中国至苏联边境的通信网络。这个规划的原则是，经过8年的努力和建设基本上完成上述目标。

这个总体规划的制定和实施将使我国的国际通信网络真正实现国际化，为满足我国改革开放所提出的不同层次的通信需求打下了坚实的通信网络基础。同时，国际通信业也将产生积极影响和获得良好声誉。

在全面推进上述总体规划的同时，朱高峰又提出了具体建议——建设一条由中国经中亚各国至欧洲的国际陆地光缆，以满足我国经丝绸之路通达欧洲的通信需求。

朱高峰思维敏捷，办事从不拖泥带水，他认准的事一定会抓紧办，办成功。他立即在1992年年初召集电信总局、计划司、外事司及原北京设计院领导开会并提出上述设想，该设想得到各与会者的理解和支持。朱高峰当场要求北京设计院在一周内拿出该光缆项目的可行性研究报告。设计院领导面带难色表示刚刚接受此项目，时间太少，可否延迟一段时间？

朱高峰当即表示："现在不要求你们拿出具体的建设方案，而是根据地图进行初步的设想和估算。加班，我就不信一周拿不出来。"

最后，北京设计院在3天内就拿出了可行性研究报告。朱高峰笑着说："我就知道他们能行。"

朱高峰在仔细研究可行性研究报告之后，向部里提出了筹划建设亚欧陆地光缆的建议。这个建议就是沿着古丝绸之路一直向西，穿越中亚，直抵欧洲，开辟我国陆地到欧洲的电信大通路：

——亚欧陆地光缆的起点为上海，终点为德国的法兰克福；

——这条光缆的路径，是从中国经吉尔吉斯斯坦、哈萨克斯坦、乌兹别克斯坦、俄罗斯（其中俄罗斯段延伸至莫斯科）到波兰、德国，中间分支到土库曼斯坦和塔吉克斯坦，包括我国国内段，总体为上海—法兰克福；

——为便于施工和维护，亚欧陆地光缆尽可能沿靠主要公路；

——亚欧陆地光缆拟途经的国家和首都：中国北京、哈萨克斯坦阿拉木图（现首都为努尔-苏丹）、吉尔吉斯斯坦比什凯克、乌兹别克斯坦塔什干、土库曼斯坦阿什哈巴德、塔吉克斯坦杜尚别、俄罗斯莫斯科、乌克兰基辅、白俄罗斯明斯克、波兰华沙、德国柏林、匈牙利布达佩斯、奥地利维也纳；

——亚欧陆地光缆建成后，可以解决中国与独立国家联合体各国、中国与欧洲各国，以及中国与东南亚（通过欧洲）各国之间的直达通信，大大缓解我国与独立国家联合体各国、我国与欧洲各国之间的通信线路紧张状况，也必将对我国的对外经贸往来起到重要的支撑作用。

2. 中亚五国一致参与

1992年9月21日，应我国邮电部邀请，哈萨克斯坦共和国邮电部副部长巴兹洛夫、吉尔吉斯斯坦邮电部副部长塔加耶夫、塔吉克斯坦共和国邮电部部长乌斯曼诺夫、土库曼斯坦邮电部建设公司总经理哈那利耶夫、乌兹别克斯坦邮电部部长拉黑莫夫访问北京，出席亚欧通信光缆工程研讨会，进一步落实和推进此项工程。

亚欧通信光缆工程研讨会共举行了4天，研讨会首先由中方介绍项目的初步设想和建设方案，然后各国展开了积极的探讨。

朱高峰向中亚五国邮电部门的代表介绍亚欧通信光缆项目

与会各国代表在发言中非常赞赏中方提出的联合建设亚欧光缆项目的提议。特别是中亚国家，由于刚刚独立，很希望扩大对外联络范围。出席会议的中亚各国邮电部门的代表怀着浓厚的兴趣表示原则上支持亚欧光缆建设项目。

这次研讨会是我国邮电部第一次与独立的中亚五国通信部门的直接对话，不仅就此项工程达成了合作建设的意向，同时我国还一对一地分别同中亚五国就彼此关心的双边通信问题交换了意见。会议期间，时任国务院副总理姚依林在中南海怀仁堂会见了与会代表，并代表中国政府表示支持此项工程。

亚欧通信光缆工程研讨会取得了圆满成功。

研讨会结束后的第3天，朱高峰让秘书通知涉及亚欧通信光缆建设的有关司局：后天（即1992年9月29日），朱高峰副部长主持召开专题会议，研究亚欧通信光缆工程下一阶段工作问题。

亚欧通信光缆工程研讨会刚结束，各司局的领导回去刚处理完一些积压的紧急事务，就要准备材料参加朱高峰主持的专题会议，怎么这么急？习惯朱高峰工作节奏的司局级领导对此并不感到意外。这就是朱高峰的性格和一贯的工作责任使然。

1992年9月29日下午，国庆节前夕，机关的青年们正忙着筹备第二天的联欢会，部分工作人员利用中午时间赶往西单菜市场，采购节日餐桌上的食材。整个机关洋溢着节日的喜庆气氛。与此同时，在邮电部主楼二楼的会议室里，专题会议如期召开。会议上，朱高峰提出了下一阶段几件紧急要办理的事宜。

①俄罗斯邮电部代表团将于10月来华，拟利用此次机会详细介绍研讨会情况，并说服他们参加亚欧通信光缆工程建设，会谈预案抓紧准备。

②对亚欧通信光缆途经的乌克兰和其他几个东欧、西欧国家，考虑派2～3人去介绍亚欧通信光缆工程建设方案，争取得到他们的同意和支持；具体由电信总局和外事司负责组织落实。

在北京钓鱼台国宾馆召开的亚欧通信光缆工程研讨会现场

③亚欧通信光缆工程包括国内段的立项工作，由计划司负责抓紧进行。

④亚欧通信光缆国外段涉及投资问题，若这些国家让我们投资或贷款，我们应有所考虑，由经营财务司负责提出方案。此项工作要在第二次亚欧通信光缆工程研讨会前（当年年底或下一年年初）完成。

⑤双边邮政和电信业务问题，由邮政总局和电信总局抓紧落实。与这些国家的电话通信应尽快建立起来。

⑥原则同意工业总公司和器材公司共同组团赴独立国家联合体国家举办展览，推销研制的通信产品。

专题会后，各项工作都在有序推进。1992年10月初，俄罗斯邮电部代表团访问了北京，但就是否参加亚欧通信光缆建设一事，俄方仍未进行最后的决断。

### 3.友好沟通

为了抓紧赴欧洲与有关国家沟通建设国际光缆工程事宜，电信总局和外事司加紧办理出国团组出访的预案、出访手续、相关国家的签证。当年邮电部的工作人员持有的是公务护照，要在10多天内办好六七个国家的签证几乎是不可能的。邮电部电信总局和外事司向相关方说明此次出访的重要性后，我国外交部领事司立即作出了特殊安排。法国电信公司驻中国代表王佳伟女士则直接与法国和奥地利使馆取得联系，使得代表团成员都顺利地拿到了所有出访国家的签证。

一切办妥之后，1992年11月底，邮电部派出由电信总局王洪建副处长、外事司张晓雷（兼翻译）和北京设计院刘家和主任组成的三人代表团，前往俄罗斯、白俄罗斯和相关国家进行访问，就亚欧陆地光缆建设项目征求相关国家的意见。1992年11月30日至12月20日，代表团先后访问了俄罗斯、白俄罗斯、乌克兰、匈牙利、奥地利和波兰等国家，拜会了上述国家的邮电部。各国邮电部门或电信部门的主管对代表团来访很重视并热情接待。代表团向对方介绍了亚欧陆地光缆工程的建设背景、路由配置、系统配置、投资估算、投资来源及今后预估的工程进展等情况，并就亚欧光缆工程建设第二次会议的筹备情况进行了说明。除俄罗斯对该项工程的态度尚不明朗以外，其他国家在听取我国代表团关于建设亚欧陆地光缆的建议后，都表达了对这项工程的支持和参与的意向，并表示如果中方召集第二次亚欧陆地光缆会议，将非常高兴派团参加。有关双边通信问题也进行了沟通，特别是各国对相互建立直达电路表现出极为迫切的愿望，这与中方目标完全一致。

在访问过程中，代表团也了解到，日本等国家的通信公司和通信制造商也看到中亚各国对国际通信的迫切需求，他们愿无偿提供卫星设备，把该国的国际通信业务全部由日本经转。虽然这样可以较快地提供对外服务，但日本完全控制了该国的全部对外通信信息，并可获得丰厚的经转费用。在我国改革开放初期，邮电部也遇到过类似的情况，日本、意大利等国的电信公司也向邮电部有关部门提出过同样的建议。但是我国不希望受控于人，而是按照独立自主、以我国为主的设想适当引进国际通信卫星系统和数字交换设备，加速国内配套设备建设，积极了解国际海底光缆及国际陆地光缆建设进展，适时参加和发起以我国为主的国际光缆建设计划，从而建成了我国自己完整的国际通信网。

事实证明，我国所采取的建设路线是正确的。这也为发展中国家的通信发展提供了宝贵经验。代表团为期21天的6国之行，取得了意想不到的收获。但这次紧张出访也让代表团看到了刚独立的苏联原各加盟共和国老百姓生活困难的窘状 —— 咖啡店里没有咖啡，超市里货架是空的，面包一到就被抢光，偶尔有卖水果的也是酸涩的小苹果；为养家糊口，大学教授为代表团当司机；自由市场上有红军军装、各种勋章、列宁头像的卢布、照相机、望远镜及各种票证等待出售。代表团一行人身穿的羽绒服在街上特别引人注目。

### 4.新疆会议工程启动

1993年4月5日至4月9日，我国邮电部在亚欧陆地光缆国内最西边的出口附近 —— 乌鲁木齐，召开了极具象征意义的亚欧陆地光缆系统会议。中国、德国、哈萨克斯坦、吉尔吉斯斯坦、波兰、俄罗斯、塔吉克斯坦、乌克兰和乌兹别克斯坦共9国邮电部门的代表出席会议。朱高峰副部长当选为本次会议的主席。他曾于20世纪50年代到苏联留学，俄语基础非常好，因此与中亚各国邮电部的领导交流没有语言障碍。同时他又是传输领域的技术专家，与中亚各国代表的交流非常深入，也非常融洽。这对吸引其他国家响应我国关于建设亚欧陆地光缆的建议有很大的帮助。

会议就亚欧陆地光缆的路由、传输速率、建设的原则和系统的管理办法进行协商，并基本上达成一致。该系统以我国上海为起点，经哈萨克斯坦、吉尔吉斯斯坦、乌兹别克斯坦、匈牙利、奥地利等欧洲国家，全程约为21000千米。

此系统尽量利用各国原有的网络系统，既可节省建设成本，又可以国际国内共同使用。会议签署了有8个国家参加的亚欧陆地光缆会议纪要和关于组建亚欧陆地光缆系统的协议，并组建了建设管理委员会，下设技术组和财务组。建设工作由此展开。俄罗斯邮电部代表出席了会议，但未得到授权签字。会议要求以会议主席名义向俄罗斯电信主管部门发函，要求其尽快决定。

朱高峰深知俄罗斯参与亚欧陆地光缆工程的重要性。俄罗斯是毗邻中国的大国，但当时两国间只有11条人工电路和两条载波电路。从今后的政治、经济、外交等方面的发展需求来看，这样落后、薄弱的通信能力是远远不够的。一旦亚欧陆地光缆建成，这些问题就会迎刃而解，但让人捉摸不透的是，俄罗斯迟迟不表态。为了弄清这一点，朱高峰准备亲自前往俄罗斯，以争取俄罗斯的参与和支持。

1993年6月21日，朱高峰在出访途中，特意取道飞往莫斯科，进一步与俄方沟通建设亚欧陆地光缆的事宜。俄罗斯邮电部部长布尔加克、电信局局长马德尔、外事局副局长谢尔盖丘克等会见了朱高峰。朱高峰首先向俄方介绍了亚欧陆地通信光缆的建设方案和北京研讨会的有关情况。俄罗斯邮电部部长对朱高峰副部长的介绍表示感谢，并主要谈到了以下几点内容。

①俄罗斯邮电部长希望率团访问中国，时间初步定于1993年的9月13日至9月18日。届时希望签署中俄两国邮电部邮电合作协议和中俄政府间邮电合作协议。朱高峰欢迎俄罗斯邮电部布尔加克部长访华，表示具体日期可待回国后商定。

②俄方希望增加两国间的通信电路。朱高峰表示，增加两国间的通信电路是双方的需要。中国邮电部积极支持，中方在政策和设

备方面都没有问题。第一步应增开42条卫星通信电路，以缓解当前两国间通信的紧张状况。

③关于亚欧陆地通信光缆工程，俄方表示不能参加，强调要从经济角度考虑问题。现在距离1993年中俄之间就建设亚欧陆地光缆的磋商，过去了30多年。应该说，当时要建设这样一条连接亚洲和欧洲的陆地光缆，其路由是最短的，也是最经济的。连接欧亚的大陆桥，不仅中国需要，俄方也需要（实际上不仅是俄罗斯与中国间的通信电路少，中国与独立后的中亚五国及其他加盟共和国间的通信电路也少）。那么为什么俄方却以经济考虑为由推托呢？恐怕另有原因。

由于俄罗斯未能参加此项目，亚欧陆地光缆的路由不得不进行适当调整。1993年9月，邮电部派时任电信总局国际处处长的韩松林和许小济出访土耳其和伊朗。最终这两个国家也同意参加此项目，这样亚欧陆地光缆的路由才最后确定下来。

### 5. 德中两国负责协调

1993年6月，朱高峰副部长又亲自率团访问了乌兹别克斯坦、土库曼斯坦和哈萨克斯坦，并出席了6月6日至6月10日在乌兹别克斯坦首都塔什干举行的亚欧陆地光缆第一次管理委员会会议。会议决定德国和中国代表为项目协调员。在管理委员会会议休会期间，协调员将负责协调各国工程进展情况。这个结果说明了光缆工程沿线各国对中国的充分信任和对中国前一段工作的认可。

在塔什干会议上，经与会各国的友好协商，各国代表签署了关于建设亚欧管理系统的塔什干会议纪要。

塔什干会议后，朱高峰和代表团访问了土库曼斯坦和哈萨克斯坦，进一步就双方所关心的通信问题进行磋商。

王洪建在回忆这一段紧张的出访之行时写道：朱副部长平时看起来很严肃，工作要求也非常严格，这一点在部里是出了名的。但在工作之余却是非常平易近人的。记得一同出国的刘家和主任当时正在谈恋爱，每到一地都要寄一张明信片回国。开始朱部长还跟他开玩笑，后来受此影响，代表团的成员包括朱高峰也开始寄明信片了。

### 6.国内工程全面推进

我国邮电部作为亚欧陆地光缆倡议国肩负重任，一刻都没有放慢脚步，一刻也没有放松对这项工程的协调和推进要求。这项由中国邮电部倡议，亚欧众多国家响应的国际大工程，一直行驶在建设的快车道上。国内的工作也在按部就班地进行。

1993年7月3日，朱高峰又一次召开专题办公会议，继续推进国内和亚欧陆地光缆系统建设工作。邮电部相关部门和单位，电信总局、外事司、计划司、亚欧陆地光缆办公室、北京设计院等单位的领导出席。

会上，亚欧陆地光缆办公室迟正德介绍了1993年6月中旬在乌兹别克斯坦首都塔什干举行的亚欧陆地光缆建设第二次会议的有关情况，以及建设方面的准备情况。朱高峰敲定了后续的工作进程规则和相关要求。

①亚欧光缆办公室与乌兹别克斯坦联系，及时了解俄罗斯对亚欧陆地光缆通过其国家建设的态度，并准备与伊朗和土耳其联系，以确定亚欧陆地光缆通过他们的路由走向问题。

②电信总局负责，由北京设计院进一步研究亚欧陆地光缆的经济效益问题，并提出经济效益分析报告，其中应包括经转费、终端费的取定和回收时间等。

③按照亚欧陆地光缆的总体需求，由计划司下达任务，北京设计院提出亚欧陆地光缆中国段（即上海至伊宁段）光缆的总体组织方案，其中包括西（安）—兰（州）—乌（鲁木齐）—伊（宁）新建工程，上海至西安的在建电路和已建电路，以及到北京、广州

国际出口局电路分支的组织方案。电信总局按照总体组织方案，安排有关电路的调整和扩容事宜。

④计划司负责下达乌鲁木齐至伊宁段光缆建设的设计任务书。

⑤由于在处理亚欧陆地光缆建设的有关问题时，有较多事项需与电信总局协商，因此，请郝为民、王洪建两位同志作为电信总局处理有关亚欧陆地光缆建设方面问题的联系人。

⑥电信总局负责，北京设计院参加研究有关哈萨克斯坦提出的由中方将光缆建至霍尔果斯，以霍尔果斯为中哈衔接点的问题。

亚欧陆地光缆建设协议签署后，进一步推动了我国国内光缆的建设。当时朱高峰倡导的国内的22条光缆建设计划正在紧张进行中。其中，西安—兰州—乌鲁木齐光缆工程项目是必须尽快完成的，这条纵贯大西北的电信通道，是上海连接亚欧陆地光缆的必经之路。如果这项工程如不能按期完成，将会影响整个亚欧陆地光缆全线的贯通。由于这条线路途经之地的地质结构复杂、路径曲折、气候恶劣，而且有常年冻土层，工程施工难度极大！最终，这项工程得到了中国人民解放军的大力支持和积极参与，这才有了媒体连续报道的"军民共建国家重点通信光缆项目"的一段佳话。在沿途驻军的全力协助下，工程克服了各种各样的艰难险阻和恶劣的气候条件，西安—兰州—乌鲁木齐光缆工程终于如期完工。随后，在邮电部的统一调度下，工程团队又完成了乌鲁木齐至伊宁段光缆的建设。亚欧陆地光缆国内段的建设工作全面完成，为亚欧光缆的全面贯通打下了坚实基础。

1994年，中国工程院院士朱高峰受中央的安排，结束了在邮电部的工作，到中国工程院履新，担任常务副院长。从此，他又接受了新的挑战。

1998年8月，亚欧陆地光缆全面建成开通。时任上海市副市长韩正，邮电部原副部长周德强，电信总局副局长高惠刚，上海市邮电管理局原局长程锡元、副局长奚国华等领导同志出席了开通仪

"亚欧陆地光缆开通纪念"小摆件

式。开通仪式还利用亚欧陆地光缆传送了上海至法兰克福段光缆开通仪式的电视实况。我国邮电部的领导和德国电信公司的董事同时按下电钮，一条红光在上海和法兰克福之间闪动，最后闪出象征开通的礼花。

　　"通信丝绸之路"的正式建成，成为我国邮电部出面，联络多国参与，连通中亚、西亚直至欧洲的通信大陆桥，不仅提高了我国参与国际通信建设的地位和信誉，也让有千年之久的古丝绸之路搭上了现代化的电信快车道。面对一列又一列疾驰而过的中欧班列，面对一批又一批运往欧洲各国的中国货物……这条大通路正在默默地执行着它的任务。我们有理由相信，无论是过去、现在还是将来，它都将为我国的社会主义现代化建设立下丰功伟绩。当我们实时享受这种快速、自动的国际通信时，应该赞扬那些参与策划、实施、建设的通信专家们，赞扬他们超前的战略眼光和魄力！

# 六、专网通信，补充公网

从广义来说，除邮电公网外，其他的都是专网。专网的产生有其历史背景和客观原因。长期以来，公网发展较慢，所以各方自己建网，保障自己的通信需要。改革开放后，公网逐渐加快发展，但在一段时间内仍不能满足要求，此时各个专网的主体也都在改革开放中壮大了自己的力量，也有更大的意愿发展自己的专网，因此在公网发展壮大的同时，专网也在不断发展。

专网大体上可以分两类，一类是行业网，一些垂直管理的行业内有覆盖全行业的网络，如铁路、电力等行业；另一类是地区性专网，某些地区产业单一，以企立市，因此其企业网实际上就成了地区网，如大庆等地。此外，多数大中型企事业单位都有内部网，但仅用于内部联系，对外仍接入公网，这也可以算是一种类型的专网。

朱高峰1982年到邮电部工作时，大庆油田的专用通信网是由邮电工业总公司承担建设的，所以邮电工业总公司的陈培元邀请他参加大庆油田专用通信网的开通仪式。朱高峰想去了解一下情况，就同意出席了。大庆油田专用通信网开通仪式举办得很顺利。油田的"一把手"是由石油部副部长兼任的，专用通信网建设得很好，也没有什么问题，但是当地邮电局的同志非常有意见。因为实际上邮电公网与油田专网两者之间是有竞争关系的，由于各有优势，所以竞争很激烈。油田网依托油田，当然可以要求油田职工家属统统用油田网，使用油田的交换机，而邮电局有全网优势，出口离不开邮电局。油田方面也向朱高峰提出，希望不在大庆邮电局接入全国网，而是拉一条载波电路到哈尔滨，甚至到沈阳入网，朱高峰没有同意，但他看了实际情况后给邮电局的同志做工作，建议双方各让一步，尽量合作。邮电作为公用服务企业，还是要尽力完成好自己的服务工作。大庆邮电局一直是邮电部门的先进企业，在大庆"三老四严"作风的感染下，管理工作井井有条。在全国邮电设备整治工作中，朱高峰曾到各地检查工作，有关市话的故障记录只有大庆邮电局一家是完整清楚的。

前面已提到过，朱高峰于1983年去山西调研时到了大同市。大同矿务局交换机容量有上万门，可邮电局只给矿务局一条中继线，矿务局只好派个专人在那里拨电话。朱高峰问当地的邮电局长为什么这样做？邮电局长说，都是局级单位，为什么我要为它服务？这是邮电不为经济社会服务的典型例子，这种思想逼得很多单位只好自己建网，自找出路。

至于行业网，应该说在业务上完全有需要，如铁路、电力等行业，都需要实时监控、实时调度。然而，问题在于是否需要为这些行业单独建设一套物理网，从国家整体资源利用的角度来看，这种建设无疑是浪费的。邮电部门希望这些行业能够利用邮电的物理网来构建他们自己的业务网，但他们的理由一是邮电租费太贵，用租电路的钱几年就可以自己建立一个专网；另一个理由是怕邮电物理网资源紧急时保证不了业务的正常运行。其实各人有各人的算法，如果把年维护费用算进去那成本就很高了。各行各业都有这个问题，但在当时的情况下是无法解决的。

朱高峰刚开始想得比较简单，召开了一个专网工作会议。会上他提出通信的基础在邮电部，希望各行各业开发专网的同志把邮电部当作"娘家"，有什么问题向邮电部反映，邮电部帮助解决，而在有的专网所属企业因对通信工作不了解而产生矛盾时，邮电部可以帮着做工作。应该说这种想法原则上是对的，但是从实际情况来说，过于理想化。当时的邮电部政企合一，本身与专网之间有利益冲突，无法做到保护专网的利益。

后来，有些行业做得比较好，如海关在建设专网时，经过详细核算，明确提出使用公网的物理网，自己只建业务网。其他不少行业，对管理的实时性要求不是很高，主要是信息收集，因此不少单位也使用了公网。在企业网方面，公网程控化后，各地做了不少工作，有的单位取消了自己的小交换机，并入公网了。有一年，朱高峰去位于西安的西北工业大学调研，学校介绍，他们自己把交换机交给电信局了，换成了程控交换机，作为公网的一个分局，连人员一起交出去。学校减了员，对外的通信也没有受到影响，用户非常满意。

国外也有很多行业专网，如铁路、电力等的行业专网。在私有化、自由化、打破垄断引入竞争的过程中，有的新电信运营商是从铁路专网演变而来的，我国后来也成立了铁通。引入竞争必然会产生一定的重复建设，关键是如何掌握这个度。从竞争的角度来讲，如果真正按市场经济规则，建设专网有利就建设专网，不利就用公网，专网与公网间的关系问题应该也就自然解决了。不过，当时中国的市场经济还有很多不完善的地方，公网经营者的服务意识和工作也存在不少问题。

## 七、电信业务，引入竞争

长期以来，邮电实行政企合一、独家经营的模式。在通信网规模较小时，主要的问题是不能满足日益增长的通信需求。尽管对经营方式和服务质量有些意见，但并不是主要矛盾。然而，随着邮电业的快速发展和规模的急剧扩大，经营方式和服务质量方面的矛盾开始变得突出。

首先反映出来的是寻呼系统的不足。蜂窝移动通信兴起之前，寻呼是与不在固定电话服务范围内的人联系的快捷方式，也是主要的通信方式。有一段时期需求很旺盛。同时寻呼系统建设成本低，技术也不复杂，因此很多人都想做。另一个背景是当时提倡政府机关、事业单位创收，以补充经费不足。很多政府部门都认为开发寻呼系统是个好办法，甚至中央办公厅都开发了一个寻呼系统，在马路上有明显标志——中直寻呼（后改为中宇寻呼）。在邮电部内部，有人还想独家垄断这一业务，但朱高峰反复考虑，觉得对于主营业务，如邮电是全程全网，涉及国家安全等一系列问题，应由邮电部负责，而对于像寻呼这样的非主营业务，则可以适度放开。邮电部最终决定在寻呼业务上放开。当然开办此业务还是要办理申请登记等手续，同时还有频点问题需要解决，这些问题涉及资源的合理分配和科学管理。但邮电部总体上持放开的态度。随后社会上出现了几千家寻呼公司，邮电内部也将寻呼业务分离出去，成立附属企业来负责。在移动通信高速发展并逐渐普及后，寻呼业务自然消亡了。

到20世纪90年代初，对邮电垄断经营的反映逐渐多了起来。一方面是对邮电的作风，尤其是对邮电行业内的不正之风反映较强烈；另一方面对邮电资费反映也较大。当然有些反馈属于不太了解邮电的情况，如国际资费高的问题。也有的确实存在问题，如移动通信中，邮电局靠卖手机获取暴利。朱高峰在电信工作会上反复强调——我们通过提供通信服务赚钱，但不能通过卖手机赚钱。为此，邮电部还专门发了文件。但遭到大多数省局的反对和抵制。此外，国际上美国带头兴起的电信私有化、企业拆分、引入竞争之风也逐渐刮到中国经济界、理论界。一些人把两方面联系起来，认为要解决邮电经营中的问题必须引入竞争机制。

## 八、纠风活动，改善服务

在邮电业发展的过程中，行业不正之风一直是个大问题。开始时主要还是个别管理问题。1983年，朱高峰在陕西调研时曾过问一件事：一个县局的乡邮投递员，20来岁的小青年，由于懒惰经常不出班。他把应该投递的邮件塞到床褥底下，邮件存多了就毁掉。案发时被他耽误和毁掉的邮件已达上万件。一条乡村邮路压了这么多邮件，可以说基本上是不工作、不投递的。此事最终被告到法院，这个姓张的青年被判刑6年。朱高峰亲自到监狱去看了他，通过与这个青年的对话，才知道本人确实无知，不知道这是犯罪行为。这在当时是一桩非常典型的案件，也是非常令人痛心的一件青年职工犯罪案件。

朱高峰和省邮电管理局、地区邮电局及县邮电局领导座谈时非常严肃地指出问题：一个小青年，家长把他送到我们邮电局来了，我们既不教育，也不管理，对得起谁啊？当然更对不起广大没有收到邮件的乡亲们！

1987年，某市电信局和邮政局闹矛盾，电信局便把邮政局的电话给卡断了。此事震惊了邮电部，邮电部专门派出事故调查组处理此事。电信局局长最后被撤职。因此事已被列为刑事案件，最后电信局局长因破坏通信设备罪被判刑（3年，缓刑）。这些事说明当时邮电系统内部部分人员的法治观念是非常薄弱的。

后来的问题就复杂了，由于法治观念薄弱，部分人利用通信资源紧张谋私利的情况逐渐增多。装电话除支付正常的初装费以外，用户往往还要给"好处费"才能较快装上。上门装机的工作人员有时会因为用户不给些好处就不好好装机，故意留些问题导致电话不能畅通。有时用户即使遇到这种情况也不敢申诉，因为他们担心电话是要长期使用的，不确定什么时候会出现故障。

再后来又出现了一类问题。因为邮电业发展了，大一些的电信局的正式职工就不大干活了，尤其像装机、维修线路等脏活儿、累活儿，大多数由雇用的临时工来干，正式工变成"工头"了。但是这些临时工又缺乏培训，业务不熟甚至不懂。朱高峰就碰上一件事。他搬家后需要进行电话移机，电话局派来一个工人，在他楼下的交接箱中对线对了3次都未找到，后来还是朱高峰的秘书自己去对好的。

针对这种情况，邮电系统内部不断开展纠正不正之风的活动，不少是与党中央、国务院在全社会开展的活动相呼应的。朱高峰分管通信工作，当然责无旁贷。

改革开放后，市场经济对整个社会产生了深远的影响，特别是在商业服务领域，服务态度和服务质量有了显著的提升。相比之下，邮电系统在服务方面的问题更加突出，如邮政和电信服务窗口通常设置高柜台，服务人员在柜台里面坐着，让用户在柜台外面站着，有时用户寄较大的包裹，搬上柜台还很吃力。至于电话装机，要先填申请表，然后邮电局批准后才给装机，完全是一种上对下的态度。

由于不正之风的存在，要求拆分电信的呼声逐渐高涨。朱高峰认为，可以拆分，但当时还不是时候，电话普及率距离10%还有很大差距，应该再发展一段时间。1994年，中国联通成立，由于联通前期由非专业人士主导管理，一直没有发展好，直到1999年从邮电部门调动了一些专业人员到联通主持工作，局面才开始有了改变，但仍难以与电信抗衡，因此2000年国务院决定正式拆分电信。

# 第五章　经济管理 —— 推行核算制

　　邮电部作为一个垂直管理、政企合一的部门，整个系统内部管理具有全局性和根本性，涉及整个网络的科学运行，而管理核心是经济管理。新中国成立后，邮电体制有过两次比较大的反复：第一次是实行过省及省以下的邮电单位下放给地方政府管理的体制，但时间较短，众多问题暴露出来后，各地的邮电局很快重归邮电部管理了。第二次是邮电部被撤销，邮政划归交通部，电信划归军队，省及省以下邮电局也交由地方和军队管理。1973年邮电部恢复，但仍实行两级管理，省以下邮电单位以地方管理为主，邮电部只管一级干线，管理上很不顺。直到1978年王子纲被任命为邮电部部长以后，省以下邮电单位才被收回，恢复实行双重领导、以部为主的垂直邮电管理体制。

　　我国的改革开放是从农村改革开始的，主要内容是让农民有自主权。后来改革重点转移到城市后，主流思想也是"放权、搞活"，因此出现了层层放权的现象。当然，政府向企业放权、发挥企业的自主性是对的，但企业内部也层层放权，权力下放到分厂、车间，甚至再下放到班组等；研究所也将权力下放到研究室，甚至下放到课题组，这种做法肯定是不对的。

　　当时各省要求邮电部下放权力的呼声也挺高，甚至有人要求邮电部把电路指挥调度权都放下去。邮电部的两大专业，不论是邮政还是电信，一个突出的特点就是全程全网，把指挥调度权都放下去，涉及全网的联通运行由谁来指挥调度？谁有能力来指挥调度？在这一点上朱高峰坚决顶住了压力。朱高峰到邮电部工作时，邮电部的经济管理权已经放下去了，即各省自收自支，部里进行二次调配。由于各省经济和自然条件差别太大，而资费标准又是全国统一的。同样一项服务，收入相同，但中西部地区的成本支出比沿海地区的成本支出要大得多。尤其是西部地区地广人稀，运行成本很高。因此，各省收支相抵后有的省有较大节余，有的省有很大缺口。部里当时实行的是划分收支，分级包干，大体上和当时国家财政体制一样，即部和省局一对一谈判，确定某省当年的节余金额指标、应该上交的金额指标，如果节余金额增加，则按一定比例进行部省分成，省支差也定额，部里给定额补贴，如果支差减少，同样有一个分成。

划分收支、分级包干实行后，由于每年情况变化很大，特别是自改革开放以来邮电通信业务高速增长，该方法已经难以为继。例如，第一年定下的指标部省都能接受，第二年开始出现问题，到第三年就进行不下去了。实际上，每年部里和各省都要重新谈判，而且谈判要尽量保证各省公平。所以第一个问题在于邮电的特点是全程全网，一项服务（如一次通话或一份邮件的发送）往往要由收寄（受理）方、中转方、投递（接收）方共同完成，各方均有支出，共同构成成本，而收入却完全归收寄（受理）方所有，这种模式在原则上是不合理的，会严重影响另外两方的积极性，尤其是在中转方毫无收益的情况下。而接收方则由于进出不平衡，也会出现苦乐不均的情况，如由于经济发展水平不同，沿海地区往内陆地区和边远地区打电话和寄邮件多，收入高，而内陆地区和边远地区收入低。第二个问题是各地提供相同服务的成本不同，而资费是根据全网平均成本算出来的，因此各地的业务开展成本不同，必须得到不同的补偿，这样才能保证各地大体公平。而按划分收支分级包干法，西部地区多发展业务就要多支出，由于收不抵支，支差反而扩大，因此没有发展业务的积极性。第三个问题是当时处于大发展时期，每年业务增速很快，今年的差额和比例到明年就不适用了，因此需要不断谈判。最后一个问题是中西部地区各省尽管得到了一定的补偿，但一直亏损，严重缺乏积极性。

1984年，朱高峰分管财务工作后，将邮电业务收支问题列入了重要议事议程。他深知，问题若不解决，就会持续影响中西部地区发展业务的积极性。尽管朱高峰并不是学经济管理的，但他作为主管经济的邮电部领导，必须担起这个责任，必须迈过这个坎。朱高峰首先着手了解国外的相关经验，当时重点研究了美国、日本等主要国家。他发现，这些国家全部采用"统收统支"的管理模式。所谓统收统支，指基层邮电局所有的收入必须层层上缴，不能截留。基层邮电局的支出必须按年度制定支出计划，经层层审批后，由总部下拨经费。比较形象地说，基层就是买一把扫帚也必须总部批准。实际上在改革开放前，邮电系统也采取过统收统支的办法。更合理的做法是在放权的前提下，研究一个妥善的办法。当时朱高峰了解到，北京邮电学院（现北京邮电大学）经济管理系有些老师在研究内部经济核算方法，而这时石萃鸣已调到邮电部经营财务司（他是经济管理系毕业的，和几个老师比较熟）。朱高峰让石萃鸣与他们共同研究，提出一个方案。朱高峰专门听了几次汇报，他们的主要思路，一是把每个通信产品按内部作业过程分为若干阶段产品，如出口、进口、转口（一个产品中有几个转口），然后核算每个阶段产品的成本，根据成本定出产品单价。二是各地情况不同，成本不同。从部里来看，以省为单位设定几个参数，如面积、地形、人口密度、经济发展水平等，综合这些参数后，定出成本系数。全国平均成本系数为1，沿海地区成本系数小于1，北京、上海成本系数远小于1，而中西部地区成本系数大于1，边缘地区成本系数大大超过1，如西藏自治区的成本系数大致为3。三是对于传输产品难以核算实际流量，则按实物量单独核算单价。按这几条原则对全网的总收入进行再分配，这样算的结果，当然有利于中西部地区，但沿海地区仍然是相对富裕的，只是相对少得了一些。总体而言，这种分配方式在原则上是公平的。按此方法，进口、出口、转口都有产品量，都核算收入，传输也有收入，这样就调动了大家的积极性。中西部地区不再亏损，干部职工精神面貌都有了很大变化。发展的业务越多，得到的就越多，所以中西部地区发展业务的积极性空前高涨（在分配中将本地的营业收入乘以系数后作为应得收入，然后决定上交还是下发资金）。

朱高峰到青海调研，向副省长卞耀武介绍了部里采取经济核算制的情况。朱高峰说："对于青海省来说，如果用通俗的话来形容，过去你挣得越多，亏得越多。现在是，你挣得越多，我补你的越多。"

卞耀武说："你这个办法好，我这里的青藏铁路（指一期，西宁—格尔木段）铁道部是定额补贴，但物价在涨，今年过得去，明年就不行了。"

肯定思路后，要制定具体方案，收集参数，进行实际测算，关键是确定系数。这是件大事，大家都很关心，邮电部把各省局的财务处长集中起来进行实际测算。各个省局的局长都非常关心自己省的系数究竟是多少。会上，财务处长们讨论热烈；会下，省局领导则纷纷向参会的财务处长"打探内情"。为了最终取得一致意见，朱高峰没有请各省局的局长们来参加讨论会。经济核算制方案经过多次讨论并大体有个眉目后，朱高峰提请部党组进行了讨论。

党组会上，朱高峰把经济核算制的研究情况、方案的设计思路向部党组原原本本地进行了汇报，部党组一致通过了邮电经济核算制方案。

部党组通过这个方案以后，要在全国迅速地进行方案的宣贯和执行。朱高峰仍然没有按常规出牌，而是采取了一竿子插到底的办法，直接召开了各省的财务处长会议，同时明确各省邮电管理局局长不能参加此会议。朱高峰在会上强调，部党组已经决定在全国实施经济核算制，通知大家来参加会议，会议的主要内容不是讨论经济核算制方案的优劣，而是部署如何具体执行这个方案。

会议顺利结束，经济核算制也在全国顺利地实施了。经济核算制充分考虑了邮电全程全网的运行特点，成为邮电内部经济管理的核心制度，当然在执行过程中需要不断改进，如根据情况变化，分配系数要适当进行调整，办法过于烦琐之处要进行简化等。

部里定了方案以后，各省管局也按同样原则对各地市测算核定系数，因为各省内部也不均衡，有的大省差别更大。实行经济核算制后，各地的积极性都被调动起来了。

从1984年起，在全国邮电通信企业中推行的经济核算制，是新中国成立35年来，邮电部第一次根据邮电通信网运行的特点，科学制定的一套适合中国国情的内部经济管理办法。实行经济核算制使各个现业局（直接对外办理业务的局，包括省会邮政局、省会电信局、地市邮电局、县邮电局）有了独立的按相对合理的办法确定的经济收益，不仅有利于提升各级通信企业加快本地通信建设、发展业务的积极性，也有利于中西部地区通信的协调发展，还有利于早日建成完整、统一、先进的通信网。

# 第六章　干部任用　学习调研

## 一、干部考察，培训工作

朱高峰从1982年到邮电部工作，到1994年离开邮电部到中国工程院工作，历时12年多。在邮电部他曾先后分管过邮政总局、电信总局、经营财务司、科技司、教育司以及外事司的工作。但有两方面的工作从来没有分管过，一是行政后勤工作，包括办公厅、机关事务管理局，以及从办公厅派生出的政策研究室；二是党务、政治工作，包括人事司（早期是政治部）、劳资司和机关党委等。培训工作应该是人事司和劳资司负责的，本来和朱高峰无关，但从业务需要的角度出发，朱高峰还是参与了其中的一些事情。

1984年，邮电部开始陆续调整省市一级邮电管理局的领导班子。朱高峰不分管干部，但参与党组对干部和省市一级邮电管理局的领导班子的讨论。对于朱高峰分管的邮电部机关司局一级干部的任用，往往由他来提名，先向党组书记汇报，交换意见。然后党组讨论通过，当然也有别人推荐的人选，或人事部门提出来的人选名单。在各省局领导班子的调整过程中，主要方式是人事司组织专门考察组去考察，回来向党组汇报后讨论确定。部领导到各地调研或开会，了解领导班子的一些情况后回来也会告诉人事司或在党组会上提出。

朱高峰直接参与考察过几个省的省局领导班子，其中一个是某省邮电管理局。1983年，他去该省省会开会，带着任务顺便了解一下该省邮电管理局领导班子的情况。当时该省邮电管理局正副局长一共9人。

朱高峰找领导班子里的人谈话，有的副局长公开说党组已无法开会了。朱高峰看领导班子这种情况已经无法维持下去了，就召集该省局领导班子全体成员开了一次会。

会后，朱高峰准备专门去某市看一下专用通信网的情况，他没有让任何省局领导陪着去，而是找了一位省局的工程师陪他去。

回到北京后，文敏生部长询问朱高峰关于该省局领导班子的情况，朱高峰如实向文部长汇报，并建议党组必须尽快调整。文部长随即召开党组会，对该省邮电管理局的领导班子进行了调整。新任的"一把手"和"二把手"都从其他省局调入，同时从基层提拔了两个人。原领导班子中年龄较小的，还可以继续工作的也交流到外地任职。经过对领导班子的彻底调整，该省邮电管理局的问题最终得以圆满解决。

朱高峰有时还协助进行了一些其他人事方面的工作。例如，1990年他到新疆维吾尔自治区调研时，发现当地的领导班子人手不足，且正值大发展期间，工作很紧张。由于原来的几位副局长年龄偏大，他们退下来之后省局领导班子只剩下两个人。部党组根据新疆维吾尔自治区的情况准备提拔一人，但要事前征求一下新疆维吾尔自治区党委的意见。而新疆维吾尔自治区宋汉良书记忙于处理工作，不在乌鲁木齐，新疆维吾尔自治区常委会自然也开不了。朱高峰心想，新疆邮电管理局领导班子的事不能再拖了，既然到了新疆维吾尔自治区，还是直接见见宋汉良书记，找他沟通一下为好。朱高峰到喀什调研，宋汉良书记也恰巧在喀什。朱高峰要求和宋书记见个面，当天晚上就去宾馆见了他。宋汉良书记当时正在和喀什市委书记谈话。朱高峰插空简要向宋书记说明了新疆维吾尔自治区邮电管理局领导班子的情况，宋书记表示理解，答应马上打电话让在乌鲁木齐的领导办一下。果然，领导班子的问题很快解决了。

1982年，朱高峰到邮电部工作不久，参加了一个地市局长的短期培训班。和他们座谈交流后，他感到干部培训很重要。后来朱高峰到一些县局调研后更是感慨万千。河北省一个县邮电局，员工有三四十人，年收入只有二三十万元。他顺便问了该县邮电局局长一些问题，没想到他一个都答不上来。无论是地方情况（如该县的面积、人口、经济情况），还是局里的设备情况和经营情况，一概不知。靠这样的基层干部，如何能推动工作发展？当然，基层也有头脑很清楚的干部。但大多数人是介于两者之间，情况多少知道一些，但不是很清楚，局里应该怎么做工作，心中是没数的。

针对发现的问题，朱高峰想，全国2000多个县，县邮电局的干部没有什么机会来北京。因为当时是地市管县，他们平常参加一些会议也只到地市，甚至到省会去的机会都很少。因此绝大部分县邮电局局长很少有学习的机会，对外部情况没那么了解。朱高峰想，邮电部不可能召开全国县邮电局局长的会议，但是可以办一个培训班，让他们分批到北京来参加培训。他和教育司商量利用北京郊区的小汤山干校办一个县邮电局局长培训班，每期两个月，分期分批把全国的县邮电局局长轮训一遍。同时也让他们到北京参观一下，看看天安门、人民大会堂，以及北京的名胜古迹，让他们对国家其他地区有更直观的了解，也增强他们的自豪感和信心。

教育司很支持这件事，县邮电局局长培训班很快就办起来了，前后共办了10多期。朱高峰每期都会到培训班上去看望他们，和来自基层的邮电干部座谈一次，介绍一下全国邮电的发展形势，也讲一讲对他们的工作要求。其中只有一期培训班因为朱高峰不在北京，没有到班上去看望大家。10多期培训班办下来，效果还是不错的。后来朱高峰到各地去，很多人告诉他自己曾在这个培训班里学习过，很自豪。有的基层干部经过学习锻炼已得到提拔，到地市局甚至省局担任领导。举办邮电部门县邮电局局长培训班，可以说是新中国成立以来的首次，既体现了邮电部党组对基层干部的关心爱护，也相对提升了基层县邮电局局长的通信管理能力、业务组织能力，同时也改善了他们的精神面貌。

朱高峰从邮电部门的长远发展考虑，除提出并直接参与了对全国基层干部的培训以外，还考虑了要对通信企业的骨干力量，包括技术骨干和行政骨干进行培训的问题。其主要培训方式是到国外培训，除利用引进设备的机会派出较多人员去国外厂家培训外，朱高峰还希望在企业经营管理的思路上多借鉴一些国外企业的经验。他先后与多个国家和地区的人谈过此事，谈得比较深入的国家是日本和美国，地区是中国香港。最早谈成的是在香港的培训。在香港培训的好处是国人间沟通比较容易，因此邮电部先后派了几批人到香港电信学习，很有收获，但不足之处是香港规模较小，只是一个城市，一些企业经营措施和内地差别较大。和日本谈过之后，中日双方之间建立了正常的干部交流制度，涉及日本的 NTT 和 KDD（现 KDDI）。邮电部每年派 1 ～ 2 个以省市邮电局局长为主的代表团去日本，日本 NTT 也派他们的地区局领导来中国交流。对于日本的地区局领导来说，他们公务出国的机会并不多，有机会来中国还是很高兴的。但这种交往不够深入，倒是每次日本公司总部派人来中国交流，包括一些规划建设方面的负责人来时，谈得比较深入。朱高峰只要有机会就会参加，和他们交流，觉得很有收获。邮电部有时也会派一些专业团组去美国，但和美国 AT&T 公司交流最困难，除正常来往外，他一直想派人去 AT&T 公司好好学习一下，因为美国国土面积和中国相当，AT&T 公司内部体制和我国的公司也有相似之处，AT&T 公司是世界上电信业的龙头公司，有百年历史，经验丰富，可学习借鉴的地方很多。但是 AT&T 公司自视甚高，自以为对中国了解很多。到中国后，他们看不上邮电部，也不找邮电部，要和更高层的部门合作。后来他们找到国家计划委员会，和国家计划委员会一起合作开展培训班。参加培训的人包括相关部门的司局长，地方的计划委员会主任、副市长等。每期培训班邮电系统有 1 ～ 2 人参加，朱高峰对此也没有过问。

AT&T公司就这样办了若干期培训班，花了不少钱，但对他们的企业来说没有任何收益。关键是买不买它的设备最终还是要邮电部说了算。

AT&T公司后来才明白，没有邮电部的参与，它在中国将会一事无成。怎么办呢？ AT&T公司最后只得硬着头皮又找到邮电部，对朱高峰坦白地承认，花了钱没有效果，还是要和邮电部合作。此时已到了1994年，朱高峰让外事司从全国选人，除要求政治业务条件要好、有发展前景外，一个硬性的要求是英语要过关，出去不能带翻译，必须自己听、看、交流。1994年，国内先进行了一次预选，朱高峰亲自用英语讲话，让他们听写，然后又组织英语口试，用英语问答一些问题，就这样从他们当中选拔了几十个人，先后分成3批到AT&T公司学习。第一批由王占宁带队，其实学习时间并不长，仅一个多月，但是这种从选人提外语要求，到确定具体培训内容等在邮电部尚属首次，也是唯一的一次。这些人中大多数后来都有很好的发展。他们对这次赴美培训印象深刻，都说是一次难得的学习机会。朱高峰在1994年秋奉调离开邮电部去中国工程院工作，这是他在邮电部做的最后几件事之一，也算是为后来邮电事业的更大发展作了人力资源上的准备。

另外一件事发生在北京邮电学院管理系。当时受到重技术、轻管理的错误思想影响，北京邮电学院管理系的学生似乎感觉低人一等。但改革开放后，全国深感管理之重要，北京邮电学院管理系毕业的学生很多都得到了重用，尤其在司局级领导岗位上所占的比重较大。朱高峰是北京邮电学院管理系的兼职教授，招过几个研究生，但每次只招一个人，对他们情况有些了解。

1989年，朱高峰想在北京邮电管理系进行一个实验，他提出让管理系的硕士研究生进行为期一年的实习，即到县邮电局去挂职当局长，让他们去实际体验一下怎么当好一个基层的领导。朱高峰提出这个建议后，系里老师们却不放心，怕学生出去闯祸、"自毁招牌"。同时老师们自己也没有实际经验。后来互相让步，学生们学习半年，担任见习副局长。朱高峰和山东省局商量，山东省局接受了。大概有20多人去基层，出发前朱高峰和他们进行了一次座谈，回来时朱高峰又和他们座谈了一次。朱高峰发现这批学生前后变化很大。通过这次活动，这些青年学子应该会留下深刻印象。遗憾的是，这样的实践活动后来没有再坚持下去，学校也没有对这批人追踪了解。

让大学生直接到企业基层接受锻炼，让毕业前的学生有一个提前接触社会、认识社会、了解社会的机会，对他们世界观的形成，提高他们对社会复杂性的认识大有裨益。不能不说这是一次领导干部对学校如何培养"工科"后备人才的实际考察和有益尝试。

## 二、党校学习，攻读经典

1987年上半年是朱高峰到邮电部工作的第6个年头，根据中央的安排，他脱产到中央党校学习。这是他提拔到邮电部的副部级领导岗位以后唯——一次到中央党校学习，也是中央举办的省部级培训班的第二期。

学员进校以后，先进行反对资产阶级自由化的学习。在马克思列宁主义理论的学习中没有安排学习哲学，只学习了政治经济学和科学社会主义。但朱高峰不满足，又去旁听了给其他班开的哲学课。政治经济学主要学《资本论》，安排学习的是《资本论》节选本，但班上有3个人不满足于《资本论》节选本，他们自学了《资本论》的全文。这3个人就是胡福明、童赠银和朱高峰。朱高峰在研读这部著名的马克思主义经典著作后，感到收获很大，从书中了解到19世纪英国劳动群众的收入比在党校学习时我国工农群众的收入还高，食物结构也和中国不一样，对中国和欧洲之间的差别之大有了进一步的体会，对马克思分析问题的方法也有了一些认识。

但是学到社会主义阶段的政治经济学时，问题就比较多了，总是很难令人信服。当时还没有总结出邓小平理论，市场经济目标尚未树立，还是在以计划经济为主，以市场调节为辅的阶段，所以从理论上很难讲得通。当时改革开放实践已经很丰富，但理论体系还没有建立，正在摸着石头过河，在这种情况下学习可能会有越学问题越多的感觉。

在党校学习了整整一个学期，朱高峰享受到不错的学习条件，也有一定的时间去图书馆借阅图书。他本来想看一些哲学和经济学方面的书，但也不是那么容易读的。他能把《资本论》这部巨著从头至尾读下来就相当不错了。在学习期间，朱高峰还努力将理论与邮电实际相结合，写了一篇《邮电通信经济学》论文，大约7.5万字，这是他将马克思主义基本原理运用到邮电事业中的一次尝试，后来这篇文章被收录在他撰写的《邮电经济与管理》一书中。

党校的另一项活动是体育锻炼，请了一些老师来教太极拳、太极剑等。朱高峰没有学，因为他自知脾气急，适应不了。倒是有时到颐和园转一圈，因为党校离颐和园很近。晚饭前别人打拳，他就去颐和园走一圈，对强身健体很有帮助。

在党校学习的另一个收获是认识了一批同学。一个学期下来，大家相处得不错，后来朱高峰与不少人还一直保持着联系，但真正有工作关系的不多。20世纪80年代中期，邮电部准备恢复邮政储蓄业务时，朱高峰曾找过中国人民银行的副行长童赠银，双方认识比较一致，但这是去党校之前的事。朱高峰到省里去调研时与地方上工作的同学有过接触，但真正有业务联系的基本没有。

### 三、基层调研，了解实情

朱高峰在邮电部工作了12年，每年他都要抽出一定时间下基层去调查研究，这个工作习惯一直坚持了下来。在全国各级行政区中，绝大部分地级市、地区、自治州、盟和部分县都留下了他的足迹。在邮电部的所有领导中，朱高峰走的地方是最多的。他主要是想多了解一些情况，同时也有一个想法，让基层同志感觉到邮电部一直是想着他们的，是关注着他们的。朱高峰曾遇到过几件事，令他感触颇深：一是听说一位老部长退休了以后，到某个较困难的边远地区看望职工。这件事对朱高峰的触动非常大，也令他事后深思。作为党的领导干部，应该身体力行，深入基层，贴近群众，这是领导干部的职责所在。做不到，那就是失职啊！因此，朱高峰想在岗位上时多去基层走走，多掌握一些基层的情况，尽量多为基层职工解决一些实际问题和实际困难。

二是1990年，朱高峰曾去了3个边远地区。5月去了新疆维吾尔自治区，7月去了青海省，9月去了西藏自治区。特别是到青海省的调研，他去了青海最困难的地区果洛藏族自治州，基层情况不仅让他吃惊，更是一种对心灵的触动。这里的海拔比拉萨还高出550米。朱高峰去时路过花石峡，有个电信机务站（后来这个站

朱高峰到青海省玉树藏族自治州调研，受到当地邮电干部职工的热情欢迎

被撤销了），他下车去看了一下，待了一小时，因为海拔高，人感到不舒服。到达果洛藏族自治州后，职工们看到他都非常亲切、热情。果洛藏族自治州领导对他说，这个地方什么都没有，我们这些人在这儿，就有这个地方。我们这些人不在，这儿就是一块草地。朱高峰听了很不舒服，切实感到自己应该多走一走，多去一些这样的地方。

陕西商洛，这个地区的交通条件、气候条件、生存条件远比果洛藏族自治州要强。从西安出发坐汽车4小时左右就到了。朱高峰到商洛调研时，曾听当地的同志说他是去过此地的第二个部级干部，前面去的一个部级干部是民政部负责扶贫工作的。

朱高峰曾到访云南中甸（现香格里拉市），当时当地邮电局连个像样的房子都没有。但是职工们很热情，都站在门口夹道欢迎。从他们一个个朴实、憨厚的脸庞上露出的笑容中，可以感受到满满的真诚。朱高峰进屋以后发现这个县邮电局连一张桌子都没有，大家就坐在板凳上围着火盆聊。他没有想到邮电局的职工们是在这样艰苦的条件下工作的。

朱高峰在老少边穷地区的邮电局这么一走，必然惊动了当地政府领导，绝大多数地方领导都会出来和朱高峰见见面，一起到邮电局看看职工。无形中对邮电局在当地的地位提升起到了积极作用，职工们也感到脸上有光。这也是对基层邮电单位的关怀和支持。在物质上，朱高峰一直认为对西部地区、边远地区的政策要优惠一些，所以在制定经济核算制时，有意对这些地区进行了适当的政策倾斜，由此来保持全国各地区邮电单位的相对均衡。应该说经济核算制基本改变了过去富的地区永远富、穷的地区永远穷的贫富不均的状况。这对调动老少边穷地区邮电部门和邮电职工的积极性都起到了很好的作用。

朱高峰去了很多少数民族地区。1990年，他第一次去新疆维吾尔自治区时，从喀什到和田，一天路过7个县，有的县城距公路

20千米，当地的邮电局长赶到公路边来迎接朱高峰一行。由于时间关系，朱高峰没有拐到县城里去，就在公路边和当地邮电局的领导见见面，说几句话。大多数当地的邮电局长都是维吾尔族人，有的人汉语说不好，但见面了令人感到非常亲切，就像又见到了老朋友一样。

朱高峰在中国工程院工作期间，曾到过西藏自治区的那曲，受到了邮电局局长和职工们的热烈欢迎。那曲地区几大班子的领导也前来与朱高峰会面。此外，朱高峰还到访了云南西双版纳傣族自治州、大理白族自治州、丽江纳西族自治县（现玉龙纳西族自治县），并与当地各族邮电系统员工亲切交流，毫无隔阂。朱高峰深刻感受到，少数民族地区的发展关键在于提升教育水平、加强与其他城市的交流，这样他们的思想观念自然就不一样了。所以邮电系统的少数民族干部职工在工作中的表现都很好。全国有5个少数民族自治区、30个少数民族自治州，朱高峰都去过。他深切感受到各个少数民族的特色，各个少数民族邮电职工的强烈归属感。加快当地发展、摆脱贫困是各民族邮电职工共同的期盼。对于少数民族离不开汉族，汉族离不开少数民族那种石榴籽般的亲密关系，朱高峰有着深刻的体会。

由于全国县级邮电部门数量太多，朱高峰无法逐一走访，所以他将目标定在地市级。时至今日，在全国300多个地市级行政区（地区、地级市、自治州、盟）中，只有西藏自治区的阿里地区和昌都两地朱高峰没去过，主要原因是交通不方便。昌都虽有机场，但据说航班经常停飞，有时一个星期也飞不了，太耽误时间。有些地方后来重划地级市，增加了不少地级市，朱高峰也未能有机会再去了。在邮电部工作时有一些地方来不及去，离开邮电部后他又抽时间去弥补，了却心愿。像吉林的南部地区、甘肃的河西走廊、云南的滇东、贵州的铜仁、西藏自治区的那曲及林芝等地。他到各地走访，还是靠当地的邮电局接待，至今提起来他都非常感谢各地邮电部门同志们的关心、关照。

朱高峰在基层调研时主要到生产场地实地考察，与干部职工进行座谈。对于电信部门，他主要看机房；对于邮政部门，他主要看分拣场地（即使大多数情况下，投递场地的投递员和邮运车辆已经出班或是司机倒班休息，朱高峰也会考察这些场地）。除了解设备运行情况、通信质量外，他主要关心业务、服务质量，所以后来他到每个局都会前往112台检查。此外，朱高峰会尽可能地关心一下职工生活，如20世纪80年代，他去长春参加邮政工作会议，会后到邮局调研。长春火车站邮件转运部门是东北重要的邮件转运枢纽，他去看望邮政的转运职工，发现市邮局领导对职工比较关心，做了一件让众多职工竖大拇指的事。邮政转运是强体力劳动，是邮政行业里特别辛苦的工作。一到夏天，职工们往往是一身汗接着一身汗。为此，该邮局就建了一个澡堂，让职工下班后可以洗个澡，干干净净、舒舒服服地回家。虽然是件小事，但大多数邮局都没有

朱高峰在邮政生产场地调研

想到，尤其是南方的转运职工在夏季工作十分辛苦，却未能享受到如此简单的一点福利。朱高峰表扬了这个邮局关心职工的做法，并在各地调研时，经常以此为例，倡导基层干部关注职工身边的小事，花钱不多，却办到了职工的心里。

朱高峰到内蒙古自治区阿拉善盟调研，听到了一个故事。新中国成立初期，有一位工程师要巡线，他从呼和浩特出发，到包头后买了一匹骆驼，骑上后走了1～2个月才到阿拉善盟。巡视线路完成后，他骑骆驼返回包头，再把骆驼卖了，前后好几个月。因此，朱高峰到了包头后就没有再往西走了，而是南下经伊克昭盟东胜区（现鄂尔多斯东胜区）到了宁夏，再从石嘴山到银川。银川邮电局的同志告诉他，从银川到阿拉善左旗（隶属阿拉善盟）较近，4小时就可以到。于是他坐车翻过贺兰山到了阿拉善左旗。阿拉善盟面积为27万平方千米，是个沙漠地区，当时人口只有14万。阿拉善盟邮电局的局长姓杨，见了朱高峰很高兴，热情地拉着他到处参观。因为局里面积不大，机房也很简单，实在没有什么可看的。杨局长就拉着他连局里的库房、托儿所都看了。杨局长与当地政府的关系非常好，局房建设过程中得到了当地政府的大力支持。当天，朱高峰返回银川，途中还在山上遇到了大雪。

朱高峰对阿拉善盟邮电局的杨局长印象很好，后来还向内蒙古自治区邮电管理局的领导问起这个局长。遗憾的是，杨局长已英年早逝，非常可惜。

朱高峰有一次在湖南调研，邮电管理局局长一再跟他说湘西土家族苗族自治州很困难，请求给予特殊照顾。朱高峰问他去过没有，他说还没有去过（当时这位邮电管理局局长刚提上来不久）。朱高峰提议一同前往考察。路上走了两天，路过张家界市（原称"大庸县"），住了一个晚上，但没有去游览。这位局长感慨朱高峰是少有的路过张家界而不入景区的人。到了湘西土家族苗族自治州首府吉首市，一看基本情况还不错，局房等设施比其他地方还要好。当地的邮电局长和地方政府的关系比较好，有的房子都是地方政府支援过来的。从吉首翻过大山后到了怀化。怀化地区各方面条件相对落后，但干部思想状态、精神面貌很好，一再表态要靠自己的努力扭亏为盈。省局领导见状，便不再提特殊困难了。

有一次朱高峰去青海，走访海南藏族自治州。当地刚刚发生了严重的地震灾害，邮电局的局房被震毁。在重建局房的问题上，省邮电管理局和州邮电局的意见不一致。州局希望建一个比较好的局房，而省局则因资金缺乏，且从实际需求的角度来讲也没有必要，因此只同意建一个比较简单的局房，并已下达计划。朱高峰去了以后，州里派人请他过去，说州长要请客，朱高峰没有去，而是邀请地方上的领导到局里来见个面，请他们在局里吃个便饭，但他们也没有来。邮电局的局长怕此事影响与地方的关系，便请朱高峰饭后到州政府去拜访他们一下。照理朱高峰没有必要去，但为了照顾局里的同志还是去了。没想到的是，局里办理此事的人事先没有和对方联系好，结果州政府没有人，吃了"闭门羹"。

但这件事很快就传开了，说朱高峰"罢宴"。邮电部监察局局长当晚还打电话给他，说他做得对，做得好。但另一方面却有很多人说朱高峰不通人情。这就是一直流传多年的"罢宴"事件的真相。

朱高峰到基层看望职工，检查工作，都要带上秘书。这个秘书除了他的本职工作外，还有一个"临时任务"——疏导交通。这个任务听起来让人很难理解。疏导交通是交通民警的事，你一个秘书掺和什么呢？其实，了解朱高峰深入基层行走的路线和一般规律的人知道，他不会蜻蜓点水般地只在大城市走走。朱高峰每次的调研工作都是专门去别人不曾到过或很难到达的地方，如前面讲到的去阿拉善盟调研。所以他的调研路线都是看完一个县邮电局再到下辖的一两个支局看看。然后再沿着县与县之间的路直奔下一个网点。这样会出现汽车穿过一些村、镇的情况。所以，朱高峰乘坐的汽车曾多次被堵到路中间而无法移动。

有一次朱高峰去湖南调研，在去湘西的路上路过一个镇子时，当地正在赶圩，导致汽车无法通行。

原来，湖南不少地方都是农历逢五、逢十赶圩。赶圩相当于北方的赶集。不巧，这一天正是农村赶圩的日子。朱高峰问司机："能不能绕路过去？"司机说："要绕很远的路。"

秘书下车到前面探路。赶圩的中心位置是镇子的小十字路口，只见路口处几乎被摊位封死，有卖鸡鸭的、卖猪仔的、卖各种农具的，吆喝声、牲口叫声此起彼伏。秘书和省局办公室的同志一边指挥交通，疏导车辆；一边劝说道路两边的摊位向外挪动，经过20分钟左右的疏导，车子总算艰难地通过了这个小镇。

朱高峰走基层，调查研究，最怕的是当地的领导"太热情"。怎么回事呢？有一次在一个少数民族地区，朱高峰的车子还没到，当地邮电局局长已向地方政府汇报了。20世纪80年代，邮电部副部长要到少数民族地区来，地方领导非常重视，也非常热情。马上让邮电局准备晚宴。朱高峰到邮电局邮政网点、电信网点看完，又同地区局局长交谈完后，此时表针刚刚指向下午4点。朱高峰准备按原计划向下一站出发。局长想挽留一下，但朱高峰态度比较坚决，正准备上车出发，传达室的电话响了。原来地区政府听说朱高峰要离开了，那时还没有移动电话，就把电话打到了传达室，请朱高峰副部长接电话。打来电话的是地委书记，坚持请朱部长留下来一起吃饭。朱高峰在电话里感谢地方政府多年来对邮电工作的关心和支持，感谢地方政府的热情邀请，因急于返回北京，只好匆匆路过，看看职工。这位地委书记尊重朱高峰的安排。

朱高峰到各地去，地方邮电局的领导都要反映本局目前存在的一些困难，也希望邮电部帮助解决。朱高峰一般不在现场解决问题，而是把问题带回部里或由他们向部主管司局正式提出申请。

下面是朱高峰在邮电基层走访考察时，江西省邮电管理局办公室主任一路随行采写的报道，生动地记录了朱高峰一路工作的细节：

210

1989年4月6日至4月15日，朱高峰副部长视察了南昌市邮政局后，经赣西、至赣南，穿赣中、转赣北，先后视察了10个地（市）邮电局，樟树市、莲花县等12个县（市）邮电局，3个邮电工厂，3个微波站，3个分支机构及温汤疗养院、省邮电教育中心基地、省局机关等，里程超2000千米。朱高峰冒着绵绵春雨，日夜兼程，他免去了所有的迎送礼节，下了车就直奔生产一线看现场、查设备、问情况。他把中午和晚上的休息时间都用上了，连吃饭的时间都压缩到很短，为了腾出更多时间接近群众。他所到之处，群众一致反映朱高峰的工作节奏快、效率高、说得深、问得细，给大家留下了深刻印象。

"打破砂锅问到底"是朱高峰严谨作风的体现。他在视察时，深入每个生产科室、班组，甚至职工食堂、员工家庭。无论是生产上的问题，还是生活方面的问题，他都仔细询问，直到彻底弄清楚。有的同志回答不上来，他也不放过。朱高峰在许多地方强调，每个同志对自己工作岗位的情况都必须十分清楚，尤其是指挥生产的同志不能糊里糊涂。由于朱高峰对业务和技术非常熟悉，与其打过交道的干部都感到"回答朱副部长的问题打不得马虎眼"。

在生活方面，朱高峰的要求更严。一路上始终强调要在邮电局自己的食堂吃饭，按要求四菜一汤，从不喝酒。每餐吃饭前，他的秘书都要到食堂检查，凡是上了酒、多了菜都要求撤掉。

4月7日晚上7点多钟，夜色已经降临，朱高峰在莲花县邮电局视察工作后，准备赶往永新县。司机已经把车子开到了莲花县邮电局门口。门口外站着许多人。不知谁喊了一句"那都是莲花县邮电局里的职工和家属"，正要上车的朱高峰一听，马上转身上前，与在场的职工和家属一一握手，致以亲切的问候。莲花县邮电局的职工从来没见过这么大的领导，都感到有些局促，朱高峰用亲切的微笑化解了职工们的紧张情绪。朱高峰通过这一次次握手，传递了领导与职工的情感，表达了领导对革命老区邮电职工的关心。

4月8日上午，朱高峰视察永新县三湾邮电所。这个邮电所原来的局房破旧，上一年开始新建，由于工程还没有结束，邮电职工借用民房营业，条件艰苦，设施简陋。朱高峰看了深表同情。临走时，他主动提出要与全所的职工合影。环视四周，可找不到理想的背景。朱高峰指着正在施工的邮电所说："就以正在施工的三湾邮电所为背景吧，这很有意义。"

在井冈茅坪邮电所、井冈山市局……朱高峰又分别与基层的邮电职工一一合影留念。

朱高峰和江西省邮电管理局局长刘兆存（右一）看望并与井冈茅坪邮电所的职工（左二）合影

就这样，朱高峰的行动处处体现了对革命老区邮电职工的关爱。老区的邮电职工也想通过一定的方式感谢上级领导的关心，请他喝酒，但他一滴酒不沾；请他品味井冈山茶，他风尘仆仆又要赶路；请他观赏井冈山十里杜鹃，他没有空闲……10个日日夜夜，朱高峰的足迹遍及大半个江西，情谊将永远留在革命老区邮电职工的心里。

# 第七章　在邮电部工作时的兼职

　　朱高峰在邮电部工作期间，作为主管通信的副部长，曾负责过一些与业务直接相关的兼职工作，具体如下。

## 一、无线电管理委员会

　　无线电频率（后来包括卫星轨道位置）是重要的自然资源，也是无线通信的基础。由于无线电信号不受行政区划和国界的限制，因此频率管理是世界性问题。国际电信联盟（ITU）设有一个国际频率登记委员会（IFRB），是国际电信联盟有实质权力的重要机构，每4年召开一次世界无线电行政大会（WARC）[⑦]，通过修订频率分配方案，包括所有的无线电频段，确定每个无线电频段的用途及各国之间产生相互干扰时的处理规则，后来又包括卫星轨道位置的分配。会议一般长达4～6周，其间充满了斗争和妥协。

　　而在国内，要有一个机构统筹全国的频率管理。由于军队和民间都要使用无线电频率，并且要在通信、广播、导航、工业、医疗卫生等领域使用，业余无线电爱好者等也要使用，涉及各个部门、方方面面，因此成立了国务院、中央军委无线电管理委员会（后改为"全国无线电管理委员会"，简称"国家无委会"），由国务院副总理任主任，军队由副总参谋长徐惠滋任副主任，办公室设在邮电部，邮电部副部长任秘书长，总参谋部通信部副部长任副秘书长。这样朱高峰就担任了国家无委会秘书长。同时军队中组建全军

---

　　⑦　1994年，世界无线电行政大会（WARC）更名为世界无线电通信大会（WRC）。

无委会，下设办公室以协调管理三军无线电事宜。军民之间的问题由两个办公室之间先协调，重大问题提交国家无委会讨论决定。

无线电管理工作是实质性工作，在国家无委办筹建和随后的工作中，朱高峰花了不少精力和办公室同志一起研究，逐步建立制度、规范管理，并在国际上逐步提升了中国的地位。

## 二、空中交通管制委员会

空中交通管制委员会（现中央空中交通管理委员会）与国家无委会类似，旨在管理空域秩序。空中交通管制委员会由军民双方共同组成，以军方为主导。军方成员包括总参谋部、空军和其他军事单位，政府成员包括国务院办公厅、中国民用航空局和综合部门。因为空中管制涉及大量通信和无线电频率，所以邮电部也要派人参加。由于改革开放后民用航空发展速度很快，但航路受到很大制约，于是民航方面希望将空中交通管制委员会转移到政府。但由于当时军队的飞行器数量远远大于民用航空，所以这一转移一直未能实现。

后来，中国民用航空局在总空管系统下建立了自己的独立分系统来管理自己的飞行器，并且引进了国外的先进空管设备，促进了空管系统的发展和建设，还逐渐自己研制部分空管设备。

## 三、经济和信息化委员会

20世纪90年代初，胡启立担任了电子工业部部长。当时电子工业部所属的一些通信设备制造厂家生存困难，所以电子工业部一方面大力提倡在通信领域引入竞争，如成立吉通网络通讯有限公司（2003年解散）等；另一方面，胡启立提出要发展信息化，再上一个层次把通信统筹起来。胡启立主动到邮电部来商议，邮电部主要是朱高峰负责对接。当时面临的几个问题：一是公用网和专用网（包括军网）之间的关系；二是邮电部和广播电影电视部之间的关系；三是通信网与刚兴起的互联网之间的关系；四是通信与内容之间的关系。这些都是邮电部力求解决但未能解决的问题。由于邮电部希望有第三方参与，胡启立便设法成立了一个信息化领导小组，他任组长，朱高峰和广播电影电视部的一位副部长任副组长，电子部副部长吕新奎任办公室主任。朱高峰当时对胡启立说，"这件事三分靠技术、七分靠协调"。胡启立后来把信息化领导小组的规格提高了，请时任国务院副总理的邹家华任组长，自己担任常务副组长。随后信息化领导小组又改为信息化委员会，邹家华副总理担任主任，胡启立担任常务副主任，吴基传（此时朱高峰已离开邮电部）、孙家正（广播电影电视部部长）担任副主任。1998年，信息化委员会在深圳召开了唯一的一次全国信息化工作会议，朱高峰代表中国工程院参加了会议。后来信息化委员会被撤销，只留下了信息化办公室。最终，政府改组将信息化办公室整合到了工业和信息化部。

# 第八章　对外交往

朱高峰在邮电部工作的12年中，外事工作一直是由他分管的。这期间，正值邮电部引进国外先进通信设备及邮电通信行业大发展阶段，因此对外交往活动比较多，大致可以分为参加国际组织活动、与各国政府部门间的交往、与各国邮电运营商间的交往，以及与各邮电设备制造商间的交往等。在同各个国家的交往中，又可分为与发达国家的交往和与发展中国家的交往。为了使文章中的相关内容相对集中，朱高峰在离开邮电部以后的一些对外活动也在这里一并叙述。

## 一、与国际组织交往

国际组织主要是国际电信联盟和万国邮政联盟（UPU），这两个国际组织都是联合国下属的专门机构，属于政府间国际组织。1972年，中国恢复在联合国的合法席位后，同时恢复了在这两个组织的席位。邮电部陆续派人参加了它们的会议。但初期出国机会较少，各单位都采取轮流去的办法，即使参加某一个专业研究组会议，也是国内对口研究单位的人员轮流去，会议前后的情况难以衔接，削弱了参加会议的效果。朱高峰了解到此情况后，与外事局、研究院（去参加研究组会的人主要是研究院的）商量，要求他们参加会议的人员相对固定，即每次参会须有固定人员。考虑到现实情况，朱高峰也提出可以搭配一些非固定人员参加会议，同时要求将固定人员的名单报到部里备查。尽管实施这些措施可能会遇到一些困难，但朱高峰还是强调要努力去做。

1983年，ITU在日内瓦举办世界电信展，中国第一次组织较大规模的参展团，由朱高峰带队参加此次展会。团队成员来自邮电部的不同部门，包括部机关、研究院、设计院等7个部门的30多人。

在日内瓦参展期间，朱高峰主要做了两件事，一是参观电信展，二是在一个论坛上发言。朱高峰连续几天一直在电信展上参观，各个展台不论大小都去看了，这使常驻代表团陪同的一位女同志很感慨。其实这对于研发工作出身的朱高峰来讲，是非常正常的。至于论坛，是展览期间的若干论坛之一，规模不大，主题是发展中国家电信业的发展。论坛上共有3～4个国家的代表发言，中国是其中之一。印象较深的是韩国（当时称"南朝鲜"）一位副部长的发言，他在发言中阐述了他们5年内电信的发展规划，即要增加电话50万～100万户。

发言过程中有人问这位副部长，完成目标以后怎么办？他底气很足地说，再来50万户（或100万户）。而朱高峰在发言中根据我国当时的情况提出中国要增加10万电话用户（当时国内还是低速增长），当然没有引起与会代表们的注意。韩国当时电信发展的规模对在座的中国代表团来说是一个很大的刺激。

代表团中有人担心朱高峰的英语水平，应该说，朱高峰的英语还是中学打的底子，后来由于赴苏联留学就改学俄语了。因此从苏联回国后，一直没有机会再专门学习过英语。虽然他平时看英文资料还是不少的，但口语则没有什么机会交流。当然，朱高峰念英文稿子是没有什么问题的，主要是怕有人提问时听不清楚对方的英文，反应不过来，所以就安排了一个翻译在幕后。会议上有人提了两个问题，朱高峰都顺利地回答了。

电信展结束后，代表团参观了瑞士邮电部门。其中有两件事令朱高峰印象深刻，一是瑞士不生产通信设备，但有研究机构，主要负责检验和应用。瑞士有很完整的例行试验室，包括很大的电磁干扰试验室（黑室）。而这正是当时我国邮电部门所缺乏的。朱高峰当即向邮电科学研究院楼海日院长交代，我国也应该建设一套这样的系统。二是参观了瑞士的电话交换机房。机房在地下，有一个4万门的纵横制交换机，平时无人维护。可见机电交换机是可以做到高质量的，只要是高质量的，就无须人员在机房内值班。

朱高峰后来又参加了两次ITU的大型活动，一次是1985年在日内瓦召开的卫星业务规划大会第一期会议。随着卫星通信的发展，使用卫星比使用海底电缆便宜（后来建设使用光缆，因为光缆的容量大，所以单位容量又比卫星便宜），当时卫星通信成为国际通信的主要手段，一些大国在国内通信中也用卫星，尤其是边远地区和海岛等的通信。洲际通信主要用地球静止轨道卫星，在赤道上空近3.6万千米之上，卫星移动的角速度和地球一样，即"同步"。为了防止卫星信号互相干扰，开始要保证相邻两颗卫星之间间隔5°，后来缩减到了3°，这样也只有120个位置。各国之间争抢这些位置，ITU的IFRB一直实行的办法是"先登先占"，后来者要与先占者协调，其实发达国家早就把位置占满了，发展中国家没有位置了。但也有个别发展中国家（如汤加），过去登记了不少位置，但它无力使用也不需要，就会出售位置。因此有的国家要求分配位置，而不是"先登先占"。中国支持此意见，但如何分配是个复杂的问题，因此此次世界无线电行政大会的主题就是这个问题。国内仔细研究后组织了代表团参会，成员主要来自国家无线电管理委员会办公室、电信总局、外事局和研究院。按惯例需要有一位部长当团长，但由于会期较长，一般为5～6周，且问题谈得很细，所以团长不可能一直在那里，只能参加头尾两段会议。在会议中间，朱高峰另外安排去访问了联邦德国和英国，由另外一批人参会。大会最终同意进行相应规划，为每个成员国分配一个位置，但具体方法需在会后研究，并在下次会上讨论通过。

朱高峰去ITU开会期间和ITU行政机构打交道较多，一方面是参加活动了解情况，另一方面是为了处理好关系，以便派人去

ITU工作。此后由朱高峰提议，选派了设计院的赵厚麟去ITU，并明确希望他在国外扎根。赵厚麟从P3（较低）级别开始，经过10多年的努力，终于成为ITU第一行政官员——秘书长。赵厚麟的当选，对提升中国在国际电信界影响力的作用是很大的，也是中国对世界电信事业作出的贡献之一。此外，我国还派出过其他人员，在各类国际组织中担任各种职务，还有一些人在国际组织中成为"一把手"。

1994年春天，朱高峰第3次参加ITU组织的大型活动，是ITU发展局召开的第一次世界电信发展大会。会议地点在阿根廷首都布宜诺斯艾利斯。中国电信代表团由朱高峰担任团长。此时中国的电信业已进入发展的快车道，一年增加几百万户市内电话用户，增长数已经大大超过其他国家。因此朱高峰发言底气很足。很多国家代表听了朱高峰的演讲后都非常惊讶，对中国通信飞跃式的发展很钦佩。

此次大会邀请时任美国副总统的戈尔作为主讲贵宾。他发言的主题是信息全球化，并提议建设全球信息高速公路。他阐述了从美国国内NII（国家信息基础设施）向GII（全球信息基础设施）发展的愿景。这是世界上第一次提出GII概念。他还提出互联网是GII的雏形，应该说戈尔的说法是有远见的。戈尔关心信息领域有其家庭背景的原因，他父亲当年在美国从事公路事业是有名气的，所以戈尔提出了全球信息高速公路的概念。但会上各国代表的看法并不一致，一些不发达国家的代表在会后说我们连自行车都没有，你叫我们怎么上高速公路？不同发展阶段的国家有不同的发展需求，因此不同国家之间存在着明显的数字鸿沟。会议期间，朱高峰和部分代表团成员去阿根廷进行了访问。阿根廷的北部是少数民族地区，朱高峰特意到阿根廷北部地区了解当地通信的发展水平，发现当地通信还是比较落后的。大会后，朱高峰访问了巴西，回国途中又顺访了美国，这些事会在后文中提及。

西方发达国家政府机构在负责通信的主管部门设置上是五花八门的，如美国政府没有通信主管部门，联邦通信委员会（FCC）是一个独立监管机构，不在政府序列内。而商务部下有国家电信和信息管理局（NTIA），主管政府机构的通信。日本等国有邮电部，日本实行政企分开制，2001年将邮电部（邮政省）、总务厅和自治省组成总务省，把其职能并入总务省（2003年日本邮政正式撤销了总务省邮政事业厅）。因此当时与各国联系的方式也不一样，与美国主要是和企业联系，去时只是礼节性拜访一下NTIA。而当时和日本邮政省有较多交往，但更多还是和企业联系与交往。

我国邮电部与美国的交往主要是和AT&T的联系。然而，AT&T长期与政府打官司。20世纪80年代初，美国政府以垄断为由将AT&T告上法庭，要求将其拆分。美国的司法体制颇为独特，这一案件由地方法院法官Green审理，他对AT&T持有"生杀大权"。在法官的主持下，经反复协商，AT&T选择了一个公司拆分方案，即保留科研生产，放弃地方电话公司。当时AT&T的结构分为三大部分：一是电话公司，全国共有22个地方电话公司，按地区划分业务范围，同时全国分为100多个拨号区（即本地网），一家公司内可有多个本地网，地方电话公司只经营本地网内业务，而网间业务（即长途业务）由AT&T总部直属的长线部管理；二是设备生产部门，即西方电气公司，下设一系列工厂；三是贝尔实验室，负责研发工作。历史上，美国政府允许AT&T在一定程度上垄断经营，同时贝尔实验室主动承担国家任务，除设备开发外，进行大规模的基础研究，曾培养出7位诺贝尔奖获得者（后增至11位），像晶体管、集成电路、蜂窝移动系统的原始创新都出自它。AT&T系统内部实行计划管理，贝尔实验室的经费由公司总部提供，贝尔实验室的成果无偿提供给西方电气公司。西方电气公司的产品基本不外销，主要提供给AT&T内部并实行内部核算价格。所以当AT&T（西电）来中国销售设备时，朱高峰曾跟他们交流过多次。从交流中可以看出他们根本不了解国际市场情况。

当时 AT&T 可选择的拆分方案有两种，一种拆分方案是保留完整的通信系统，把科研、生产分离出来；另一种拆分方案是保留科研、生产，放弃地方电话公司。AT&T 选择了后者，并且把22个遍布全国的地方电话公司按地区合并成7家公司，又被称为小贝尔公司。据当时在美国邮电研究院工作的人分析，他们认为看到了数据通信未来的大发展，所以一定要保留科研、生产，宁愿放弃地方电话公司。按照朱高峰的分析，这种做法拆解了统一的通信网，铸成了大错。这个先例起了一个很坏的作用。而通信运营与设备制造分开则是合理的方向，可使两者之间形成制约和互相促进。

1996 年朱高峰率代表团访问美国 AT&T

1983年 AT&T 拆分前夕，AT&T 董事长查理·布朗到中国访问，朱高峰接待了他。布朗本人不傲气、不张扬，很有绅士风度。因为美方面临改组，所以双方之间没有什么具体问题可谈，只是初次接触。但布朗返回后的当年年底，AT&T 就正式拆分了。

AT&T拆分后，1984年朱高峰访问美国，去了几家小贝尔公司，有几点感受：一是前景究竟如何，心里没底。二是竞争者并不高兴。美国此时还有上千家电信公司，极大部分公司规模很小，但有几家大公司，如GTE、MCI、Sprint等。本来AT&T拆分了，这些公司应该很高兴，但在佛罗里达州，朱高峰与当地GTE公司人员交谈时得出的结论却恰恰相反，对方认为原来AT&T规模很大，受到各方面因素影响，在竞争中对其他公司还是有所顾忌的，但现在分为地区公司后，竞争肯定会加剧，所以他们很担心。这点是令人没有想到的。三是美国人很现实。朱高峰曾问小贝尔公司对AT&T拆分的看法，对方说我们美国人是向前看的，既然已经拆分了，就不再去想了，现在只想把当前的事做好。朱高峰还曾问过这些小贝尔公司：你们今天分开了，会不会将来有一天又合并起来？或者7个小贝尔公司合起来把母公司买下来？他们都说以后的事谁也说不准。

朱高峰那次去美国是AT&T邀请的，他提出想见见Green法官，和美国电信改革的核心人物探讨一下变革的动因，但AT&T一直推诿，没有见成。

拆分后的新AT&T依然保持着庞大的规模，给朱高峰的感受是，尽管公司进行了拆分，但架子还是放不下。接任的董事长Olsen是从基层上来的，但不幸的是，他在任期不到一年就病逝了。继任者Allen在任期内采取了一些措施，但不成功的措施居多。朱高峰认为，这在很大程度上是内部体制官僚化严重，不适应市场竞争需要所造成的。在剩下的长途通信方面，当时美国共有4家主要公司，即AT&T、MCI、Sprint和GTE。

MCI成立于20世纪60年代，发展速度很快，开始时AT&T占据市场绝对优势，但逐渐被蚕食，后来市场份额慢慢降到了一半左右。MCI公司的总裁在与朱高峰会面时表示，尽管公司规模在不断扩大，但他始终把MCI看作一家小公司（在美国，大公司和小公司的组织架构、行事方式、领导作风是截然不同的），这恐怕是MCI能取胜的重要原因之一。至于研发和生产部门，产品的先进性和质量都是没有问题的，但不会做生意。他们来中国推销产品，到处讲的一套话无非是：我们公司的产品好，性能、质量都好，你就买我的吧，价格虽然贵一些，一分钱一分货嘛！

这种推销方式在中国已经全面对外开放、消费者习惯于货比三家的市场环境下，显然缺乏竞争力。谁会愿意与这样的公司做生意呢？

再举几个例子。第一个例子是朱高峰代表邮电部和AT&T谈成合作的中日海缆项目。这个项目由中国邮电部、日本KDD（现KDDI）和美国AT&T三方合作。因为中国国际通信业务增长很快，急需建设这条海缆。这条海缆的走向是，从中国上海到日本后再接到太平洋海缆，连接到美国。原则早已达成，但在有些小问题上，具体人员的意见暂未达成一致。朱高峰到美国时，被安排到巴尔的摩参观海缆船，并在船上与美方人员进行了会谈。美方参加会谈的没有公司一级人员，只有国际部和海缆部的负责人。朱高峰问他们是否了解这条海缆的情况，他们回答不上来。朱高峰说：我掌握的情况，别说你们公司领导，你们这个级别的人都不了解，怎么能谈得成？后来彼此把问题说清，问题也很快解决了。

第二个例子是AT&T因为在中国销售设备不顺利，曾试图通过强硬手段影响朱高峰。朱高峰得知AT&T的意图后表示："好吧，那就看看谁给谁颜色看。"由于这次去美国，不是只有一家公司邀请他，而是同时有多家公司邀请，朱高峰便先到华盛顿与MCI洽谈合作业务。双方谈得挺好，MCI还按照中方的要求举行了一场新闻发布会（朱高峰平常从来不参与这种活动，他不想张扬）。此事当然刺激了AT&T，后来他访问AT&T时，对方还是在礼节上安排得很周到的。

第三个例子是AT&T一直不发展移动通信。20世纪90年代中期，他们看到移动通信发展很快，便收购了 McCaw 蜂窝通信公司。当时在美国，McCaw 蜂窝通信公司的移动业务收入是占首位的，但被 AT&T 收购后变成了 AT&T 移动，后来逐渐衰落。

朱高峰认为，Allen 的主要问题是没有解决好接班人的问题。他在公司工作的时间很长，下面的人缺乏积极性。先后有两个"二把手"都离开了，宁愿去规模较小的公司发展。这两个人朱高峰都认识，都很能干，但还是选择了离开。后来 AT&T 再一次拆分，把研发制造部门分出去成为 LUCENT。当 Allen 被迫退位时，AT&T 公司内部未能产生合适的接替人，而是空降了 Armstrong 作为新的领导者。此人既不了解 AT&T 的历史情况，又不懂电信行业特点，导致 AT&T 每况愈下，最终被小贝尔公司收购，成为新的 AT&T。而 7 家小贝尔公司也互相兼并，只剩下了 AT&T 和 Verizon 两家公司，大致印证了朱高峰在 1984 年访问时的预言。

AT&T 的变故对国际电信业的影响很大，美国在推动电信业改革方面起到了带头作用，同时施压要求其他国家进行政企分开和引入竞争，甚至拆分公司。当然，导入市场机制、引入竞争的方向是对的，但各国有各自的情况，都按美国的模式是走不通的。事实证明，美国走的路并不完全正确，反复折腾花费了很大的代价，特别是在 AT&T 拆分时，决策是由一个地方法官做出的，这显得过于草率。从后来美国政府对微软等企业的态度来看，大概也是汲取了这方面的教训。

在朱高峰和美国人的交往过程中还有一件事，就是关于国际电信资费的结算问题。当时国际电信资费结算是双方商定一个结算价（与实际收取的电信费用无关），如从中国往美国打一个电话，中方要付给美方结算价的一半。从美国往中国打一个电话，则美方要向中方付同样的钱。由于美国通信发达且国民比较富有，当时美方的电信业务一直是出口量大于进口量，即从美国打往他国的电话比他国打往美国的电话多，所以美国在电信上一直是向外国付钱，也就是有逆差。这种局面改变不了，美方一直想把结算价降低，这样可以少付一些钱。为了减少贸易逆差，美国政府施压 AT&T 与外国谈判降低结算价，以减少支付给其他国家的费用。同时美国的实际电信资费也比别国低，有时美国实际收取资费低于结算价的一半，即美国把所收电信资费全付给对方也不够。当时国际电信业务收入是我国邮电部门很大的一笔收入，而且增长迅速。同时国际结算是我国主要的外汇收入来源，90%外汇留成，是关键利益所在，不能让步。虽然结算价与实际资费不一样，但确定时往往是根据双方的实际资费折中算出来的。因此美方质问中国为什么将资费定那么高？中方当然有理由，第一，当时国内业务量小，分摊成本高；第二，先进的大容量设备被美国人控制不卖给中国，所以成本降不下来。这就导致了年年都在为结算价问题进行谈判和争议。

还有一件事是美国政府和中国政府谈贸易逆差，当时尽管没有现在的贸易逆差规模，但美方已经出现贸易逆差了。有一次美国商务部部长布朗到中国谈此事，中方作出解释后，美国人还要到各相关部门去谈。其中一个部门是邮电部，部里由朱高峰出面接待。布朗把来意一说，朱高峰没有客气，直接回怼过去：第一，我们对外开放，愿意买国外的先进设备，但你们有出口限制，很多设备不卖给我们；第二，你们的设备卖得太贵，比别国的设备贵很多，我们买不起；第三，即使这样，在电信设备贸易中，你们肯定是顺差，所以你要谈逆差问题别找我。听朱高峰这样一讲，布朗也讲不下去了，客套一番，态度还挺好，走了。

## 二、访问西欧国家

前面已提到，1985年参加世界无线电通信大会时，朱高峰曾抽时间分别到访了英国和联邦德国。同去的还有邮政总局局长刘天瑞、电信总局局长吕明、办公厅副主任赵品健、研究室副主任高登林、财务司副司长石萃鸣等。中国与这两个国家的通信部门关系较好，此前联邦德国邮电部部长和英国电信集团总裁都曾访问过中国，朱高峰和他们都有过接触。

代表团首先到联邦德国访问，到了法兰克福，联邦德国邮电部国务秘书（副部长）来接他。本来朱高峰一个人从瑞士过去，在瑞士ITU开会的代表团同志们有些不大放心。朱高峰表示没有问题，又不是第一次出国，外语也没有问题。并且在时间安排上，我国代表团的其他成员的抵达时间要比他早2～3小时。没有想到的是，朱高峰到达以后，国内的航班却延误未到。联邦德国方面接待的人员很着急，到处打电话询问，后来联邦德国方面让朱高峰一个人先去旅馆住下。时间没过多久，国内的人员也到了。

联邦德国的首都在波恩，但法兰克福是联邦德国的地理中心，也是交通运输中心。因此代表团先从这里开始了对联邦德国的考察访问。在邮政方面，联邦德国在邮运组织方面有独到之处，给代表团留下了深刻的印象，也成为代表团的收获之一。联邦德国的做法是，全国以法兰克福局为中心局，各地邮件租用德航（汉莎）的夜航飞机，集中到法兰克福交换后，第二天就可以投递，对于这样面积和地形的国家，网络组织很合理，运行也很高效。

在波恩主要是联邦德国邮电部接待，此前两国邮电部之间交往不少，时任联邦德国邮电部部长的斯琴·施瓦茨－席林博士是一位汉学家，据说他的博士论文内容是研究开封的古战场。他此前曾到中国访问，态度友好，还专门到开封去游览考察过一次。

在慕尼黑，接待代表团的是西门子公司。西门子公司也是世界级的大公司，当时内部设6个部门，电子通信部门是其中一个部门。时任西门子全球总裁的卡斯克先生一派绅士风度，他出面接待了我国代表团。代表团这次的主要任务是与时任电子通信部门总裁的波尔先生谈通信设备问题。去斯图加特是SEL公司接待的，SEL是美国ITT公司子公司，与比利时BTM公司是姐妹公司，也生产 S1240 程控交换机。我方在买 S1240 程控交换机时，不可能全从 BTM 公司买，也买了部分 SEL 公司的产品。

联邦德国邮电部组织架构和中国邮电部差不多，当然设备更先进，管理较严格、正规。当时美国带头刮起的私有化之风对联邦德国也有一定影响，但联邦德国人基本上是不理睬的态度。直到现在，欧盟在搞私有化、引入竞争方面有很具体的要求，虽然联邦德国也不得不照做，但态度一直是消极的。

结束对联邦德国的访问后，代表团转向访问英国。英国受美国影响较大，电信业私有化比较彻底，邮政公司仍是国有企业，但邮政业一直亏损。因此访问英国邮政时，他们介绍网点在收缩，因为很多农村地区和老矿山地区人口在不断减少，经济在萎缩，邮政业务也在萎缩，自有网点也在减少，因此他们通过大力发展委办来弥补。对于委办也是严格核定工作量的，够一个人的工作量就支付一个人的钱，甚至有时一天只有一小时的工作量，也按一小时工作量支付酬金。这个思路对朱高峰有很大启发，所以在他主管邮政期间，一直不让大量增加网点，明确只在城市达到一定规模的新建小区内增设网点，其他一律不准新设。另一个情况是这些国家的邮政周末不投递，也不经营报刊发行业务。这些情况也让朱高峰深入思考：中国邮政的报刊业务究竟该如何发展？

英国电信业已经走向私有化，竞争格局是英国电信（BT）为主体运营商，大东电报公司（Cable&Wireless）与之竞争。英国国内主要还是以 BT 为主，而大东电报公司业务主要在海外。英国电信私有化后，大东电报公司在英国本地组建了 Mercury 公司与 BT 展开竞争，但竞争不是很激烈。代表团去英国，主要由 BT 接待，BT 的"一把手"不久前访问过中国。

朱高峰到伦敦后，BT 接待也很热情，他们不仅介绍了相关情况，还精心安排了参观。在参观通信塔时需要进行安检，BT 领导为了表示这是规定，率先通过了安检门，登塔参观后还在塔上吃了一顿饭。因为这位 BT 领导即将退休，所以他还引见了可能接班的人。

代表团在大东电报公司参观了通信港，经过介绍才明白了设通信港的目的是跳过现有网络，为与主导（传统）运营商竞争。当时国内有人看过外国人设通信港，去参加过 1～2 个宣传通信港的会议，鼓吹中国也要设通信港。让朱高峰有些气愤的是，国内一些人还没有搞清通信港的作用和目的，人云亦云。这不是技术人员应有的科学态度！

代表团在参观 BT 和大东电报公司的无线塔时，看到塔上安装了各种类型的天线，数量众多。这表明这些公司真正实现了通信设施的综合利用。

## 三、访问欧洲其他国家

1992 年，朱高峰率团到荷兰、比利时访问，因转机，一去一来都经过瑞士。

朱高峰与荷兰电信部门进行了接触，但出访的重点并不是访问这家运营商，而是访问荷兰皇家飞利浦公司。

飞利浦电子是世界上最大的电子公司之一，在欧洲市场名列前茅。作为一家综合性的大型集团，飞利浦在彩色电视机、照明设备、电动剃须刀、医学超声影像诊断和病人监护仪器及单芯片电视产品等多个领域处于世界领先地位。飞利浦早在 1920 年就进入了中国市场。1985 年在北京成立了第一家合资企业。飞利浦已成为中国电子行业最大的投资合作伙伴之一。中国邮电部和飞利浦公司有合作关系，武汉长飞光纤光缆股份有限公司就是邮电部和飞利浦合资成立的企业，主要生产和销售通信行业广泛采用的各种规格的光纤、光缆等产品。

比利时是朱高峰出访的第二站。代表团从荷兰鹿特丹直接到了比利时安特卫普。这里有与中国邮电部合作的另一家公司——贝尔公司，比利时贝尔公司的前身是BTM公司。邮电部曾与这家公司合作，引进了S1240程控交换机生产线。比利时贝尔公司的总部在安特卫普。这些年购买S1240程控交换机的省市比较多，因此中国去过比利时贝尔公司的人比较多。比利时贝尔公司里专门有一个记录簿，记录了访问人员，从中央部门到地方各级领导不少，当然邮电部门去访问的人更多，总数有上千人。朱高峰虽然也主管过一段时间引进S1240程控交换机生产线的工作，却是第一次到比利时贝尔公司考察。朱高峰与公司高层领导进行了会谈，交换了一些对上海贝尔公司下一步发展的意见。

朱高峰在中国工程院工作期间，曾访问过波兰、匈牙利和西班牙等国，主要是开展双边交往，并与各国工程院建立联系，为中国工程院加入CAETS（国际工程与技术科学院理事会）做些工作。在去英国参加CAETS爱丁堡会议（1997年召开）之前，朱高峰访问了西班牙，同行的有张光斗等人。中国工程院和西班牙工程院还签署了一个合作协议，进一步加深了双方的合作关系。

## 四、访问日本

日本当时有邮政省，主管邮政业务、电信业务。NTT（日本电报电话公司，前身是日本电信电话公社）原来是国有的，在美国的影响下，进行私有化。之后，NTT经营日本国内电信业务。负责国际业务的是KDD公司，一直是私营公司。中国邮电部和日本邮政省有正常交往，但具体事宜还得和企业联系。两家公司中，NTT规模大，人员多，和国内邮电系统类似，有很多方面可以交流；KDD人员少得多，但营收不少，因为是私营公司，机制灵活，和邮电部有直接国际通信业务。总体而言，中国邮电部和两家公司关系都很密切，和两家公司每年都有定期互访。

在中国邮电部和NTT的交流中，除以前提到的干部团、二手设备外，双方在设计建设方面的交流也比较多，我们学到了不少东西。总体来说，NTT对中国同行比较友好，互相之间也较为理解，彼此之间的业务交流很顺畅，所以每次互访见面都比较愉快。NTT保留了控股公司的身份，分别成立了NTT东日本、NTT西日本两家子公司。这两家公司主要负责地区性的电信业务，并且没有相互进入的问题。还有NTT Communications负责长途和国际通信业务。此外，另有两家专业公司，一家是移动公司，一家是数据公司，移动公司就是后来的DOCOMO，公司的规模较大。

KDD公司对中国也很友好，前后几任总裁和朱高峰的关系都很好。主要因为有国际业务和中日海缆建设等具体业务联系，虽然有时也会出现一些争论，但双方都能很快解决问题。中国邮电部和NTT、KDD每年都会互派干部团交流。邮电部主要安排各省市

朱高峰出席邮电部与日本电信交流合作协议签字仪式

局领导和少量部机关司局领导参加这种互访，这对于改革开放初期国内邮电系统的干部开阔视野、学习国际先进经验起到了很好的作用。NTT的人员到中国来反映也不错。

朱高峰曾多次出访日本，除东京外，还去过大阪、京都、横滨等地。离开邮电部后，他在中国工程院及标准化协会工作时因为工作又去过神户、九州岛等地。

## 五、访问亚洲其他国家

朱高峰于1992年和1994年两次访问新加坡。新加坡是一个多元文化的国家，华人占多数，所以朱高峰出访没有什么异乡感。作为一个城市国家，新加坡的国土面积只有735.2平方千米，各方面秩序很好，也很干净。新加坡电信集团和中国邮电部的关系很好，彼此间在国际场合互相有照应，互相交流也比较方便，来往比较多。在技术装备方面，尤其是管理比国内先进，因此邮电部也有不少干部曾到访新加坡，向他们学习。

1993年，朱高峰随中国邮电部代表团访问印度，其间由印度邮电部负责接待。印度采取英国式的议会民主制，部长通常是政客，而具体业务由国务秘书负责。朱高峰与印度国务秘书交谈了几次，也参观了印度的电信设施。当时印度的电信业务基本上还是国有的，但也开始进行私有化，如德里和孟买的市话业务就是由一家私营公司经营的。当时印度经济还没有快速发展，各方面水平包括电信业务水平比中国落后很多，软件业也尚未形成规模。代表团访问班加罗尔时，这里还不是一个现代化的城市。朱高峰在该市参观了几家公司，当时规模都还不大。

当时印度人对中国还不了解，朱高峰在交谈中介绍了中国电信业的发展情况，说到当年计划增加700万部电话，对方听了大吃一惊。他说印度全国只有700万部电话。后来，这位国务秘书几次问

1993 年，朱高峰访问印度，与印度邮电部举行双边会谈

朱高峰：你们是如何做到这一点的？朱高峰介绍了国内的一些做法，对方似懂非懂，似乎很难理解中国的一些发展经验。当然两国国情不同，对方很难完全理解，这也在意料之中。

第 | 四 | 篇

中国工程院工作、
调研与咨询
（1994年至今）

# 第一章　中国工程院初创

## 一、筹建阶段

1992 年，中国科学院部分院士致书党中央、国务院，建议建立"中国工程科学技术院"。中央接受了他们的建议，于 1993 年决定建立中国工程院。实际上，在 20 世纪 80 年代已有一批中国科学院的老学部委员提出要建立中国工程院，动因大概是看到西方主要国家都有工程院，而且中国开始实行改革开放，处于大规模经济建设时期，有大量的工程任务，需要大批优秀工程技术人才，而中国科学院是面向基础科学的，难以涵盖。虽然在没有工程院的情况下，中国科学院也面向工程，建立了技术科学部，但终究不可能全面覆盖工程领域。20 世纪 90 年代初，国内的经济建设掀起了更大规模的高潮。在这种背景下，王大珩、张光斗、张维、侯祥麟、罗沛霖和师昌绪 6 位老学部委员（中国科学院建立后，暂未实行院士制，当时称为学部委员）于 1992 年再次提出成立中国工程院的正式建议。中央让各相关方研究这个建议并提出意见，经过相关方研究后，表示一致赞同。在科技战线方面，有人提出在中国科学院内或其下成立工程院机构，国家科学技术委员会（以下简称"科委"）是同意的，时任国务委员兼国家科委主任的宋健、常务副主任朱丽兰均赞成。在经济战线上，国家计划委员会、国务院发展研究中心等也都赞成。不过在建立方式上有些分歧，有人提出，各个与工程技术有关的部委，各推出 10 个人组成工程院。这种方式没有被接受，大家认为要按照标准来建立，人员产生要按科技界的办法，而不能用行政办法。最后由国家科委和中国科学院联合呈文，以中央批复的方式确定下来。文中明确，中国工程院是国家在工程科学技术界的最高荣誉性、咨询性学术机构，由院士组成，中国工程院院士是国家设立的在工程科学技术方面的最高学术称号，为终身荣誉。同时中国科学院的学部委员改为院士。

原则确定后，首先要产生首批院士，然后由院士来组建成立中国工程院。为此成立了一个筹备领导小组，由宋健任组长，钱正英、周光召、丁衡高、朱丽兰、戚元靖、师昌绪等人任副组长，以工业各部委为主，包括交通、通信、教育等部门各出一个有专家身份的部领导参加，共45人。邮电部接到通知后，朱高峰建议由宋直元参加，因为他对职称评奖等事一向没有什么兴趣。但吴基传部长还是让朱高峰去，因为此时宋直元已退休。朱高峰就去参加了。

春节前后召开了两次中国工程院筹备组会议，讨论怎么开展工作。此时宋健调了葛能全（中国科学院副秘书长，负责学部工作）和其他几个人来开展具体工作。提名院士的办法是按照科学院增选学部委员的一套方法，这套办法已经成型。具体办法是各相关部委可以提名两名候选人，筹备组委员每人可提名两名候选人，但每名候选人必须由两人提名才有效。候选人都按规定有书面材料，材料汇总后筹备组分成几个专业组，先进行小组初评，然后全组45人集体评审，由小组指定人在全体会上逐个介绍本组候选人的情况，然后大家展开讨论，最后投票，获得多数票才能通过成为院士。

候选人名单汇集后，分组审议，大体上是按后来的学部分组的，即机械、电子、化工、能源矿业、建设和农业轻纺。朱高峰所在的电子组有8人，即宋健、王大珩、王越、罗沛霖、胡启恒、金怡濂、韦钰和他。电子组的候选人最多。小组审议后，在大会上分别介绍。因为筹备组成员中不少人就是候选人，所以评审实行本人回避原则。如朱高峰这一组中后4个人都是候选人。在全体会议评审时还是要着重了解真实情况。会上畅所欲言，真正起到了审议作用。

全体会议经逐个介绍候选人并审议完成后，开始投票，投票后会议结束。这次会议共选出了66位院士。这是唯一的一次院士候选人不分专业在一起选的。朱高峰最终成功当选为院士。这次会议期间，朱高峰认识了很多人，后来还与他们一起在中国工程院工作，包括张光斗、张维、师昌绪等人。朱高峰第一次见到张光斗时，张光斗对他说："我是工程师，不是科学家。"这句话让朱高峰印象深刻。朱高峰还认识了与他同岁的殷瑞钰、范维唐等人，他们也都当选了院士，并被选为各自学部的首任主任。朱高峰和金怡濂提名的人选中，周仲义当选，赵梓森和宋直元均未当选。筹备组成员中不少人当选院士，但也有一些人没有当选。

为了支持中国工程院的工作，应筹备组的要求，中国科学院商请选了30名与工程关系紧密的院士兼中国工程院院士。中国科学院为此专门召开会议讨论，并由主席团决定，提出了30人的名单。这份名单经筹备组讨论后正式通过。这30人包括倡议成立中国工程院的6位著名科学家，以及钱学森、朱光亚、宋健等人。因此，中国工程院首批院士共有96人。

中国工程院首批院士确定后，中共中央组织部来考察中国工程院院长、副院长人选，首先让大家自由推荐。考虑到中国工程院新建，按章程规定又是正部级单位，建议副院长中有一名现职部委领导。中共中央组织部汇总大家的提名，综合考虑各方面情况后，提名朱光亚为院长候选人，朱高峰、师昌绪、潘家铮和卢良恕为副院长候选人。在中国工程院领导班子候选人的请示上，时任国务院总理李鹏批示：朱光亚做院长，朱高峰管常务，增加一位分管农业的副院长。组织上找朱高峰谈话时，条件是要他离开邮电部现岗位。朱高峰考虑后接受了，只提出为了工作不脱节，等邮电部他的接替者到任后再离开。

1994年6月初，中国工程院成立大会召开。大会是和中国科学院每两年召开一次的例行院士大会同时召开的。中央领导同志接见了中国工程院全体院士并合影、讲话。大会通过了中国工程院章程，选出了院长、副院长和主席团，提名候选人全部当选。大会还成立了6个学部（现增至9个学部），各学部选出了学部常委会和主任、副主任。然后主席团开会批准了各学部常委会和主任、副主任人选，并根据院长提名，任命了葛能全为中国工程院秘书长。朱高峰在会上作了关于起草章程的说明。大会闭幕式上，宋健发表讲话，周光召致闭幕词，为本次大会画上圆满句号。

大会结束后，中国工程院正式成立，朱高峰随即开始在中国工程院工作。然而，由于邮电部接替朱高峰的人尚未到任，他手里正在进行的工作也未结束，包括选人去 AT&T 培训、组织国外厂商 SDH 设备擂台赛等多项事务仍在推进中，所以他这一段时间是两边跑。直到1994年9月，中央任命周德强为邮电部副部长，同时免去朱高峰的副部长职务，他才卸下邮电部的担子，全身心地投入中国工程院的工作。

## 二、建院初期

中国工程院正式成立后，完全是白手起家，在国家的建制上从无到有，所以中国工程院是从零起步的。作为常务副院长，朱高峰首先要解决的是一系列的行政性难题，包括机构定编、人员编制、经费来源、办公地点和工作方式及规划等方面的问题。解决这些问题需要与各有关部门打交道，请他们给予支持。这大概就是当时中共中央组织部提出要一个现职部委领导到中国工程院工作的原因吧。

在几位院领导中，院长朱光亚是政协副主席，但他的本职工作是国防科学技术工业委员会（以下简称"国防科工委"，后为总装备部，2016年改制）的科技委主任，还兼任中国科学技术协会（以下简称"科协"）的主席，平时较少来工程院。几位副院长中，师昌绪时年已74岁，原任自然科学基金委员会副主任，当时虽已退休，但关系仍在自然科学基金委员会，并还在其中负责一些工作。潘家铮时年67岁，一直在电力部工作，手头三峡工程等事一时还脱不开，很忙。卢良恕时年70岁，原任中国农科院院长，当时也已退休了，他主要关心农业方面的事。讨论事情时，他会从农业方面发表意见，而对于不涉及农业的事较少发表意见。这3位副院长都属于专家型，平时较少到中国工程院来上班。

由于中国工程院初建，尚未建立人事管理部门，所以暂时没有条件承接中国工程院工作人员的行政关系转动工作。朱高峰和大家明确，人过来先工作，行政关系暂时不转过来，保留在原单位，只把党的关系转过来（否则无法成立党组织）。

从性质上来说，中国工程院是一个咨询性学术机构，并不承担实体性的任务，在机构分类中应该属于社团性组织。但作为咨询性机构，承担一些调研咨询性质的任务，经费由政府划拨，又具有事业机构的性质，同时又明确有行政级别，属于国务院直属事业单位，并明确为正部级单位，因此也具有行政机构性质。总之是一个兼有行政、事业和社团等多种性质的机构，这既带来了复杂性，也带来了灵活性，需要认真体会和掌握。朱高峰亲自办的第一件事，就是请中央机构编制委员会办公室（以下简称"中编办"）解决中国工程院的机构设置和人员编制问题。但碰到的一个主要问题是说不清楚中国工程院到底是干什么的。中编办对照章程上说，中国工程院是最高荣誉性组织，目前没有具体任务。朱高峰说中国工程院还有大量的咨询任务，要进行咨询工作。但到底中国工程院要怎么开展工作？由于是初建，确实也不明确。同时院士都在本单位工作，机关只是保持联系。中编办最后同意给40个编制，下设3个机构，即办公厅、学部工作部、科技咨询和国际合作部（现为办公厅、一局、二局、三局、国际合作局、战略咨询中心）。中编办随后发了文件。朱高峰到财政部去谈经费并反复强调，经费主要是用于院士活动和开展咨询工作，最后谈的结果是第一年先给600万元。

房子问题先是请部队支持，中国人民解放军总政治部（以下简称"总政"）答应了先把军事博物馆办公楼借给中国工程院一层，但房间都挺大，因为是临时借用，也不好加隔断。朱高峰的办公室面积大概超过50平方米，有人来看说不是办公室，而是办公厅了。后来国家计划委员会投资司出了个主意，要中国科协将在建的木樨地办公楼分给中国工程院一部分。对这个方案，徐志坚最后拍了板。后来谈到产权问题，朱高峰找到徐志坚说，我们工程院只有两层楼，肯定是依托在中国科协的，肯定不会给他们找麻烦。中国工程院有产权还好和其他部门打交道一些，如果没有产权就更不好办了。后来国务院办公厅发文还是明确了，这两层楼的产权归中国工程院。

这样朱高峰又去现场看了看具体建筑，明确了4层、5层归中国工程院。后来，中国工程院机关在军事博物馆办公楼内工作了一年半，中国科协的办公楼建好后就搬到了新址工作。在里面一晃又是10年，中国工程院的新楼建好后才搬过来。

中国工程院从零起步，面对机构设置、人员编制、资金来源、办公用房等诸多行政开办难题，朱高峰亲力亲为，一家一家去跑，有时要跑不止一两次，最终都得到了比较圆满的结果，为中国工程院的正式运行打下了坚实的基础。

中国工程院的机关工作人员一是来自中国科学院（以下简称"中科院"）学部办公室的人，是秘书长葛能全带过来的；二是科技部部分干部，在筹备小组时就参加了筹备工作，后来有几人就留下来了；三是其他方面的干部。朱高峰知道机关工作最主要的是人事工作和财务工作。人事方面，当时从北京邮电大学借调了一个人，是一位副处长，工作得不错，但后来因种种原因未能留在中国工程院，随他一起来的谷钰则留了下来。后来从中共中央组织部调来了宋学敏。在财务方面，朱高峰了解了一下没有合适人选，就找了邮电部财务司的石萃鸣司长，请他支援一位财务工作人员。石萃鸣后来推荐了电信传输研究所的鲁瑛，鲁瑛来了以后被任命为副处长，负责财务工作。在3个部门的负责人中，学部工作局的冯应章是从中科院调来的，提为副局级负责人，他对学部工作比较熟悉；咨询和外事工作部调来了沈廉，他是大学教授，知识面比较广，也作为负责人。办公厅承担的工作比较重，再加上还要负责党务和人事工作，朱高峰觉得还应再找一个人来充实团队力量，就从邮政运输局调过来一个人。

## 三、组织建设

中国工程院组织建设除了机关工作外，主要是院士队伍建设，其可以分为两方面：一是加强联系，增强凝聚力；二是按标准、高质量地增选新院士。

中国工程院刚刚成立，院士又都分散在各个单位，要增强凝聚力，一是靠组织活动，特别是学部的活动，这在后面对咨询工作和学术活动的介绍中再叙述；二是靠加强院部与院士的联系，这是日常要做的工作。因此，朱高峰积极走访院士所在单位，和院士本人及其所在单位领导见面交流情况，建立联系。建院初期，朱高峰走访了多个院士单位。在首批院士中，他拜访了在京的绝大多数院士，还前往上海、南京、杭州、沈阳、哈尔滨、西安、成都、武汉、长沙和广州等城市拜访院士。离北京较近的天津、保定、石家庄、济南和青岛等地他也都抽空去了。朱高峰在拜访院士的过程中，不仅与院士所在单位建立了联系，还与当地政府建立了联系。有的地方成立了院士服务机构，最先成立院士服务机构的是深圳和上海，不少其他地方后来也陆续成立了院士服务机构。此前，朱高峰曾去科委拜访朱丽兰，提出由于当时中国工程院没有下属机构，希望在京外各地院士的工作委托给当地科委负责。朱丽兰很痛快地答应了，并且下发了一份文件。

朱高峰在各地走访时还与给新院士颁发证书的活动相结合，举办一个小型仪式，以此扩大中国工程院的影响力。通过这些活动，他和院士之间加深了了解，逐渐熟悉。

在增选院士方面，中国工程院新成立了医药卫生学部。在工程院筹备及成立初期，院士队伍涵盖了农业领域，但没有医药卫生领域的专家。此前，医药卫生领域的专家已进入中国科学院，还有一些著名临床医生如林巧稚等也进入了中国科学院，但随着中国科学院逐渐规范化，临床医生进入的难度逐渐加大。如果像美国这样单独成立一个国家级的医卫科学院在短时间内可能性不大，所以在中国工程院正式成立前，卫生部向国务院报告，建议将医药卫生领域的专家纳入中国工程院院士范围。国务院将此件批给了中国工程院。中国工程院正式成立后，就这个问题进行了专题研究，并原则上同意。朱光亚院长亲自出面约卫生部部长陈敏章谈了一次，决定仿照中国工程院筹备组的方式，建立一个筹备组，请在医药卫生领域德高望重的吴阶平先生任组长，陈敏章、张文康（时任中医药局局长）、总后勤部分管卫生工作的一位副部级干部和朱高峰等任副组长，共17人，成立了筹备组。通过医药卫生口几个渠道在全国范围内提名候选人。经过评议、投票，于当年年底选出了30位医药卫生领域的院士。在评选过程中，卫生部一些人和筹备组不少人提名陈敏章，但他本人坚决不同意，认为他水平不够。而且考虑在这种情况下，他作为候选人反而影响不好，因此说服大家放弃了。朱高峰通过组建医药卫生学部认识了医药卫生界不少人，后来与一些人还比较熟悉。

中国工程院原6个学部总共有96位院士，人数比较少。有的学部只有十几个人，专业覆盖面严重不足，难以完成对国家重大工程的咨询任务，且在工程界的影响力也不够，因此亟须扩大院士规模。

1995年，中国工程院进行了一次大规模的增选院士活动。这次增选除中央部委外，还由地方省级政府遴选提名候选人，共提出候选人近千人。经过两轮评选，共选出了186位院士，加上医药卫生学部的30位院士，共新当选216位院士，从而使院士总数达到了312位，基本具备了规模。

## 四、学术活动

中国工程院是学术组织，开展学术活动是其主要工作内容之一，从成立起就以多种方式开展学术活动。一种学术活动是报告会，另一种学术活动是研讨会。报告会既有结合院士大会、学部会议开展等方式，也有到各地或各单位去开展调研活动时进行的。而研讨会则根据不同主题确定其方式，既有就讨论当前工程科学技术发展前沿问题而举行的研讨会，也有为讨论某一咨询课题而举行的研讨会。实际上，报告会和研讨会的区别在于报告会基本上是单向的，即使有提问的时间，往往提问也不多。而研讨会应该是双向的，或者是群体性的。

中国工程院成立初期举行的一次大规模报告会是在1996年年初由朱光亚院长带队到上海办的，由上海市委、上海市政府出面组织上海市干部和科技人员参加。时任市委书记的黄菊和市长徐匡迪亲自出面接待，会场由副书记陈至立和副市长华建敏主持。朱光亚、路甬祥（时任中国科学院副院长，但是以中国工程院院士身份参加）、师昌绪、卢良恕、顾健人和朱高峰分别就当代工程技术发展趋势、先进制造技术、新材料现状和展望、农业和农业科学技术、医药生物高技术和产业化、信息技术和产业化为题作了报告，引起了较大反响。其中，朱光亚所作的当代工程技术发展趋势报告是他在全国科学技术大会上首次发表的。为准备此报告，他征求了多位院士的意见，并在一些科研单位和大专院校中进行了调研，进行汇总，经过多次修改和完善，最终形成了内容翔实的报告。

每次召开院士会，各学部均会推荐一些院士在大会上作报告，也请外国的著名专家，包括外国工程院的负责人和中国工程院的外籍院士来作报告。同时各学部范围内也会举办报告会。此外，学部也会单独组织一些参观某个单位的活动，同时举行报告会。后来中国工程院与国家经济贸易委员会达成协议，举行"重点企业院士行"活动，针对某个企业的需要，组织相关院士去参观考察，进行座谈并出主意帮他们解决一些问题，同时举行1～2场报告会。"重点企业院士行"活动每年组织若干次，对一些重点企业如宝钢等都组织过相关活动。朱高峰参加过的报告会中有对云南有色金属行业考察期间举行的报告会、在开展青岛海信公司院士行活动过程中举行的报告会等。

中国工程院学术活动中还有一类活动是各地、各企业或院校邀请某位院士就某一专题作报告，此类活动很多，难以统计。以朱高峰为例，他曾就信息通信技术、信息化、技术创新、制造业的发展、工程教育等课题在不同场合作过多场报告。近些年，中国科协每年举办学术年会，有几十个分会场，每年都有多名两院院士在会上作报告。

至于研讨会，形成系列的有香山科学会议、中国工程前沿青年研讨会等，近年又有中国工程管理论坛。朱高峰提出或参与提出的有通信卫星技术发展研讨会、下一代通信网研讨会、交通运输网络理论研讨会等，此外还以工程教育为题目召开过多次研讨会。

## 五、咨询活动

根据中国工程院荣誉性、咨询性学术机构的定性，咨询工作就是中国工程院的主要工作。但是谁要咨询？咨询什么问题？怎么咨询？一开始还搞不清楚，有个逐步摸索的过程。确定谁要咨询是个前提。按理说，咨询必须有需求，应该由别人先提出需求，来中国工程院咨询。但是由于当时中国工程院刚成立，人家还不了解中国工程院的工作，因此难以提出需求。而由于院士们来自多个领域，并且都有一定的地位，包括学术地位和行政地位，接触面广，对我国社会经济情况，尤其是工程领域情况和存在的问题有较深的了解，因此由院士们主动提出一些课题来开展咨询工作是一种重要的方式，尤其在建院初期更是主要方式。因此咨询有两种，一种是主动咨询，另一种是被动咨询。在建院初期相当长一段时间内，主动咨询工作是大量的，但同时要通过开展工作，让社会各界了解中国工程院，吸引更多咨询需求，推动被动咨询工作的开展。

　　至于咨询内容，由于中国工程院不是一般的咨询机构，也不是企业，院士们关心的是国家大事和在本领域工程技术发展的大事，所以不是为某个具体投资项目提供建议，也不能按照社会上咨询机构的规范要求来开展工作。中国工程院的咨询工作主要集中在发展战略咨询、政策导向分析、技术发展趋势研究和技术选择等方面，尤其是要发挥中国工程院各方面人才的综合优势，因此面向的主要是各级政府，也可以为一些大型企业提供咨询服务。

　　至于具体怎么做，一是要进行调研，二是要组织队伍，三是要有管理。调研工作当然是必需的。中国工程院的调研，既有受邀到某个行业、某个地区或某个企业进行的调研，也有主动进行的调研。有些调研并不针对某个具体咨询课题，但每个咨询课题一般都需要前期调研，包括采取实地调研和问卷调研等调研方式。例如，建院当年的下半年，中国工程院受船舶总公司和国防科工委的邀请去考察了我国的船舶工业，到了上海、江阴等地。这次活动参加的人很多，张维、张光斗等人都参加了。应该说收获较大，虽然没有针对具体问题，但对船舶工业有了较全面的了解。关于咨询工作的组织，由于中国工程院不是实体机构，院士们又都很忙，因此大多数项目都是由院士和院外专家共同组成队伍来开展工作的。特别是在调研和成文的具体工作中，大多数由院外专家负责，很多情况下是由项目主导院士在其单位由本人的团队来主要承担的，而院士主要是提供思路和把关。至于管理工作，建院初期是由院机关统一管理的，当时项目也不多，后来逐渐分为院级项目和学部级项目，进行分级管理。关于中国工程院咨询经费的来源，受委托的项目经费由委托单位提供，而主动开展的咨询项目由中国工程院统一向财政部提出预算申请，经财政部批准后拨付。由于经费常常不足，因此中国工程院也会寻求与项目有关的部门提供额外的支持。

中国工程院咨询与一般社会咨询不同，即中国工程院没有自己的部门或单位的利益关系，能够比较客观公正地分析问题。院士参加咨询工作都是以个人身份，不代表单位。

咨询工作有一个特点是尽量在中央作出决策和发布有关文件前提出建议与意见。其中有些是作为部级单位被列入征求意见范围内而提出的，也有些是科技方面的中长期发展规划，如《中共中央、国务院关于加速科学技术进步的决定》、国民经济和社会发展计划等。在近期的科技中长期发展规划制定过程中，大批院士积极参与，中国工程院还负责了其中制造技术的专题研究。

朱高峰在中国工程院建院初期积极参与了很多咨询项目。有些项目他只是代表中国工程院在会上发言、表态或提出一些原则性要求，如能源发展战略、高速水路等项目，而在另一些项目中，他则深入参与具体工作，如微电子发展战略等课题。1995—1996年，朱高峰参与了"三峡工程发电设备的进口与我国水力发电设备的持续发展"课题，这在当时是一个紧迫的课题。当时三峡工程已启动，其发电机组是用国产的还是用进口的，是部分进口还是全部进口都是亟须解决的重要议题。首先制造领域的院士反映，如果全部进口，则不给国内企业机会，而国内企业已经有条件、有水平，可以制造。院士们认为这是一个重大且紧迫的问题，于是就向国务院打报告反映了情况，并得到了国务院的重视。时任国务院副总理的邹家华召开会议，相关各方面人员都参加了。朱高峰和潘家铮两人代表中国工程院参加。会上，讨论工程设备使用时，要举例说明国产设备目前存在问题，举例说明在哪个工程上存在的问题，举例证明问题至今未解决等。朱高峰通过大家的介绍，了解了水电机组与火电机组有很大不同，火电机组是规范的，而水电机组由于水头高低、流量大小等不一样，所以是个性化的。我国制造企业确实在这方面有差距，何况三峡工程要求的机组国外企业也没有生产过，有一定风险。但使用方提出的一些招标要求，如要求必须已生产过多少台机组、机组有多少年使用经验等，也使国内制造企业难以参与。在会上，朱高峰只是一般性表示要给国内企业机会，扶持其成长。会议决定设备招标中要求国外投标企业有国内合作伙伴，并且在前几套设备制造后逐步转让技术，最后几套设备要由国内企业生产。应该说这个决定考虑了各个方面，是合理的。后来的事实证明，通过三峡工程，国内企业如哈尔滨电气集团等有了很大进步。前些年，朱高峰去哈尔滨电气集团调研时问他们设备研发的进展情况，他们说自己已经掌握了相关技术，不但能生产，并且能改进。应该说，中国工程院在这件事的推动上是起了重要作用的。

在朱高峰亲自参加或主持的咨询项目中，有几项尤为值得关注：一个是关于工程教育的项目，一个是关于制造业的项目，还有一个是联合咨询课题。工程教育问题一直是广大院士很关心的问题，因为工程事业的发展，乃至更广泛的经济社会和科学技术的发展关键在于人才，而人才培养的关键是教育。因此，1996年朱高峰倡议确定了"我国工程教育的问题和对策"的咨询课题，由朱高峰和张维两人牵头，吸引了一批院士以及多所大学教育研究所的同志参加，包括清华大学和北京航空航天大学等院校。该项目首先对我国现状进行调研，同时对国际工程教育的发展变革情况进行了了解，通过分析，课题组归纳出我国工程教育存在的主要问题是过去专业分得太细，改革开放后教育界主流思想转向宽口径培养，但实际工作又暂时跟不上；工程教育中缺乏实践环节，随着社会主义市场经济体制的建立，很多工业主管部门被撤销，学生到企业实习失去了行政支持；此外，还存在教育目标单一、过度强调培养科学家、工程教育理科化、继续教育太薄弱等问题。通过持续的努力，朱高峰写出了报告，分为教育需求、院校教育、继续教育、人才使用和管理等几个部分，提出了要回归工程、加强实践、控制规模、提高质量、建立终身教育体系、加强与社会互动等基本建议，并附有一系列附件。1998年报告出来后，正值陈至立调任教育部部长，朱高峰和张维一起到她办公室作了汇报，她对此表示完全同意。

多年来不断有工程教育主题的研讨会、座谈会，虽然主要情况基本没有变化，但是这个咨询报告还是为工程教育问题的研究打下了基础。1996年10月，朱高峰应邀在清华大学85周年校庆上作了《论人才产业》报告，报告中着重考虑了人才成长的规律及人才价值问题。对朱高峰自己来说，这是从更广阔的角度考虑教育问题的一个开始，实际上不少关于教育的思想此时已有雏形。后来根据朱高峰的建议，中国工程院成立了工程教育委员会（后改名为教育委员会），持续对工程教育进行调研。他本人根据实际情况的变化，加上对国外教育情况的参照与思考，形成了较系统的工程教育与人才培养的思想。

关于制造业的课题是在1999年启动的。据朱高峰了解，当时政府的主要负责人在解决三角债、国企改革等的过程中，感到我国制造业规模太大，企业太多，到处是重复建设，因此不能再这样发展下去了，就大力提倡发展高新技术产业，而抑制一般制造业的发展。但实际上，发展高新技术产业谈何容易，一下子不可能搞起来，何况中国自己统计的高技术产业实质上是加工组装业，没有技术，只是打工，挣几个工钱，有其名而无其实，还不如一般制造业，而且高技术产业也都是制造业。但当时制造业不景气，特别是作为制造业龙头和核心的机械制造业、装备制造业很不景气，不少大的骨干企业日子过不下去，面临垮台的危险。其他制造业如纺织业、轻工业等由于缺乏先进装备支持，在效率、质量方面也有不少问题。因此朱高峰提出对此要进行研究。经院里同意后组成了课题组，由朱高峰和郭重庆、胡启恒、李京文、徐性初（中国科学院）等院士，以及原机械部副部长、国务院原重大技术装备领导小组办公室主任李守仁等共同负责，有一批院士参与，吸收了国家统计局原副局长郑家亨、机械科学研究院原副院长屈贤明等共同参与工作。为了提高权威性还请了宋健、袁宝华、何光远、马洪为课题组顾问。经过几年的深入研究，课题组对国内外制造业的发展情况进行了全面调研，深入分析了装备制造业的发展现状，并提出了发展展望和政策措施建议。课题组认为，中国仍处于工业化时期，工业化阶段不可逾越，制造业是主体产业，是经济增长的主要来源，只能加强，不能削弱；要丰富制造业的内涵，提高技术含量和工业增加值，以提高国际竞争力；要突出装备制造业的地位和作用；在对外开放的前提下仍要大力提倡发展民族工业；要大力建设工业文明，物质文明建设和精神文明建设一起抓等。报告写出来后，时任国务院副总理的吴邦国在中南海召开会议，专门听取了汇报并对报告内容作了肯定。报告内容汇总后出版了《全球化时代的中国制造》一书，宋健还专门写了有关制造业与现代化的长文作为代序。这个课题在社会上有一定影响力，2000年后，中国的制造业有了快速的发展，中国很快成为制造业大国，制造业支撑了国民经济的快速增长和社会财富的积累，同时也为技术进步、技术创新提供了平台，应该说报告中提出的建议已成为现实。当然，当时在提高技术含量、减少消耗和污染等方面研究不够，很多地区大力发展高消耗、高污染产业，引起了新的问题，需要进一步研究解决。

后来，根据2000年后制造业的发展情况，中国工程院又确立了一个"中国制造业的可持续发展"咨询项目，作为上述项目的后续。

还有一个项目是和美国国家工程院联合进行的"中国私人小汽车发展"咨询课题。1999年年中，中国工程院组团访问了美国国家研究理事会（由美国国家科学院、美国国家工程院和美国国立卫生研究院联合成立的执行机构），探讨了双方合作研究中国私人轿车未来发展的问题，为中国轿车产业提出发展策略，为轿车在国家交通运输中的作用进行定位。2001年，双方组成研究委员会，各出8位专家，共16人，另外有几位工作人员。朱高峰是作为中方的行政委员参加此项目的，实际上主要负责中方的组织工作，包括内部自己的研究和与美方共同研讨问题的处理等。当时中国私人轿车刚兴起，究竟应该如何对待这一市场是个重大问题，而美国是个"建立在轮子上"的国家，轿车已深入大众生活，因此中美双方共同来研究这个问题是合适的。研究认为中国发展轿车产业是有需要的，但规模多大当时则难以准确预测。轿车发展中的问题也是比较清楚的，主要是其外部性即能耗、占地和污染问题，应采取的措施包括开发节能车、提高排放标准等，对这些问题两国意见原则一致，而双方的主要分歧在步骤进度上。另一个分歧较大的问题是自主开发和自主品牌的问题。美方开始不同意中方自主开发，认为市场规模小，支撑不了庞大的开发费用，但中方认为可以自主开发，并且必须有自主开发。随着课题的进展，中国汽车市场规模在扩大，美方后来也放弃了原来的意见。对中方几个大型企业各自多头对外合作问题，美方认为不妥，认为这样做会使外方更不信任中方，更不会转让技术，而中方则认为只有让外方互相竞争，才能转让技术。课题最后形成报告，以书的方式出版。书本身是中英文对照，题目为《私人轿车与中国》。课题进行方式基本上采用美方方式，双方专家都以个人身份参加，中方还有汽车企业的专家参加，而美方完全是高校和独立科研单位的人员。中国专家组组长是吉林大学汽车动态模拟国家重点实验室（现为汽车仿真与控制国家重点实验室）主任郭孔辉，他是当时中国工程院汽车领域唯一的院士，美方专家组组长是一个大学管理学院的教授。双方专家在参加课题时都签了一个声明，保证自己是独立身份，不涉及任何单位的利益。

到中国工程院工作后，朱高峰曾陆续去过不少汽车企业，包括上汽、一汽和二汽。在课题进行过程中，他又去看了美国的通用汽车、福特等企业。在中国长期实行的保护政策下直接进口汽车的利润很高，因而外国公司用合资方式进入国内市场取得了很多利益。因此在自主开发上，外方严格限制，如最早上汽引进的桑塔纳型轿车，本来就是一个落后的车型，在上海生产过程中要换一个国产的零件，必须报到德国去获得批准，所以合资企业在技术开发上没有任何自主权。倒是安徽的奇瑞汽车、浙江的吉利汽车、辽宁的华晨汽车、黑龙江的哈飞汽车（这几个企业朱高峰也先后去过）等中型汽车厂为了生存必须自主开发，而且取得了很好的成绩。

在中国工程院的工程管理学部成立后，朱高峰曾提出一个关于我国工程管理人才培养的咨询课题，由他和王众托院士负责。这个课题依托于王众托院士所在的大连理工大学进行研究。研究后的主要结论是工程管理应在学科体系上在管理大类下设立独立的一级学科，建议工程管理人才的培养主要在硕士阶段进行，多数学生应有本科工程基础，本科阶段的工程管理专业数量应减少，至于专科则应取消等。朱高峰和王众托就报告的基本思路与教育部领导交换过意见，他们基本上是赞成的。

# 六、工程管理学部

在中国，管理曾是各行业的普遍短板，与西方国家相比，管理水平的差距甚至超过了技术差距，这一观点在当时得到了广泛认同。鉴于管理在经济社会发展中的关键作用，许多国家的工程院都设有管理学部，有的与经济学部设在一起，有的则分散在技术学部中，尽管名称不同，但都体现了对管理学科的重视。因此，中国工程院在成立并大体走上正轨后，开始探讨设立管理工程学部的可能性。然而，院士们对此意见不一。首先，对管理的本质存在分歧，许多技术专家不认可管理是一门科学。其次，从实际情况来看，如何选拔管理领域的院士，如何评估其水平和贡献成为难题。例如，一个企业表现优异，常归功于领导的管理能力，但如果明天企业表现不佳了，又该如何解释呢？

朱高峰对设立管理工程学部持积极支持的态度。他在管理领域有过实际的工作经验，并且这些工作并非随意而为，而是有系统、有方法的实践。因此，在申报院士资格时，朱高峰将自己的专业领域明确为通信技术与管理。在管理工程学部正式成立前，他是所有院士中唯一一位在专业背景中明确包含"管理"二字的人。

根据院士的不同认识，在1996年召开的第三次院士大会通过的中国工程院"九五"工作设想中提出："鉴于管理工程（科学）在科技、经济、社会发展和实现两个根本性转变中将发挥越来越重要的作用，'九五'期间，对管理工程学部设置问题，将结合我国国情和工程科技界的特点与现状，开展调查研究，实事求是地进行全面分析，积极而慎重地推进此项工作。"1997年，各学部增选院士后，可由有关院士组成一个筹备组，负责拟定、提出管理工程学部的筹备方案建议，条件成熟后再按中国工程院章程第十六条、第十九条的有关规定审议、决定。根据这个文件，中国工程院1997年即成立了筹备组，由朱高峰任组长，每个学部各出一人，由8人组成筹备组。成员中有殷瑞钰、钱七虎等人。筹备组成立后进行了一系列工作，包括到各单位调研，了解管理队伍情况及企业、院校等方面对成立管理工程学部的看法，也拜访了一些老院士，主要是中国工程院建立倡议人，听取他们的意见。筹备组在综合分析后认为，尽管我国管理队伍庞大且水平良莠不齐，但在高校等单位已经形成了一支管理理论的学术队伍，同时在一些特大型工程项目和优秀企业中有一批优秀的管理人员，因此成立管理工程学部的基础是有的。各方面对成立管理工程学部的反应也是积极的，几位老院士都赞成，但也提出了一些要注意的问题，如理论与实践要兼顾、排除行政干预等。在此基础上，筹备组组织了一场报告会，邀请了管理界几位专家作报告，反响比较好。于是筹备组向院主席团提交报告，建议在1998年召开的院士大会上通过成立管理工程学部的决定。

这时朱高峰做了一件从后果来看，与其所期待的结果正好相反的事。朱高峰为此也十分懊悔。事情是这样的，为了在大会上让全体院士对管理有具体的了解，朱高峰安排在会上除了由他代表筹备组作工作报告以外，还请了在报告会上讲得较好的某同志到大会上作个专题报告。朱高峰请他来中国工程院作报告，他答应得很痛快。会前朱高峰还特意向他说了，报告主要是说清楚管理的科学性。但他不知是没有理解还是有什么其他想法，在报告中讲了管理理论的发展变迁过程，反映了管理界存在大量不同的见解，包括孔茨的"管理理论丛林"观点等。给人的感觉是，管理界本身对很多问题说不清楚，是否科学也没有定论。报告结束后，各学部的院士们纷纷提出疑问，不同意成立管理工程学部的占了大多数。在主席团汇总讨论情况时，根据实际情况，朱高峰主动提出此次会上不对此表决，以后再说。此事遭遇了重大挫折。

大会结束后，经过院里讨论，鉴于管理工程学部暂时成立不了，决定先成立一个科学与工程管理委员会，由每个学部选派3～4人参加，一方面进行中国工程院有关管理方面需要完成的工作，另一方面继续推进管理工程学部的筹备工作，并决定由潘家铮负责该委员会。潘家铮也是极力主张成立管理工程学部的。经过一段时间的工作，最终在2000年召开的第五次院士大会上经过表决，通过了成立管理工程学部的决定。为了消除部分院士的顾虑，潘家铮在表决前的大会上说明，学部名称从最初设想的"管理工程学部"改为"工程管理学部"，以明确只涉及工程管理，而不涉及其他管理领域，并明确提出了工程管理4个方面内容。同时维持原筹备组的意见，即工程管理学部由跨学部院士（即从非工程管理学部的院士中选部分人兼任工程管理学部院士）和以后增选的院士两部分组成。

大会后即成立工程管理学部，以参加管理委员会的全体院士为基础（个别人退出），再推荐一些现有院士共同组建，这样工程管理学部成立之初完全由跨学部院士组成。

在2001年的院士增选中，主席团又针对依然存在的顾虑，决定工程管理学部的院士候选人的第一轮评审先分别在各技术学部中进行，以对其技术背景把关，通过后第二轮评审再由工程管理学部评审。这在当时看来，起到了较好的作用，但在后来评审中也出现了一些问题，如各个学部标准掌握不一。从2001年起到2007年，经4次院士增选，共选出工程管理学部新院士13人。虽然发展进度有些慢，但院里一些综合性的重大咨询课题往往需要管理方面的院士参与，所以工程管理学部的任务相当重。朱高峰在讨论院士增选工作的会上多次提出，以后院士增选的第一轮评审应改变以往在技术学部中进行的做法，由工程管理学部独立进行，但均未得到响应，甚至未展开认真讨论。这颇令人遗憾。

# 七、对外交往与加入 CAETS

在中国工程院成立时，国际上已有10多个国家设立了工程院，并且有一个国际工程与技术科学院理事会，简称CAETS。这是一个非政府组织，规模不大，秘书处设在华盛顿美国国家工程院内，每两年在成员国轮流开会，交流情况，探讨工程技术发展趋势等，并接纳新成员。在中国工程院成立前，我国的一些专家就已经提出要加入CAETS，如张维、张光斗等都曾和CAETS接触过。当时是以中国科学院技术科学部的名义申请加入的，但未被接受。中国工程院成立后，申请加入CAETS自然就顺理成章了。

成为CAETS成员的条件，一是要求为学术组织，建立院士制度，并且是国家级水平，一个国家只能有一个组织参加。二是要求为非政府组织。三是要求组织成立5年以上。事实上当时CAETS

的成员也很不一致，如有的国家组织成立就不足 5 年。

世界上最早成立工程院的国家是瑞典，第一次世界大战后于1919年就成立了瑞典皇家工程科学院。然后北欧其他国家相继成立了工程院。美国等西方主要国家是在"二战"后至20世纪六七十年代陆续成立工程院的。其中美国国家工程院最初是依托美国国家科学院成立的，虽然对外是独立组织，但内部仍对科学院有依赖性，包括院部也设在科学院里。英国工程院的正式名称是皇家工程院。法国实际上没有独立的工程院，而是法国科学院内的应用科学委员会（类似中国科学院的技术科学部）。德国当时还没有成立工程院。日本工程院虽然是独立机构，但很难说是国家级水平的，有很多顶级工程技术专家并不是工程院院士，他们也不想加入。因此，CAETS 对成员的要求很难说是严格的、一视同仁的。

中国工程院成立后，1994年冬，以朱高峰为首的工程院代表团即应邀参加瑞典皇家工程科学院的年会。年会很正式，晚宴在斯德哥尔摩的市政大厅举行，规格和每年的诺贝尔奖颁奖大会完全一样。瑞典国王和王后出席大会并和参加者一一握手。参会者需穿着晚礼服。代表中国工程院参会的还有张维、杨奇逊院士等人。他们与瑞典工程院院长弗斯贝格进行了深入交流，详细了解了瑞典工程院的日常工作、活动组织和增选院士的方式等情况。当谈到加入CAETS 时，弗斯贝格提出了条件。朱高峰向对方详细介绍了中国工程院的情况，表明中国工程院完全符合加入条件，并针对5年期限的规定提出能否根据实际情况灵活处理，还提出以前以中国科学院的名义申请过，应予以考虑。同时也了解到，CAETS 接受新成员时需要理事会通过，最多只能有一票反对。

中国工程院成立后的两年里，朱高峰曾访问过欧洲一些工程院和美国国家工程院，除了解情况、学习交流外，重点就是围绕加入 CAETS 进行铺垫。多数国家没有太多问题，但在访问丹麦工程院时，对方提出中国工程院不是独立的非政府组织，而是从政府拿钱。朱高峰回答说我们是独立组织，有自己的章程，新院士由院士选举产生，院长也是由院士选举的。至于经费的问题，美国国家工程院也从政府拿钱（按项目给），为什么中国工程院不能从政府拿钱？这样说了后，对方无话可说。

由于CAETS的秘书处设在美国国家工程院，师昌绪曾到美国拜访。美国国家工程院向其院长和CAETS秘书处介绍了中国工程院的情况，做了不少工作。

但正式加入的手续首先是CAETS要派人来实地考察。1996年秋，CAETS派人前来，来者是当年轮值主席国和下轮主席国的工程院院长及CAETS的秘书长。中国工程院作了认真准备，几位院领导分别作了介绍，双方也进行了深入的座谈讨论。尽管当时中国工程院的成立时间还不长，但开展工作已经走上正轨。他们看了以后基本上是满意的，回去后没有再提出什么问题，准备在1997年的理事会上讨论此事。

1997年，理事会在英国苏格兰的爱丁堡举行。考虑到张光斗先生此前为加入CAETS做了很多工作，中国工程院在征求他本人的意愿并在其身体允许的情况下，派出张光斗、朱高峰、高从堦三位院士，以及中国工程院机关的钱左生一同出席了此次大会。会上，中国工程院加入CAETS的申请顺利通过，CAETS成员对中国工程院的加入表示热烈欢迎。朱高峰在理事会上讲了话，介绍了中国工程院的有关情况，对CAETS接受中国工程院加入表示感谢。此事得到顺利解决。此时距中国工程院成立刚好3年，CAETS并没有按照成立5年才能批准加入的要求，而是结合实际情况，具有一定的灵活性。

中国工程院在对外交往中，主要是和CAETS成员之间的交往，其中最主要的是和瑞典、美国的交往。朱高峰曾于1994年去过一次瑞典，于1995年第二次出访瑞典，参加CAETS会议（当时中国工程院还不是CAETS正式成员，是以客人身份去的）。那次会议是在瑞典北部的小城基罗纳举行的，该地人口不多且位于北极圈内。开会时正值夏至前后，所以有几天太阳不落。夏至晚上，瑞方组织大家到郊外看半夜的太阳，但是由于天气不好，未能如愿。等回到旅馆时天好了，朱高峰透过窗户看见了半夜的太阳，还特意到街上走了一会儿。尽管他在列宁格勒上学时就经历过白夜，但只是天不太黑，并没有见过半夜的太阳，这是唯一的一次。

美国国家工程院的一个老院长叫 White，朱高峰在会上见过，不过很快他就退休了。接任的院长有以权谋私行为，院内不少人反对他，所以一段时间内美国国家工程院不正常，后来这个人被赶下台，又选了新院长 Wolf 才稳定下来。Wolf 为人较随和，朱高峰在访问和开会时都曾与他见过面，交谈过。他来过几次中国，还曾在中国工程院的院士大会上作过报告。此外，朱高峰还曾访问过芬兰、丹麦、波兰、匈牙利、日本、西班牙、巴西、墨西哥和乌拉圭等国的工程院，主要是建立联系，有的还签了合作文件等，但真正开展合作的项目不多。只有与美国国家工程院合作了一个在中国发展私人轿车的咨询课题（此前已表述）。在与各国工程院的交流过程中，朱高峰感到它们与中国工程院的主要区别有三点。一是与政府间的关系不同，像中国工程院这样与政府保持着密切友好合作关系的工程院很少，因此也没有得到那么多来自政府的支持。除瑞典外，大部分国家的工程院都是租房子，很少有自己的建筑，工作人员也很少。二是新院士产生方法不同。外国工程院院士没有什么组织推荐，只有院士个人推荐，收到推荐以后，一般都有一个委员会或者小组对候选人作详细了解，把情况弄清楚后，决定是否提交院士大会通过，最后还是要在院士大会上履行通过与否的程序。没有像中国工程院这样不同领域的院士在不同的学部评审的。三是院士的组成，不是只有技术专家，还有一些管理专家和经济专家，如比尔·盖茨就是美国国家工程院院士，Rubik（魔方的发明人）就是匈牙利工程院院士，并且担任过院长，那段时间匈牙利工程院的经费很大程度上是他个人支持的。给朱高峰留下深刻印象的是初次见到弗斯贝格，问他瑞典工程院怎样增选院士时，他第一句话就说要看这个人对工程院有什么用。这个回答让朱高峰颇感意外。

还有一类活动就是与新成立、尚未加入CAETS的工程院或正在酝酿成立工程院的国家间的接触。前者如韩国，他们的工程院也是在1994年成立的，比我国稍微晚一些，但人数较少。但由于韩国还有科学技术翰林院，两者间有分工问题，所以加入CAETS较晚，但在中国工程院加入后，韩国工程院也加入了CAETS。另一个是俄罗斯工程院，也是在1994年成立的，但当时其学术水平尚显不足。院长是俄罗斯科学院的通信院士，但做法有些不正规。院长第一次来中国访问时，在与朱光亚会见期间，当场拿出表格，说你们如愿意参加，可以成为他们的院士，现在就可以填表。后来朱高峰去俄罗斯时，和他们有过接触。他们有一定的活动能力，但俄罗斯似乎还有别的类似机构，俄罗斯工程院不是公认的唯一的国家级工程学术组织，所以一直未被CAETS接受。中国工程院希望东南亚国家也能成立一些工程院，所以朱高峰去访问过新加坡、马来西亚等地，向他们进行宣传介绍，但是他们内部看法似乎不一致。马来西亚的李怡章先生，祖籍广东省，对此很感兴趣。他不仅是马来西亚科学院的高级院士，也是英国工程院的院士，并经常受邀参加CAETS会议。经过他的努力，东盟工程与技术科学院（AAET）于2005年在新加坡正式成立。朱高峰代表中国工程院去参加，表示祝贺并作了些介绍。

另外是以中国工程院名义去参加的其他一些活动。例如，2000年去德国参加世界工程师大会并参观汉诺威的国际博览会，在该次会上，中国科协和中国工程院联合表示承办2004年世界工程师大会；2001年应邀去巴西参加当地的一个报告会；2005年去澳大利亚参加国际工程教育会议等。还曾组团到美国，考察工程教育情况。

对外活动中的另一件事是中日韩（东亚）工程院圆桌会议。三国工程院商定建立东亚三国工程院的圆桌会议，互相交流情况并举行学术报告会，这样每3年在中国召开一次。朱高峰在任时开过两次，一次在杭州，一次在重庆。他也到日本去参加过两次圆桌会议。会上讨论比较多的问题是工程教育和工程师认证及资格互认等问题。

# 八、其他

## 1. 教育委员会

1998年，中国工程院在第一届任期即将结束时，计划成立几个专门委员会。当时，葛能全动员朱高峰加入产业委员会。但朱高峰认为，当时他们刚刚完成了关于工程教育的课题，大家希望成立一个教育委员会来持续开展相关工作，并推举他担任主任。朱高峰起初以自己并非教育领域专家为由婉拒，但其他人认为，正因为他不属于教育领域，才能更客观地看待问题。最终，朱高峰接受了这一职务。

教育委员会成立后，每年召开一次会议，邀请专家作报告或主题发言，持续关注工程教育的发展动态。2002年换届后，徐匡迪接任教育委员会主任，朱高峰则转任顾问。

## 2. 光华工程科技奖

光华工程科技奖最初是由台湾地区的企业家尹衍梁在国防科工委设立的一个奖项，后来想转出来。正好朱光亚在中国工程院当院长，经过商议，该奖项最终转由中国工程院管理。此奖开始是由尹衍梁等三位台湾同胞投资1000万元人民币办起来的，取名为

"光华工程科技奖"，后来朱光亚将其个人获得的何梁何利基金科学与技术成就奖的100万元奖金捐给了光华工程科技奖励基金会。

起初，朱高峰并没有参与光华工程科技奖的管理工作，但在第二届评奖时，宋健院长请他参与此事，他便开始参与其中。这个奖项是独立的，是经科技部批准的社会类奖，与何梁何利基金科学与技术成就奖、中国科学院陈嘉庚科学奖等同档次。奖项本身设有理事会，由院长、副院长、各学部主任、几位捐资人及其他推荐人士组成。院长担任理事长，朱高峰和尹衍梁担任副理事长。每两年评选一次，开始几次都是由全体中国工程院院士，包括中国科学院技术科学部院士提名，后来因为提名的候选人少，提名范围扩大到通过中国科协向各专业学会征集提名（经科协汇总）。提名后委托中国工程院各学部评审，有的学部由常委会评审，有的学部根据候选人专业领域，组织熟悉该领域的院士组成评委会进行评审。评委会投票通过后由理事会投票决定。最初只有一个奖项，每个学部分配不多于两个获奖名额。后来增加了一个大奖，称为"成就奖"，每次只有一个人获奖。再后来为了鼓励年轻人，又增加了"青年奖"，单提名候选人，每学部有一个获奖名额。这样一共有3个奖项，成就奖奖金为100万元；工程奖奖金开始为10万元，后增加到15万元；青年奖奖金为5万元。每次评出后，在院士大会上由参加大会的国家领导人和院长共同颁奖，具有较大的激励作用。获奖人中，相当一部分是院士，也有一部分非院士，还有获奖后再当选为院士的，总体反应是积极的。

捐资人之一的尹衍梁一直非常支持，并且一直提出将来要办成中国的诺贝尔奖，因为每次奖励总共需要300万～400万元，靠1100万元本金的利息所得肯定是不够的，所以每次评定后均由尹衍梁先生另划过来经费，本金一直没有动。朱高峰还受尹衍梁的邀请率团去了一次台湾地区，随行人员除奖励办工作人员外还有孙家栋夫妇和秘书。尹衍梁作了周到安排，朱高峰除参观他的企业外，还从北到南走了一遍。在台北看了几个标志性建筑和博物馆，参观了一些工地、大卖场（采用信息技术管理）、养老院，这些都是尹先生办的。在新竹拜访了工业研究院，进行了交流，然后到了台中、台南、高雄，参观了两个电子工厂。此外还去了北部的基隆、东部的花莲。在中间还到南投看了一下地震遗址。2002年，朱高峰卸任中国工程院副院长后，拟辞去光华工程科技奖理事会副理事长一职。但徐匡迪挽留他，希望他继续负责这项工作，直到2007年评奖时朱高峰才正式卸任。

### 3. 工程师制度改革

朱高峰在与国外工程界和教育界的接触中，了解到许多西方国家都实行注册工程师制度。他们在某些行业中，主要是在与安全（广义安全）有关的行业中实行强制的职业准入制度，即注册工程师制度，有些类似注册会计师、注册律师、医师资格执业注册等制度，同时在国际上还存在跨国工程师互认的情况。中国在对外工程承包中，由于没有被国际承认的设计师资格等，尽管我国工程人员完成了大量工作，但最后仍需要找外国人签字才有效。中国工程院经过研究后认为，建立注册工程师制度对于国内和国际工程领域都具有重要意义。中国工程院作为国家级非政府机构，符合相关要求，因此组织人员对这一问题进行了深入研究。然而，从实际情况来看，这一制度的实施需要人事部门的主导。因此，中国工程院与人事部进行了沟通，并向国务院报告了相关情况。国务院随后将此事批给人事部处理。人事部下发文件，宣布成立领导小组，由一位副部长担任组长，朱高峰和原建设部的一位副部长担任副组长。

同时，中国工程院继续在国际上进行较广泛的交流，并专门组织人员由金国藩院士带队到欧洲考察。朱高峰率工程教育团去美国时也与相应机构进行了交流。此前曾了解过，有个《华盛顿协议》，一些国家参加了。该协议主要是对作为注册工程师基本条件的所受工程教育水平进行认证，不是对个人而是对学校，也不是对整个学校而是对具体专业，分专业认证，通过认证即承认可以国际互认。中国工程院与他们接触后，对方愿意帮助做工作。教育部也非常重视，认为这是提高教育质量的重要推动力。但由于种种原因，直到2016年6月2日，中国才正式加入《华盛顿协议》，成为该协议的第18个正式成员。通过加入《华盛顿协议》，中国工程教育质量认证体系实现了国际实质等效，工程专业质量标准达到国际认可，成为我国高等教育的一项重大突破。

### 4.担任政协委员

1998年全国人大、全国政协换届，邮电部推荐了朱高峰为第九届全国政协委员。全国政协委员分界别，朱高峰属于科技界。科技界人较多，分为3个组。他是其中一个组的组长，同时作为全国政协教科卫体委员会的委员。小组平时没有活动，而委员会则会安排一系列活动。3个组中其他两个组的组长分别是徐冠华（当时他还是科技部的副部长）和何祚庥。3个组联合活动时，徐冠华牵头，他也是在政协教科卫体委员会中代表科技界的副主任，主任是刘忠德。朱高峰5年中参加了5次大会，每次会上除列席人大常委会会议外，就是参加政协会议，听取大会发言，出席小组会等。小组还有3个副组长，正副组长轮流主持会议。小组会规定时间为上午9～11点，下午3～5点，但是简报、书面发言等材料很多。政协气氛很宽松，会上可畅所欲言。参加一次会议后，朱高峰发现在小组会上要把问题说清楚很不容易，所以从第二次大会开始，他改用书面发言的方式，每篇围绕一个问题展开，篇幅可长可短，这样全体委员都可以看到，有一定影响。几年来，朱高峰共写了十多篇书面发言，内容涉及教育、科技、创新、作风等方面的问题。在中国工程院时，制造业课题取得一定进展后，他想进行宣传，希望在大会上作口头发言。但每次大会口头发言名额有限，大概20多人，不超过30人，有些人是每次会上必发言的。后来，有工作人员建议朱高峰联合课题组中的6位政协委员提交一份联合发言，报请宋健批示。宋健当时是政协副主席，经他批准，朱高峰在大会上的发言就算确定了。朱高峰当天的发言，一共10多分钟，效果比较好。

下面是朱高峰在全国政协全会上的发言稿，题目是《要现代化就要大力发展制造业》。

新世纪，中国进入了全面建设小康社会的发展阶段。经济如何发展、社会如何进步，全国人民、全世界各国都十分关注。

在"世界已进入信息时代"的一片声浪中，我们一定要头脑清醒，一定要立足于中国的国情。物质生产始终是人类社会生存发展的基础，工业化作为社会发展的必然阶段不可逾越，我国工业化尚未完成，当前经济的主导产业仍然是制造业。

制造业是指对原材料（采掘业的产品和农产品）进行加工或再加工，以及对零部件装配的工业的总称。制造业一般有消费品制造业和资本品制造业、轻型制造业和重型制造业、民用制造业和军工制造业、传统制造业和现代制造业之分，其中装备制造业越来越重要。装备制造业是指资本品的制造业，是为国民经济和国防建设提供投资类产品的企业的总称。

新中国成立50多年来，我国已经建立了一个比较完整的工业体系。新中国成立初期以万吨水压机等为代表的各种重型装备的研制成功，标志着国民经济有了自己的脊梁，"两弹一星"的研制成功更是标志着我国综合国力的提高，使我国跻身于世界大国的行列。改革开放以来，我国经济有了飞速发展，在引进国外技术、消化、吸收、创新的道路上取得了显著的成绩。到20世纪末，我国制造业增加值已达27331亿元（1999年），占GDP的1/3，占工业的78.2%，比整个第三产业还略高一点，在出口贸易中制成品已占近90%。

当前制造业已成为我国最大的产业和国民经济主要组成部分，成为就业的重要市场和出口的主力军，目前制造业和装备制造业的工业增加值已居世界第4位（仅次于美国、日本和德国）。

但是，我们也应该清醒地看到，我国制造业在快速发展中也存在很多问题，其中有些还是带根本性的。第一，我国制造业虽名列世界第4位，但总体规模仅相当于美国的1/5、日本的1/4；第二，制造业的人均劳动生产率远远落后于发达国家，仅为美国的1/25、日本的1/26，德国的1/20；第三，制造业结构仍然偏轻，表现为装备制造在制造业中所占的比重仅为26.5%（1999年），也远低于美国（41.9%）、日本（43.6%）、德国（46.4%）；第四，产业主体技术依靠国外，有自主知识产权的产品少，依附于国外企业的组装业比重大，表现为工业增加值率[⑧]仅为26%，远低于美国（49%）、日本（38%）、德国（48.5%），并且呈现逐年降低的趋势；第五，低水平生产能力严重过剩，据第三次全国工业普查，机械电子、化工、建材、轻工、冶金等行业生产能力利用率分别为51.86%、

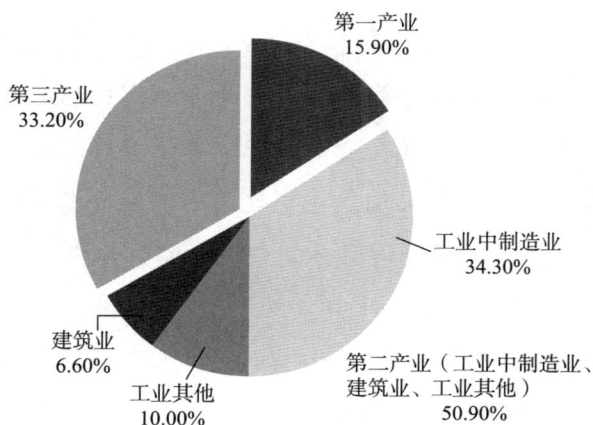

20世纪末我国第一、二、三产业分布

---

⑧ 工业增加值率为一个产业或一个企业在规定时间内（如一年）新创造的价值与其总产值（销售收入）之比值。其中新创造的价值包括工资、折旧、税收和利润，也就是进入国民生产总值（GNP）的内容。工业增加值的大小说明该产业或企业对国民经济所作的贡献，而工业增加值率则说明该产业或企业掌握技术的程度，特别是自主知识产权的含量。

54.45%、54.9%、64%、46.09%等，而同时高水平生产能力不足，大量先进装备仍主要依赖进口；第六，国有企业改革远未到位。企业集中度低，大型骨干企业少，而且围绕大型骨干企业的中小企业群体也未形成。

而在装备制造业，首先是装备陈旧落后，缺乏核心技术。1999年固定资产新度系数为66.4%，大多数产品技术依靠从国外引进。其次是企业快速反应能力差，新产品开发周期平均为18个月，而美国不少产品已达到设计周期为3个星期、试制周期为3个月。企业经济效益低。1999年企业销售收入利润率仅为3.64%，年均劳动生产率为3.36万元／人，均低于整个制造业平均水平。最后，组织结构落后，零部件、基础件的发展缺乏合理安排，成套能力薄弱，民营企业占比过小。总体来看，我国现有3.6万家国有企业（由于装备制造业进入门槛高，一般都为国有企业）没有一家能跻身世界500强企业，国民经济建设所需装备已形成依赖进口，全社会固定资产投资中设备投资的2/3依赖进口，在装备上每年有数百亿美元的逆差。

近年来，随着经济全球化的发展和我国劳动力的比较优势的显现，发达国家和地区的部分制造业进一步向中国转移，但大量的是来料加工、装配等工序，技术含量高的部分并没有转过来。即使有的跨国企业在中国建立了开发机构，也主要是一些需要本地化的技术研发工作。中国基本上承担的是国际分工中的劳动密集部分。

我国目前处于工业化的中期。纵观世界各国，大中型国家经济发展过程中工业化阶段不可逾越。我国目前经济增长主要还是依靠工业，工业增加值不仅占GDP的40%以上，并且每年增长速度比GDP增速快2～3个百分点。工业中，采掘业由于受资源的限制，不可能快速增长，因此制造业仍是今后相当长一段时期内经济增长的主要支柱。我们要依靠制造业为人民提供各种生活用品，提供工业、农业所需要的生产资料，服务业的各种手段，基础设施所需要的各种装备，国防所需的各种武器，科技发展所需的各种仪器设备及保障人民健康所需的各种医疗仪器和药品，精神文明建设所需的物质条件等。我们要大力发展高技术产业，而高技术产业本身就是制造业［联合国经济合作与发展组织（OECD）定义的4种高技术产业全部是制造业］；同时，高技术也大量应用于制造业而形成先进制造技术。制造业又为新技术的发展提供了物质条件。信息技术、生物技术、纳米技术，哪一个能离开制造业的支持而存在、发展？

当前信息技术和信息产业发展迅速，我们要充分抓住这个机遇，大力推进国民经济和社会信息化。但是信息化不能脱离国情，我们不能用信息化来代替工业化，而只能用信息化来带动、促进工业化，提高设计、生产、流通、管理的效率，而工业、制造业也为信息技术提供了发展基础和用武之地。

从发达国家的发展情况来看，今天虽然知识经济初见端倪，但其载体仍是制造业。换句话说，知识经济的发展依赖于工业经济的发达程度，工业经济是知识经济的物质基础。因此，在各发达国家的国民经济中，制造业仍占有重要地位。美国、日本和德国的制造业是世界上最发达和最先进的，在国际市场中的竞争力也是最强的，这3个国家始终把制造业作为立国强国之本，从未削弱过本国的制造业。高度发达的制造业特别是装备制造业和先进的制造技术已成为衡量一个国家国际竞争能力的重要标志，成为一个国家在竞争激烈的国际市场中获胜的关键因素。

在制造业发展中，美国、日本、德国、英国均以装备制造业为主要支柱，重点发展。对于装备制造业，发达国家各自根据国情形成了一定的产业、产品分工，在2～3个主导制造领域形成了大的比较优势，成为世界的龙头。现在，发展中国家和地区也在不失时机地发展制造业，如东盟各国等，都在把制造业作为实现工业化的基础，大力发展，并把装备制造业作为重中之重来发展。近几年，以印度为首的南亚各国发展正在引起人们的重视。

当前全世界正面临新一轮的大规模重组，任何企业要参与其中，最重要的一点是必须拥有关键资源和核心能力，方可成为在市场竞争中的胜者。所以把发展先进制造技术作为制高点，进一步向核心能力集中是制造业企业提高竞争力的关键条件之一。

当前，我国在生产环节方面仍是世界上最有竞争力的国家之一。发达国家制造业向中国实行梯度转移，主要原因之一是中国在市场潜力、劳工价格和人才资源方面有比较优势。预计在未来若干年内，中国的劳动就业压力仍相当大，如果承接发达国家制造业的产业转移，一可以解决大量就业问题，二能够有利于当地的经济发展，也能够汲取一些先进的管理理念和经验。因此，当前走承接转移的道路仍不失为一个良策。但是，作为生产基地只能作为一种过渡策略，不能作为最终的目的，长远看，我国还是要把装备制造业作为重点发展方向。但发展装备制造业需要时间，在产业升级过程中，必须考虑产品的研发、生产、营销和服务各环节的协调发展。我们需要向发达国家学习，逐步走上以自主开发创新为主的道路，从制造业大国走向制造业强国，这是工业化面临的最重要的任务。

经社会科学院等有关专家预测，未来20年内，在国民经济持续快速增长的同时，我国制造业增长率将略高于GDP的增长率，制造业增加值在GDP中的比重将从2000年的38%增加到2010年的39%和2020年的40%。装备制造业将继续高速增长，在制造业中所占的比重将从2000年的28%提高到2020年的35%。

要使我国制造业快速健康发展，必须处理好以下关系。

（1）发展高技术与发展制造业要以高技术改造提升制造业，努力提高制造业整体素质，增强制造业竞争力。

（2）处理好制造业中劳动密集型产业、资金密集型产业、技术密集型产业的关系。从国家整体上要继续大力发展劳动密集型产业以缓解就业难题，积极发展资金密集型产业（包括充分利用外资），在优势领域集中力量有重点地发展技术密集型产业。

（3）处理好装备制造业与产业结构优化升级的关系。落后的装备制造业是产业结构升级的主要制约因素，应是工业改组改造和结构优化升级的主战场。应着眼于国际国内两个市场，加速提升和发展装备制造业，加大产业结构优化升级的步伐。

（4）经济全球化和"民族工业"的关系。在涉及国家经济安全和国防安全的关键性、战略性工业领域，应着力提高自主开发能力，发展"民族工业"，但随着社会的发展，需为"民族工业"赋予新的内涵，应系指建在中国领土上、以国内资本（包括国有资本和民营资本）为主、国家具有控制力、关键技术掌握在国人手里、具有中国品牌的工业。

提高和发展我国制造业的战略方针应该是"面上提升、点上突破；发展中场、加强成套；接纳转移、重视创新"。

"面上提升、点上突破"是从整体上提高我国制造业的技术水平与制造能力，缩小与工业发达国家的差距。这并不意味着要大包大揽，什么都自己干。但我们又是个大国，有完整的工业体系，因此，要在国际分工中，通过引进和全球采购，全面提升我们的产业水平。同时，我们必须特别重视关键性和若干具有优势的产业实现自主发展，力求有所突破。对于对国家经济安全和国防安全起关键作用及高技术产业所需的产品，国外不向我国转让技术，只有依靠自己发展。尽快形成具有自主知识产权的技术、产品，实现产业化；对产业的共性技术、关键技术和成套技术要组织力量大力进行研究开发，对市场需求较大、我国已具有一定基础和优势的产品，也需要重点支持其实现突破。

"发展中场、加强成套"中的"中场"是指处于最终产品装配工业和基础材料工业之间的零部件、元器件和中间材料制造产业。需要用引进、合资、重组等多种方式，扩大"中场"产业的规模，优化企业组织结构，提高制造业的技术水平和竞争力，形成新的出口增长点，满足市场多样化、个性化的需求等。成套设备是制造业实力与水平的最终体现，所以需要大力培育具有系统设计和工程总承包能力的工程公司和供应商，以及中介咨询公司，增强成套能力。

"接纳转移、重视创新"是指我国制造业要充分利用当前国际产业结构调整和制造业产业转移的机遇，通过承接发达国家的制造业产业转移，提高我国制造业的技术和管理水平，增强技术创新能力和自主开发能力，逐步形成具有自主知识产权的产品，提高企业的竞争能力和经济效益。

（1）提高认识、明确地位

广泛传播提高和发展我国制造业的重要性，让国人知道制造业是保证国家长治久安之大事，必须主要靠自己来提高和发展。

（2）全面规划、政策激励

①制定规划和专项计划，建立基金，集中管理，抓紧实施。

②制定产业政策，继续大力发展劳动密集型产业，积极发展资金密集型产业，集中优势有重点地发展技术密集型产业。

③加强政府的宏观调控，加大政府采购的力度，按国际通行做法，在招标中对本土制造的产品给予优惠。

④制定相关税收政策，保留出口退税政策；所得税优惠对象从不同所有制和地区转向产业扶持，取消对外资企业超国民待遇的政策；对制造业中的装备制造业采用低税率的增值税等优惠政策。

（3）机制转变，适应竞争

①完善社会主义市场经济体制，提高国家经济控制力，通过"充分的市场化转型"，使国有企业具有在市场中与其他所有制企业公平竞争的能力；制定国有企业法，设立专门的国有资产管理部门负责国有资产的保值增值，管资产、管人、管事相统一，其他政府部门不再干预企业经营事务。

②加快建立现代企业制度。

③加强组织结构调整，在自愿的基础上建立具有竞争力的大企

业集团，鼓励设立工程总承包商、中介咨询等机构。

（4）研究开发，自主创新

①引导企业建立和完善技术开发体系。

②促使"产、学、研"有效结合，尽快从单纯引进的模式向技术引进与自主创新相结合的模式过渡。

③采用先进制造技术（AMT）改革落后的生产技术、流程和管理先进制造技术是制造业发展的技术基础，也是提升装备制造业的强大推动力。因此，企业要积极应用以 CAD 为基础的现代设计技术，提高产品开发设计能力和自主开发所占比重；采用先进的制造工艺和装备，提高生产能力和生产技术水平；实施先进生产模式和管理技术；注重技术和系统的有效集成等。政府要支持企业采用先进制造技术，鼓励建立发展创新基金、风险投资基金，创造有利于制造业技术进步的环境。

先进制造技术是面向产业的技术，企业在采用先进制造技术的时候要注意其适用性和可行性，避免盲目追求先进性而脱离实际；采用先进和适用的制造工艺和装备是围绕企业的核心技术和核心能力进行改造的重要条件；要注意环保和资源的有效利用，贯彻可持续发展战略。

（5）人才为本，教育先导

制造业的提高和发展需要各种人才，但我国制造业缺乏人才。要认真研究确定人才的需求，明确人才的合理层次结构。当今在大量应用计算机控制的前提下，掌握工艺操作技巧的熟练工人（高级技工）十分紧缺的情况已很紧急，应引起充分重视。一定要避免单纯盲目追求高学历的倾向，做到各类人才合理配置，人尽其才。

在教育改革中已出现工程教育向科学教育靠拢，忽视自身的特点，越来越脱离实际的倾向，要保留一批以培养各类工程技术人员为主要目标的本专科高、中等学校，大力发展工程技术类职业教育。

　　大力提倡继续教育和终身学习，建立继续工程教育体系。大型企业要建立自己的培训机构，并与院校结合培训教育企业工程人员，动员组织建立公共培训机构为中小企业服务。

　　宋健副主席对朱高峰说："你平时说话太快，听不清，那天讲得很清楚。"朱高峰当时是因为读稿子，所以速度掌握得比较好。

　　全国政协每年还会进行一些调研活动，可以报名参加。朱高峰参加过一次在北京的调研活动，只有一天。到2002年第九届政协的最后一年，朱高峰报名参加了到山东的调研活动，到了济南、青岛等地，调研了当地的产业发展。

　　2002年6月，中国工程院召开了院士大会，进行了换届改选。朱高峰从副院长岗位退下来，回到信息产业部（邮电部当时已更名为信息产业部）。2003年，全国政协委员换届，由于年龄已过线，朱高峰没有再被提名为全国政协委员。从1982年到邮电部工作算起，到2002年，朱高峰已经在邮电领域工作了整整20年。这20年是他从一个普通工程技术人员走上领导岗位，参与谋划和实践，使中国通信事业从落后走向辉煌的20年；是他将国家需要放在首位，在波澜壮阔的时代长河里惟实励新、砥砺奋进、不懈追求的20年；是他孜孜不倦学习马克思主义的经典理论，摸索和指导邮电事业包括科技发展的20年；是他不论在何种岗位上工作都一丝不苟，保持独立见解，从不人云亦云的20年；是他一贯倡导科学、勤俭办企业，反对不按经济规律办事，反对在通信建设中盲目攀比、贪大求洋的20年；是他始终坚持从科学管理的角度出发，谋划解决管理方面的薄弱环节，为国家积极建言的20年；是他不折不扣贯彻中央精神，自觉抵制不正之风，保持两袖清风、一尘不染的20年。

# 第二章 协会工作与兼职

朱高峰在退出领导岗位后，并没有完全退休，而是继续在中国工程院的咨询工作中发挥重要作用。中国工程院的咨询工作是没有年龄限制的，因此他有了更多的时间参与咨询工作。同时，就从这一年开始，他参加了大量的社团工作和社会活动。尽管年近古稀，他依然活跃在各种社会服务和公益活动中。

## 一、中国通信标准化协会（CCSA）工作

2002年年底，信息产业部开始筹备成立中国通信标准化协会。此时中国的通信设备研发工作已经取得了显著进展，华为、中兴、大唐、上海贝尔等企业在国际通信市场中已经占据了一定的地位，通信标准的开发工作开始提上日程。在发达国家，通信标准的制定通常由非政府机构或行业协会主导，而我国若由政府部门出面则往往不能对口。因此，信息产业部科技司曾发文并组织了几个标准开发组，如CWTS[⑨]，这些开发组已经全面参与了第三代移动通信合作伙伴计划（简称3GPP和3GPP2）的活动。为了统筹通信标准，韦乐平等人发起成立标准化协会的倡议。经过一段时间的筹备，标准化协会的章程已经拟定，经民政部批准，就可以成立了。此时朱高峰恰好已从中国工程院回到信息产业部，科技司就提出请他担任协会理事长。经信息产业部党组同意后，上报了中共中央组

---

⑨ CWTS（China Wireless Telecommunications Standards group），中国无线电讯标准组英文的缩写。它是一个非营利性的组织，负责在中国定义、产生和维护中国的无线电信标准。CWTS 是在中国的标准化法律下确立，经中国信息产业部门的批准，为了在中国促进和加速无线电信标准进程而建立的。

织部。朱高峰也没有理由拒绝，就同意了。

2002年12月18日，中国通信标准化协会（以下简称"标协"）召开了成立大会，选出了理事会，由理事会选出了正副理事长和秘书长。周宝信任秘书长。此前朱高峰对章程中外企、合资企业的参与等有些疑问，但章程已经在朱高峰来之前批准了，他也就没说什么。而且民政部在文件中也明确了，秘书长是法人代表。

朱高峰因为刚从中国工程院回来，对非政府组织（社会组织）的运作和民主程序有较深体会，所以标协工作从一开始就明确一切按章程、按民主程序办事。开始碰到一些问题，周宝信说，请你来拍板吧。朱高峰明确表示，标协没有拍板，要多数通过才行。

根据民政部的规定，标协要靠自己收会费。原有的6个标准组都已归入标协，标协下设专业技术委员会。在会费额度上，首先有了意见分歧。秘书处的人告诉朱高峰，会费不能收太高，民政部有规定，最多每年收2000元。恰巧此时朱高峰看到《国务院关于修改和废止部分行政法规的决定》，其中就有民政部这个规定，所以他坚持会费必须收足，否则难以维持标协生存并开展工作。朱高峰最后说服他们，基本会费定在每年1万元，参加技术委员会活动再另加。这样标协的经费比较充裕，为标协生存、发展创造了基本条件。

标协成立后，首先开展并逐步强化了内部组织建设。技术委员会逐步完善，根据业务需要，又增设了全国电磁兼容标准化技术委员会、网络安全标准化技术委员会等，使技术委员会数量达到9个；同时健全了秘书处，明确了职责，加强了对会员的服务工作。对一些大型企业，秘书处每年分别组织走访活动，听取意见；对于中小企业，也一再提出要发挥它们的作用，因此在理事会中专门增加了两个从中小企业中选出的理事。对于高校，考虑到它们经费有限，所以采取了降低会费标准的办法。朱高峰任职期间，会员数一直保持在160～200个（每年有变动，交会费的就是会员，不交会费的就算自动退出了）。标协建立了专家咨询委员会，主要对通信发展及标准的需求提出意见；还建立了技术管理委员会，主要是审查、通过协会标准。

工作中的主要矛盾有两方面，一是非政府组织性质与政府管理之间的矛盾。我国标准法中规定标准由政府管，除了企业自己的标准外，所有标准都由政府制定和发布，并且分为国家标准（简称国标）、行业标准（简称行标）和地方标准（地方政府管）。国标由国家标准化管理委员会（以下简称"国标委"）管，行标由政府各主管部门管，两者之间还有矛盾。而标协是按照国际通行做法建立的，国际上一般做法是政府制定技术法规，主要是有关安全内容的（广义的安全包括社会公共安全、国家安全、人身安全、设备安全、食品安全等），必须强制执行。至于技术标准，则由政府认定的非政府组织来制定，因此标准的执行与否是自愿的，主要驱动力是市场利益。对于强制和自愿，中国政府规定了强制性标准和推荐性标准，但实际上很难区分。标协成立后，标准只能做到送审稿，然后由政府批准后发布，所以协会连标准的知识产权都没有。而且，协会的项目由会员提出，得到附议后经过一定程序，订出计划然后实施，但相关政府部门坚持计划一定要经他们批准。朱高峰觉得不太合理，后来经反复争取，并向相关领导汇报后，才确定了协会可以对还不是非常成熟但有前瞻性的技术制定标准性技术报告，由协会自己定项目，之后自己发布，也算是取得了一些进步。

朱高峰还碰到另一个情况，就是前面提到的国标和行标的关系。协会挂靠在原信息产业部，主要做行标，但也争取做一些国标。但部里原则上不同意多做国标，国标委的工作方式是针对某一对象成立标委会，这个对象可以差别很大，大到一个系统，小到一类零件，因此成立了几百个标委会。但这些标委会的组成与标协有原则区别。标协是单位会员制，来参加的人都是单位派出的，因为标准代表利益，标准争议主要是利益上的矛盾，因此标协要平衡会员之间的利益关系。因为主要企业都是会员，所以把会员的利益融合起来，实际上就代表了国家利益。但标委会的成员是个人身份，人员由国标委定。

从国际背景来看，国际上标准有三大组织，即国际标准化组织（ISO）、国际电工委员会（IEC）和ITU。前两者覆盖面广，而ITU只是电信方面的。ITU是联合国专门机构，属于政府间组织，而ISO和IEC是非政府组织，两者之间合作较多，和ITU之间也有合作。在国内，ISO、IEC由国标委对口，而ITU由信息产业部（现工业和信息化部）对口。

标准方面的另一个矛盾是法定标准和事实标准的关系。国际上一些大的垄断企业依靠市场地位，使它们的企业标准成为事实上的国际标准，最典型的就是微软公司的Windows操作系统系列软件和英特尔公司的芯片系列。国际上普遍反感但又无可奈何。问题是国标委下属研究院的人也提出中国要形成事实标准。朱高峰看到后感到忧虑，一是中国没有这种实力，二是中国也不应该培养这种苗头，而是应该发挥集体力量，形成合力到国际上去抗衡。为此，朱高峰在会员大会上讲了这个观点，但并未引起很多注意。

会员中的矛盾也有两方面，一方面是章程规定，合资企业可以成为会员，外资企业、独资企业只能成为观察员，而观察员权利受限，可以发言并参加讨论，但不能参与标准起草，也没有表决权。这样的规定两方面都有意见，国内企业认为合资企业代表其外国母公司的利益，打压国内企业的意见，认为不应该让它们进来。朱高峰认为，国家坚持开放政策，这样做还是合适的。会员里，国内会员占绝大多数，但很多会员不活跃，关键在国内的骨干企业不善于团结广大中小企业会员来共同支持集体利益，这也是他前面的担忧，因此要多做国内企业的工作。另外，合资企业的人也并非只是干扰，也有一些好的建议，应该肯定。另一方面是独资企业也有意见，认为排斥它们，不让它们成为正式会员，对观察员收费还比会员多，权利义务不对等。

它们找科技司反映，朱高峰跟科技司说，你们根本不用管，协会的事让它们来找协会。确实有的企业就来找协会，有的企业如Nokia还带了律师一起来。朱高峰还见了他们，回答也很简单：这是会员大会通过的，不能随便改变。

标协对外联系也不少，除双边联系外，还参加了3GPP和3GPP2。这两个组织是具体开发移动通信标准的，会议活动很多。ITU因为是政府间组织，是以政府为主参加的，标协本身不是成员。很多标协成员参加ITU活动，因此受政府委托，负责协调国内各单位在会议前提交的文稿。此外，还有一个国际非政府性的全球标准合作大会（GSC），是一个以交流为主要目的的全球标准合作平台，包括美国的ATIS和TIA、欧洲的ETSI、加拿大的ISACC、澳大利亚的ACIF、日本的ARIB和TTC、韩国的TTA，标协于2005年加入。GSC不制定标准，只是互相间交流情况，探讨发展趋势，还有一个任务是促进ITU的工作。GSC没有常设秘书处，每年轮流在会员国开会。他们知道中国标协成立后，主动和标协联系，希望标协能够参加。2005年，周宝信带队前往法国参会，标协被接纳为第10个成员。2006年和2007年，朱高峰作为代表分别在美国和日本参加了GSC会议。实际上，获得GSC成员资格和当年中国工程院加入CAETS差不多，一是国家级水平，二是非政府组织。

标协还参与了中国、日本、韩国三国之间的定期交流活动，这本来是三国通信部长会议，后来延伸为标协之间的交流。最初，三国每年进行两次交流，后来觉得太多，改为每年一次，轮流在三国举行。一般在4月，在参加GSC会议（一般在7月）之前，作为亚洲三国间的协调会议。朱高峰参加了2006年在中国杭州、2007年在韩国、2008年在日本召开的会议。

2002年，海峡两岸交流增加，信息领域标准交流也被列入其中。中国台湾地区成立了华聚基金会，由江丙坤牵头，中国大陆方面由信息产业部组织通信标协和电子标协共同参加。因为有两个协会，所以由蒋耀平副部长以通信标协名誉理事长的名义牵头，他在部里也分管对台工作。两岸之间的交流活动轮流在两岸举办，原来也是一年两次，后改为一年一次。朱高峰参加过两次在中国大陆举办的活动，而在台湾地区举办的活动他都没有去，由部机关和标协秘书处派人去了。

2008年年初，朱高峰组团去了越南、老挝和柬埔寨，目的是宣传CCSA的工作，鼓励他们开展标准化工作并建立联系。

标协每年年底召开一次会员大会，朱高峰在每次大会上都会进行较为系统的发言。此外，标协每年还会召开大约3次理事会。2006年年底，标协进行换届，朱高峰提出不再担任职务，但部里不同意。时任部长王旭东和分管副部长娄勤俭分别与他沟通，希望他继续留任。朱高峰最终接受了这一安排，决定继续履行职责。与此同时，第十五届全球标准合作会议（GSC）将在中国举办，这是中国标协首次承办该会议。朱高峰心想，既然决定留任，就全力以赴办好这次会议，为自己的工作画上一个圆满的句号。

信息通信领域第十五届全球标准合作大会于2010年8月30日至9月2日在北京隆重召开，来自全球的主要电信和无线通信标准化组织齐聚北京，共同推进有关固定和移动通信业务融合的下一代网络标准的创新与合作。会议由中国标协主办。来自ITU和北美、欧洲、中国、日本、韩国的8个伙伴标准化组织［日本无线工业及商贸联合会（ARIB）、中国标协、ETSI、加拿大ICT标准咨询委员会（ISACC）、美国电信工业解决方案联盟（ATIS）、美国电信行业协会（TIA）、韩国电信技术协会（TTA）和日本电信技术委员会（TTC）］，以及ISO/IEC JTC 1、ANSI、OMA、BBF、中国电子工业标准化技术协会、TD-SCDMA产业联盟、感知中国物联网联盟等19家观察员的共140多名代表参加了此次会议。

结合当时的国际经济形势，这次会议提出了"超越危机的标准化合作"的口号，其宗旨是通过各标准化组织高层之间的信息交流，促进彼此间在未来标准制定方面的合作，减少重复性的工作，促进在共同感兴趣领域的全球标准制定。

工业和信息化部副部长奚国华、国家标准化管理委员会主任纪正昆参加开幕式并致辞。

奚国华副部长在致辞中说："信息通信技术是当今时代发展最快、渗透性最强、应用最广的关键技术之一，有力地促进了社会生产力的发展，深刻地影响和改变了人们学习、工作和生活方式。

"中国高度重视信息通信业发展。中国信息通信业已成为国民经济的基础性、战略性产业。我们将大力推进信息化和工业化融合，加快发展信息技术，促进经济社会又好又快发展：加快构建新一代信息网络基础设施；进一步加强信息通信技术业务创新；深入推进经济社会信息化进程；积极营造良好的政策和市场环境；加强信息通信领域的国际交流与合作。

"中国高度重视标准化，实施标准化战略，加强知识产权保护和标准研究制定。在信息通信领域，双边和多边国际标准化交流与合作取得积极进展。截至目前，中国已与北美、欧盟、日本、韩国等国家和地区的数十个标准化组织和机构保持良好的合作关系，积极参与 ITU、3GPP、3GPP2、OMA 等具有重要影响的国际标准化组织的活动，累计提交标准文稿达 3 万余篇。

"全球标准合作大会由众多国际知名标准化组织组成，是世界信息通信领域交流合作的重要平台。本届大会以'超越危机的标准化合作'为主题，各国标准化组织围绕当前信息通信备受关注、具有前瞻性的领域开展交流合作，现实意义很强。希望通过本届大会，各标准化组织务实开展合作，达成广泛共识，取得更多成果，为世界信息通信业发展提供有力支撑。"

纪正昆主任在致辞中说："当前，世界各国都逐渐意识到，标准在规范市场秩序、推动科技进步、保障人身安全、促进贸易自由、促进经济社会可持续发展等方面发挥着越来越重要的作用。

"标准已经成为带动产业发展的重要因素，也是世界经济增长和社会发展的重要技术基础。中国高度重视标准化工作，将标准化工作提升到国家战略层面。《国家中长期科学和技术发展规划纲要（2006—2020年）》明确提出要大力实施技术标准战略，推动科学技术创新，有效促进经济社会的可持续发展。

"中国加入世界贸易组织（WTO）后，与各国的经贸往来进一步加深，参与国际标准化活动，加强国际标准合作的需求不断增长。截至目前，中国提出或主导制定的国际标准草案已达210项。在国际电信联盟中，由中国提出和主导制定的国际标准已超过150项。我们也深刻认识到，随着经济全球化进程的加快，国际交流和往来愈加紧密。标准作为国际贸易的语言和规范市场的手段，发挥了不可替代的作用，标准的国际化逐渐成为一种趋势。加强标准领域的国际合作不仅能促进技术创新的发展，而且可以有助于消除贸易壁垒，进而促进全球经济健康发展。当前，国际金融危机对全球经济的影响依然存在，各国都在寻找经济复苏之路，中国也在积极探索转变经济发展方式，调整产业结构，为标准化工作提供了难得的发展机遇。"

中国通信标准化协会理事长、中国工程院院士朱高峰在致辞中说："中国通信标准化协会自2005年加入GSC以来，取得了很大发展。会员数由2005年的181家提高到2010年的282家。向ITU、3GPP、3GPP2等国际标准化组织提交的文稿数由2005年的2000多篇提高到2010年的1万多篇。GSC囊括了目前国际上几乎所有信息通信领域有影响力的标准化组织，是当今国际上最有影响力的标准化合作平台，GSC应该成为信息通信标准化领域的峰会。金融危机给各国和各行业都带来了不同程度的影响，信息通信领域也受到了不小的影响，但是GSC各伙伴成员之间的合作不应该受到影响，相反我们应该加强彼此的合作，共同应对危机。"

此次大会包括代表团团长会议、全会、GRSC会议、GTSC会议，成立了IPR（知识产权）工作组和管理工作组等。会议围绕着当时最热点、最具前瞻性的领域展开讨论，涉及泛在网（物联网）、智能电网、智能交通、云计算、IPTV、应急通信、下一代网络（NGN）、宽带无线接入、节能减排、移动通信、网络安全以及知识产权等20个重要议题。其中，中国通信标准化协会主导并牵头了ICT管理与运营这一热点议题的讨论。

GSC自1994年发起，每年由组织成员轮流承办。此次是首次在中国召开，标志着中国在信息通信领域的国际地位的提升和国际影响力的增强。在我国政府的大力支持和推动下，我国的信息通信领域标准化工作取得飞速发展。中国通信标准化协会，作为我国信息通信领域唯一的国家级标准化组织，为国内企事业单位提供了在公平、公开、公正、协商一致的原则下，共同参与标准制定的一个很好的平台，在组织其会员单位参与国内和国际标准开发方面取得了卓越的成绩，在参与国际标准化合作和竞争中的实力不断增强。随着我国通信事业的飞速发展，中国与世界各国的合作前景将更加广阔，标准化的明天会更加美好。

到2012年任满两届后，朱高峰无论如何不能再担任理事长了，按章程规定必须退出，经与各方面协商后，由会员大会选举了邬贺铨继任理事长。


## 二、参加兼职单位有关活动


### 1. 中国国际工程咨询有限公司

中国国际工程咨询有限公司原来是国家计委下属的一家企业，主要是为国家计委审批投资项目进行项目评估工作。公司总经理由包叙定担任，他在重庆担任市长时，朱高峰去重庆考察时与他有过交流。他任公司总经理后在公司专家委员会中增聘了一批顾问，大部分是各部委退下来的领导，也有一些院士如李京文等人，朱高峰也在其列。公司为每个评估项目组织专家论证，因此有个专家库，据说有几千人。这些顾问中，一部分人参与了具体项目评估，也有一部分人很少或基本没有参与过项目。

公司每年年中和年末各召开一次顾问会议，包叙定在会上介绍公司情况，大家出些主意。后来公司面临较大的客观环境变化：一是从原来国家计委所属唯一的公司变为自负盈亏，要自己去争取地方和企业的项目；二是国内有了一批咨询公司，市场竞争加剧；三是公司被划给国资委管理，由于国资委的管理方式与之前不同，给公司的考核带来较大压力。针对这些情况，包叙定等提出了一些新的思路和办法。多年来，顾问会议主要围绕这些问题进行讨论，每次会上发言都比较踊跃。朱高峰在每次会上都有发言，谈一些自己的看法。后来公司又提出了领域咨询指南、专业评价准则、操作规范等44个课题研究，并组织顾问们分别对其提出意见，朱高峰也参与了其中的一些活动。

### 2. 中国科学技术协会（CAST）

在中国工程院工作时，中国科协换届，主席由朱光亚换为周光召，朱高峰被推荐选为常委。科协一年召开2～3次常委会，朱高峰通常会根据自己了解的情况发表一些意见，参加会议还是比较积极的。后来中国科协换届时，朱高峰已从中国工程院退出，所以也不再担任常委了。根据科协的相关规定，退下来后他被授予荣誉委员的称号，并在一次大会上由时任国务院副总理的温家宝亲自颁发了证书。此后，他与中国科协仍保持着一定的联系。每逢节日，科协都会派人前来探望，送上果篮或鲜花，同时每年还会为他提供一些新书，供他阅读学习。

朱高峰为科协做的另一件事是广东省的信息化调研。2003年，广东省委托一些单位对广东的产业进行了较全面的调研，写出了调研报告，但基本未涉及信息产业和信息化，因此又专门找了科协，希望科协给他们进行这方面的调研。中国科协很重视，张玉台亲自牵头，徐善衍具体负责，并组建了专家组。最初，他们拟请胡启恒担任专家组组长，但胡启恒当时身体不好，便推荐了朱高峰。张玉台亲自找到朱高峰，希望他能承担这项任务，朱高峰就答应了。为了组织好这次调研，朱高峰拟定并邀请了来自邮电、电子、中国科学院、高校等多个单位的几十位专家组成了专家组，前往广东开展调研工作。调研历时近一年，涵盖产业（硬件、软件和服务业）、企业信息化、电子政务、科教文卫体信息化、社区信息化、农村信息化和信息化政策、人才、安全等多个方面。专家组与广东省计委、经委、信息产业厅、电信管理局和一批企业进行了交流，还实地调研了深圳、中山、东莞、佛山等城市，最后写出了多份分报告和一份总报告。广东方面对此很重视，调研初期，省委书记张德江会见了调研组主要人员，黄华华省长也参加了。调研期间，副省长宋海具体负责与调研组配合，调研结束后，张德江亲自主持听取了调研组的汇报。后来朱高峰又在广东省科协的报告会上作了报告。广东省政研室根据调研报告拟定了政策性文件。在此期间，朱高峰多次前往广东，听取各个部分的汇报，并直接参与了部分调研工作。科协咨询中心全力配合，主任盛小列、副主任李赤泉自始至终参与并最后共同起草了总报告。朱高峰和他们反复讨论修改报告，最终定稿。

### 3. 参与其他协会的短期兼职和工作

在此期间，朱高峰还参与了一些其他协会的零星工作。例如，他曾担任中国高科技产业化研究会副会长。一些学校曾邀请他担任兼职教授，但他大多婉拒了。不过，由于清华大学是他的母校，他曾在清华大学担任了几年的兼职教授，但后来联系也逐渐减少。

中国电子学会的理事长长期由原电子部副部长孙俊人（已去

世）担任。后来，胡启立从电子部部长的职位退下来时，孙俊人说服他接任中国电子学会理事长一职。再后来换届时，正好吴基传也从信息产业部退下来了，学会邀请他接任理事长，吴基传同意了，并推荐朱高峰担任副理事长。

中国联通咨询委员会是在杨贤足从董事长职位退下来时成立的。杨贤足担任主任，并聘请朱高峰为副主任。实际上，朱高峰与中国联通的关系不错，尽管他后来从邮电部调任中国工程院，但仍与中国联通的几任领导保持联系。中国联通还曾邀请他讲课。杨贤足担任董事长期间，曾希望朱高峰担任中国联通的独立董事。朱高峰对此有些顾虑，但并未拒绝，按规定向部里报批，但未获批准。杨贤足成立咨询委员会后，朱高峰同意担任副主任。委员会每年召开一次会议，大家提出建议并讨论。平时会收到一些简报，近两年还列了一些课题，委托研究院等单位完成，有时在会议上介绍一下研究成果。

此外，朱高峰还参加了一些其他活动，如应邀参加一些会议或作报告等。他与各个地方的科协也有一些联系，如辽宁科协、沈阳科协、广东科协等，还与一些大学有接触，如浙江大学等。

# 第三章　参加教育领域的有关咨询工作

2002年后，朱高峰虽然已从中国工程院退下来，也不再担任教育委员会主任了，但此前他在不少活动中对教育发表的一些意见和建议还是受到了关注，因此仍有不少这方面的活动邀请他参加，包括一些学校和组织开展的活动，也包括较多的咨询项目，尤其是工程教育方面的。

## 一、职业教育学会和宁波职业技术学院

原子能院有一位中国科学院院士叫贺贤土，也是宁波人，受聘担任了宁波职业技术学院（以下简称"宁职院"）的院长。不知他从什么渠道知道朱高峰对教育有兴趣，就请朱高峰担任顾问。开始朱高峰也没在意，后来贺贤土进一步和他说了对职业教育的认识后，朱高峰接受了。几乎同时，职业教育学会（以下简称"职教学会"）的副会长杨金土（教育部职教司原司长）通过教育部的人也找到朱高峰和贺贤土，要他们二人担任职教学会学术委员会的顾问。

朱高峰担任这两个顾问主要是参加一些会议，发表意见，指出问题，呼吁重视。在第一次参加职教学会会议时，朱高峰听到传达周济部长的话，提到职业教育要以就业为导向。对此，他提出：是否本科教育、研究生教育就不要管就业问题？实际上，这是教育界中有严重分歧的一个问题。部分综合大学尤其是所谓一流大学的校长认为，教育是高尚的，不应该提教育为社会服务，而应该是教育引领社会发展。而大多数人包括朱高峰则认为现在上学受教育有个很现实的目的就是找个好工作，有较好的待遇。能够做到此点，就

看教育的导向是否正确。

在职教学会会议上，朱高峰几次发表了比较系统的意见，在宁职院也和校领导及老师们座谈过几次。后来职教学会换届了，杨金土也退了，朱高峰也不再担任顾问了。宁职院因为贺贤土还在任院长，朱高峰也不好意思退，大体上每年去一次。

## 二、宁波工程学院

历史上，宁波的基础教育水平一直较高，但高等教育相对薄弱。改革开放后，宁波在各方面的支持下开办了宁波大学，20年来取得了较好进展。但宁波大学主要优势在于文理专业，在工科方面较弱。而宁波原有的宁波高等专科学校（现宁波工程学院）办得较好，在同类学校中有一定地位，近年来宁波市争取到把宁波高等专科学校升格并取名为宁波工程学院，并聘请了原厦门大学教务处处长高浩其教授来担任院长。

2008年，朱高峰老家镇海的区委书记郭华巍调到该校任书记。此前，朱高峰与郭华巍有过接触。郭华巍上任后，有人建议他邀请朱高峰担任学校的顾问。郭华巍找到朱高峰，希望他能接受这一职位。朱高峰一般是推辞的，后来郭书记一再请求，态度很诚恳。朱高峰就答应有时间先到学校去看看，提些意见，也不在乎什么名义。朱高峰在教师会上讲了对高等教育，尤其是对工程教育的一些看法，受到了师生的欢迎，他决定以后每年去1～2次。

## 三、上海电机学院

2007年，上海电机学院开了个对应用型本科教育的讨论会。杨金土邀请朱高峰在会上发言，同时上海电机学院还邀请他在学校里做了一场报告。朱高峰在报告中主要讲了制造业的发展问题。后来他了解到上海电机学院是企业办学，隶属于上海电气集团。这是在高校改革中与企业没有切断联系的极个别的情况。

后来学院的夏书记又来请朱高峰担任学校顾问，朱高峰没有接受，但答应去看看。2008年秋天，朱高峰去看了一下。他又了解到，学校的领导都是本校毕业的，这种背景使得他们对学校的传统和特色有深刻的理解，将上海电机学院在工程教育这个大系统中定位为技术教育，专注于培养应用型、技术型人才。他认为，许多学校都在追求升格、成为综合型或研究型大学，而忽视了技术教育的重要性。在这种情况下，还有上海电机学院这样的学校确实很有意义。朱高峰后来在学校教师会上说了一下，建议他们定格为培养工艺师或工艺工程师，他们也很满意。

## 四、其他学校

朱高峰与其他一些学校也有联系。例如，北京航空航天大学（以下简称"北航"）与中国工程院曾合作成立了高等工程教育研究中心，依托北航的高等教育研究所，同时因为高等工程教育协会挂靠北航，双方联系较为紧密。

2008年，清华大学成立了高等工程教育研究中心，聘请吴启迪担任主任，并邀请朱高峰担任顾问。作为清华校友，朱高峰不便推辞，同时清华大学的学术实力也较强。他也在思考未来能为该中心做些什么。

汕头大学由李嘉诚投资创办，聘请了加拿大华裔教授顾佩华担任副校长，推行国际上的 CDIO 教学模式。CDIO 代表 Conceive（构想）、Design（设计）、Implementation（实现）和 Operation（运作），是一种打破学科界限、以项目为载体、以能力为核心的教学方法。虽然国际上一些学校也在推行 CDIO，但它需要对现有教学体系进行较大甚至根本性的改革。朱高峰曾参加汕头大学的一次会议，了解到由于该校的特殊性（未扩招，自主权较大），所以能够逐步推行CDIO教学模式。他认为，CDIO的基本思想对其他学校也有借鉴意义。

关于工程教育的咨询项目是一个长期关注的课题。在中国高等教育体系中，工程教育占比约30%。自新中国成立以来，经济和社会发展的核心是工业化，从最初的工业化建设到如今的制造强国和新型工业化，工业化进程对人才的需求使工程教育占据了重要地位。新中国成立初期，高等教育体系经历了一次大规模调整，主要模式是将工科从综合大学中分离出来，成立以工科专业为主的高校，而综合型大学则以文理学科为主，典型的例子是北京大学、清华大学和燕京大学三校的改组。同时，为满足各工业专门领域的发展需求，从工科大学中分设了一批专门型的工科院校，如北京航空航天大学、北京钢铁学院、北京石油学院、北京邮电学院等。然而，这一时期对工程教育的理论研究并未深入展开。

改革开放后，中国开始与世界接轨，深刻认识到与西方发达国家的差距。这种差距促使中国向西方国家学习，高等教育领域也不例外。美国的高等教育处于世界领先地位，成为中国学习的榜样。通过合并和恢复文、理、农、医等学科，综合型大学的建设成为一时之风。尽管以工科专业为主的高校得以保留，但当时对美国知名工科院校的办学理念和具体做法的介绍虽然增多，却缺乏结合中国实际的系统性探讨，对工程教育的理论研究、规律总结和实践探索仍然薄弱。

在这种背景下，中国工程院成立初期便开始关注工程教育问题。教育委员会成立后，提出了首个关于工程教育的研究咨询课题，由朱高峰和张维（清华大学原副校长、两院院士、著名教育家）共同负责。他们组织了一支包括10多名院士在内的数十位专家和教授团队，历时3年完成了调查报告《我国工程教育改革与发展——迎接二十一世纪的挑战》（报告见附录四）。这一报告为中国的工程教育改革提供了重要的理论支持和实践指导。

项目完成后，1998年1月，朱高峰和张维曾向刚从上海调任北京任教育部部长的陈至立进行了一次汇报，陈至立听后随即表示同意，并将认真考虑。

同年3月，新华社刊登了《朱高峰等提出加快工程教育改革步伐的建议》，原文如下。

针对我国工程教育中存在的问题，中国工程院副院长朱高峰院士、清华大学张维院士等12位院士和15名教授共同提出：面对21世纪的挑战，我国工程教育必须加快改革步伐，造就一批具有国际竞争力的一流工程技术人才，促进国家经济发展。

研究结果证实，自改革开放以来，我国高等教育发展速度很快，其中，工科招生人数以年均10%的速度增加。1996年，我国各类工科院校招生人数达36.7万人，是美国的两倍。无论是从招生的规模，还是从工程教育占整个高等教育的比重来看，我国都居世界第一位。在国有企业和国有单位中，我国工程技术人员总量达到580万人，其中工程师为210万人，在数量上同样居世界首位。

朱高峰等人指出，我们必须清醒地看到：我国目前的产业主体仍是基础工业，高新技术产业仅占10%。从总体上看，我国劳动生产率低下，工程技术水平不高，而且发展不平衡。基础工业薄弱，生产工艺落后，产品质量不高，缺乏技术创新，许多技术与成套设备还处于长期重复引进的被动局面，由中国制造并拥有知识产权的产品在国际市场中的占有率极低，在高新技术产业方面（与发达国家）的差距也很大，而且有些差距还在扩大。与发达国家相比，我国的工程技术还不能对国家经济与产业发展形成强有力的支撑。造成这些差距的重要因素之一，是我国工程技术人才的培养、管理和使用存在着比较严重的缺陷，不能适应当今新的形势。

朱高峰、张维等人指出，自新中国成立以来，尽管我国工程教育的规模和现阶段经济的发展需要基本适应，但是存在以下问题：

一是综合性的复合型人才和高层次人才缺乏，企业技术人员专业面窄、知识陈旧，吸收科技成果转化为产品的能力差，创新意识和自主开发能力薄弱。二是在工程教育上，片面套用培养科学研究型人才的模式，重理论、轻实践，不适应现代工程的需要。三是工程技术人员的使用管理不善，权责不落实，待遇低。四是社会各方面对工程教育的重要性及使用缺乏认识，关心支持不够，投入不足等，也严重影响了人才效益的发挥。

朱高峰等人指出，质量不高和学科、专业结构不够合理是目前工程教育中存在的主要问题。为此，必须从继续教育、产学合作、人才管理使用等方面加快工程教育的改革和发展，大力培养高素质的现代工程技术人才。

朱高峰等人提出了建议：一是严格控制我国工科类学科和专业的发展速度，招生总体规模要稳定，各学科门类的规模所占比例要进一步调整，在交叉学科及高技术学科的调整方面给予院校更多的自主权；二是在办学模式上，积极引导各类学校根据自身条件和市场需要办出特色，办学模式实现多元化；三是在办学质量上，要在重视基础理论的同时切实重视工程实践，有关部门要为院校创造条件，如加大教育投入、建立企业实习基地等；四是在教师队伍的稳定上，可以采取招聘上岗、专兼职结合等方式优化教育结构，同时提高待遇和改善工作条件。朱高峰指出，现代工程教育体系是院校工程教育和就业后继续工程教育的系统整合，是终身教育体系。继续工程教育是迅速提高在职工程技术人员素质的重要途径，是提高国家、企业和个人适应能力的手段，在当前更具有现实意义。但是，我国的继续工程教育体系还没有建立。为此，朱高峰等人建议，社会各界必须加强对继续教育的认识，政府应该加强领导，制定政策法规，加强宏观指导；作为继续教育的主体，企业应向国际现代化大公司学习，将工程技术人才作为一种人力资源，建立自己的教育培训体系，增加对继续工程教育的投入。在工程技术人员的使用管理上朱高峰等人建议，国家应该尽快出台高级工程师的评定方法，提高工程师的社会地位，逐步推行工程师注册制度。

此后20多年里，我国高等教育在在学规模和学校数量上实现了显著增长，为我国工业化、现代化建设提供了大规模的人才支撑，但工程教育中的一些问题并未得到充分解决，尤其是理论与实践的结合问题，还需要持续改进，其间不少政府部门曾提出多种措施，一些高校也在学习国外院校的基础上引进了一些较好的做法，如 CDIO 教学模式、PBL 教学法等。

在这20多年里，中国工程院教育委员会曾列过多个关于工程教育的研究咨询课题，朱高峰也参与了其中一些主要的课题研究，并在不同时期撰写了一系列文章表达自己对工程教育的见解。

此外还有许多相似的课题研究在此期间展开，此处不再详述。

# 第四章　交通运输网络理论研究

朱高峰一直有一个想法：物质、能量、信息是构成人类社会的三大要素，各有特点，但也有相通之处，网络性就是其中重要的特性。21世纪初期，人们对信息网络的研究较多、较深入，实践也很丰富，可以说信息离开了网络就无法存在和发挥作用。能量网络（主要表现为电网）和物质网络（主要为物流网，包括人流）虽然也很重要，也在实践中大量存在和运行，但当时对它们研究得不够，所以朱高峰一直想研究网络学。但这只是一个想法，因为涉及面太广，难以实际去做。2005年，朱高峰提出了对物质网络基础的交通运输网络进行研究这一大胆的想法，并在中国工程院工程管理学部列了咨询课题。最初研究对象和方向还不太明确。2005年年初，中国工程院召开工程前沿研讨会，邀请各领域专家发表见解，朱高峰也谈了自己的设想。通过会议大家达成共识，认为这个课题要做也应该做，并且将课题定位为交通运输网络理论研究。因为实践内容非常多，但能够参加研究的人主要是高校的人，他们对实际情况有所了解，但缺乏全面掌握，所以只能侧重理论方面，并且明确了这个课题和中国工程院其他课题性质不一样。通常中国工程院课题是做调研，然后分析并提出政策建议，而这个课题是做研究，要构建理论框架。在此之前，中国工程院已经完成了一个综合运输网络的课题，所以朱高峰明确，那个课题主要是谈生产关系的，而这个课题主要是谈生产力的。

因为院士中交通运输领域的人很少，运输网络领域的人更少，所以课题研究主要依托几所高校，包括北京航空航天大学、北京交通大学、清华大学、同济大学、上海理工大学和长安大学等。除高校外，铁道、民航、邮政等几个部门的规划单位和科研机构也参与了此课题的研究，并分别就自己的业务领域分析了情况，提出了问题和见解。关于《交通运输网络的理论研究》概述如下。

## 一、课题的提出与课题研究过程

交通运输是人和物借助交通工具的载运，产生有目的的位移，因而具有明显的网络特性。无论是火车、飞机、汽车还是轮船，每种交通运输方式都是一个完整且相对独立的网络，集成各种方式构成综合交通运输网络。多年来，我国对交通运输问题的研究投入了相当大的力量，但主要集中在设施研发及建设方法上，对网络还缺乏系统研究。这在整个交通运输系统顶级的研究中，是个短板。

物质、能量和信息是构成人类社会的三大要素，或称三大资源，其中每一种都有其生产（生成）、流通和使用的过程，由于生产（生成）和使用的主体、地域不一致，需要作为中间环节的流通。更由于社会发展的重要动力是分工，这使得生产的主体更为集中，因此大大提升了流通的重要性。

现代通信由19世纪点对点的电报通信开始，发展到电话通信、无线电通信，参与的人越来越多，技术越来越复杂，逐渐发展形成了通信网络，到20世纪下半叶，电话通信网已成为全世界最大的一体网络。到20世纪末又出现了移动电话网和互联网，涉及的人越来越多，覆盖地域越来越广。网络的组成和发展有其自身的规律，网络学成为信息通信中的一个核心学科。

而物质（包括人自身）流通的手段是交通运输，现代交通运输发展的历史和通信相近，19世纪后期西方国家的铁路开始飞速发展。20世纪初汽车开始进入人们的生活，同时飞机也开始出现，当然最初是军用，20世纪中后期民用飞机开始大众化。船舶历史久远，但现代动力的轮船的出现和使用也是19世纪的事了。交通运输涉及面很广，需要有道路、站点等基础设施，也需要大量的交通工具，随着社会和技术的发展，交通运输日益国际化和全球化。和信息通信一样，组成交通运输网络，而网络规律是否清楚、网络组成是否合理同样是交通运输的核心问题。

中国工程院于2005年设立了"交通运输网络理论研究"项目，开始时曾举行了一次同题目的工程前沿研究会，由学术界和主管部门的同志作了报告，展开了讨论，并初步确定了研究框架。由于城市交通近年来发展很快，研究讨论得也比较多，所以开始时较多同志主要关心城市交通问题。经过讨论后，大家认为还是先集中研究国家和区域交通相关问题为好，这样一方面可以更好地为宏观决策作参考，另一方面受城市本身经济发展、产业情况和规划建设管理等因素影响较少，可以对交通运输本身进行更深入的研究。改革开放以来，我国交通运输事业有了飞速的发展，各种交通方式都有巨大的进步，同时也存在一些问题，不少人对其进行过研究，中国工程院在2005年就向国务院呈报了《构建我国综合交通运输体系的研究》的报告。存在问题包括生产关系和生产力两方面，本项目着重从生产力的角度出发，从理论上阐明交通运输网络的构成及其规律以推动网络学科的建立和发展。

经几次研讨后，课题逐渐集中在运输需求、网络承载能力、网络特性和结构、物理网、业务网、运输方式比较和综合交通运输网络等方面的主要问题，并分别由长安大学、北京航空航天大学、上海理工大学、同济大学、清华大学和北京交通大学的研究团队主要承担工作，同时铁道部经济规划研究院、民航学院、邮政研究院也都结合本部门工作展开了研究。研究期间每半年左右召开一次课题会议，交流进展情况，研究与讨论。

研究中提出了一些新的观点和提法，如对网络功能分层、枢纽功能新表述、能力评价指标体系、公益性与市场调节间的关系等的讨论，各个部分中还各自建立了一些模型，如交通运输供需结构模型、基于时间周转量的网络能力模型、超级网络和 Lovell 均衡模型、业务网络的运作模型、区域通道的三层优化模型、交通运输资源配置效率模型等。

2008年年初发生的冰雪灾害和"5·12"汶川地震，对运输安全提出严峻的挑战，而运输网络安全过去没有引起人们的注意，这次把这个问题列入了需重点研究的问题中。

经过近5年的系统研究，朱高峰带领的团队于2009年完成了这个课题的研究，并将研究成果集结成《交通运输网络理论探讨》一书，全书共分9章，分别为"第一章总论""第二章研究概述""第三章现状及存在问题""第四章需求模型研究""第五章网络承载能力研究""第六章网络模型""第七章业务网络""第八章运输方式与运输网络优化配置研究""第九章交通运输综合网络理论"。由于各章都是在各个团队研究的基础上独立成文，难免有一定的交叉，尤其是综合运输网络在大多数章中均有论述，但论述角度不同。文中所取数据取自不同来源，口径不完全一致，但均注明了出处。

交通运输网络是顶级且复杂的大系统之一，涉及全社会的政治、经济、资源分布、能源结构、产业发展及产业布局、人民生活和就业、就学等各个方面，从学科来看，涉及土木建筑工程、机械装备、能源电力、通信控制、系统运筹、组织管理等不同领域。本研究只是作为一个尝试，试图把问题集中起来构筑一个框架，为建立独立的交通运输网络学科进行探索，起到铺垫的作用。

## 二、课题研究成果摘要

交通运输网络是一个国家重要的基础设施。改革开放以来，我国交通运输事业飞速发展，到2006年年底，铁路营业里程达到了7.7万千米，公路里程达到345万千米，定期航班机场为146个，水运港口泊位为1万多个，油气管道4.4万千米。当年完成客运量202亿人次，货运量为198亿吨，客运周转量分别为19.198亿人/千米和货物周转量为46.348亿吨/千米。交通运输有力地支撑了我国经济和社会的发展。但是，我国交通运输仍然不能适应社会经济发展的需要，即在总量及时空分布上与需求不适应；网络内部各个环节的衔接和不同网络之间的衔接不顺畅；线路与节点之间、干线与支线之间不协调；多种运输方式之间的比例不合理，铁路和水运发展相对迟缓。此外，网络与环境不协调，可持续发展能力有待提高。特别值得一提的是，2008年年初的冰雪灾害和"5·12"汶川地震，充分暴露了交通运输网络的脆弱性，网络安全问题必须引起足够的注意。

交通运输具有明显的网络特性。每种交通运输方式均是一个完整并相对独立的网络，集成各种交通方式构成综合交通运输网络。多年来，我国对交通运输问题的研究投入了相当大的力量，但主要集中在设施研发及建设方法上，对网络还缺乏系统研究。本课题的研究目的是展开系统研究弄清网络的基本特性、构成要素及其相互间的作用、关系，并分析影响网络功能发挥的因素及网络外部特性，力求构建研究框架，为全面进行网络研究奠定基础。

课题研究主要结果归纳如下。

（1）交通运输需求

交通运输需求是发展交通运输的出发点，需求分为客运和货运两大类，并有如下特点。

①客运包括政务、商务、求职、求学、探亲及旅游等出行类别。在时间分布上，政务与商务交通需求相对比较均衡，而求职、求学、探亲与旅游的交通需求则有明显的波动。在春节前后客运需求呈现超常峰值，往往比全年均值高出一倍以上。

②货运包括大宗物品、一般物品、特种物品（鲜活易腐物品、易燃物品等）和高价值物品等运输类别，其中大宗物品的运输尤其

是煤和粮食的运输占了很大比例。货运也存在一定的季节性。

③不同类别的旅客和货物运输侧重于选择不同的运输方式。

④需求与供给之间有互动关系。一条新运输线的开通或一种新的运输方式的引入往往会激发新的运输需求。

⑤运输需求随着经济社会的发展而变化。客运选择高速方式的倾向会越来越强烈，而随着城镇化的进展，求职和上学等需求会由上升转为平稳。随着经济结构的变化，大宗货物运输需求会在达到拐点后保持平稳，而后缓慢下降。

⑥目前对运输需求的研究偏向于运输总量和中短期发展，对需求波动性认识不足、规划上仅考虑峰值远远不够，缺乏对社会经济长远发展的影响研究。

（2）网络的基本特性

交通运输网络本身要综合考虑连通性、快速性、经济性、安全性和舒适性。

①连通性是指包括交通活动地域的广泛可达性和运输方式内部各要素之间、各种运输方式之间的连通和衔接，使旅客和货物能从起始地顺畅地到达目的地。

②快速性是指不断提高技术水平和改进运输组织，尽可能占用较少的运输时间，快速移动旅客及货物。

③经济性是指在维持正常的建设和运行要求的情况下，尽可能降低运输成本及收费。

④安全性包括设施和网络的安全。对设施安全要有严格的标准，但设施不可能绝对安全，在设施出现故障的情况下，要通过网络安全措施以支撑必需的运输量。

⑤客运对舒适性的要求越来越高。在货运方面，也需要考虑方便客户的问题。

此外，网络的外部特性如下。

①网络的建设需要土地。在平原地区要占用耕地；在丘陵和山

区，适宜路网建设的土地资源紧缺，这更是一种制约因素。

②交通运输需要消耗大量能源。我国2006年运输消耗能源占全部能源消耗的7.6%（见2007年统计年鉴），比1990年的4.7%有明显的增长，在第三产业能耗中占最大比重。

③交通运输产生污染，包括实物污染、噪声污染和可能的电磁波污染。

目前对网络特性已进行了不少研究，但缺乏综合研究。对其中急需保障的网络安全尚未见认真研究。同时，我国土地资源紧缺，能源尤其是石油严重依赖进口，大城市中汽车已成为空气的主要污染源，要依据可持续发展原则统筹考虑，采取技术经济措施尽量减少影响，并根据其严重程度来考虑选择不同的运输方式。

（3）网络的层次和功能

①从地域范围来看，交通运输网络可分为干线网、支线网和城市网等。其中干线还可以分为不同级别，如省际干线、省内干线、地区干线等。干线与支线的划分是相对的。

②从功能来看，交通运输网络可以分为物理层、业务层和管理层。其中物理层包括线和点上的全部设施，业务层是在物理层的基础上组织客、货运输。而管理层对物理层和业务层进行全面管理，包括对信息进行收集分析和实施调控。

③交通运输网络的能力，即最大限度提供运输产品的可能性。交通运输网络能力由交通运输网络各个层次提供的能力共同形成，其中物理层提供基础能力；业务层的组织运行对实际能力的形成和发挥起重要作用，并提供实际运输产品；管理层则统揽全局，综合协调物理层和业务层。在设施发生故障和出现其他紧急情况时，管理层要发挥主要作用。

④交通运输网络能力可以用通行能力（运输量）和运输能力（周转量）两个指标来衡量。在实践中，要区分理论能力、设计能力、实际能力和服务能力。网络能力要在总量和时空分布上满足需求。

⑤按功能分层借鉴了信息网络理论中的方法，对交通运输网络是新提法。功能分层法便于对客观存在的不同功能层次的各自特点展开研究，明确各层的目标任务，进而确定不同的资源配置方式和组织运营方式。

⑥物理层表现为一定的自然垄断性和社会公共性，可以由政府指定企业来运行。而业务层则应引入竞争，充分发挥市场机制作用，以提高效率，提供价廉物美的运输产品。

（4）物理网

①物理网由线和点组成，线表现为线路和通道，点表现为线路交汇点、站点（出入口）和枢纽。

②线的特性包括线路长度、走向、通达地点（包括中间站点）、线路宽度（单线条数）、线路承载的运行速度等。这些因素决定线路的通行能力。

③点的主要功能是人和货的集、散。衔接点上的转乘和转运是集和散的综合，中间站点是局部集、散，枢纽则是大规模的集、散，其中不少是整体集、散。站点的设计主要考虑方便集散缩短时间，包括方便与其他通道和运输方式的衔接。站点还要考虑必要的等待及作业时间和有事故时的滞留功能。在集散量过大时，可考虑设一个以上的枢纽。

④网络拓扑要有整体设计，网络形状、网络密度、线的路由和点的位置要与需求分布相适应，点与线之间要紧密衔接，网络密度要随着发展而提高。

⑤目前对物理能力的研究不够深入。线路密度、站点设置对物理网能力的影响很多还停留在经验数据层面；站点（枢纽）设计主次不清，过多注意外形，而对关键的集散场所面积和布局内部通道的合理配置上着力不够；网络拓扑形状缺乏研究；干线上只注意直达线而缺乏横向连接和迂回；多数大城市城郊线过分强调环形线而缺乏主干辐射线。

（5）业务网

①业务网要协调物理网能力的均衡性和运输需求的不均衡性之间的关系，运输业务可分为公共运输业务和非公共运输业务，其业务组织各有特点。

②公共运输要根据需求组织运行线路、班次，确定速度、经停点等，并在换乘点和编组站上组织及时衔接。关键是根据物理网的能力和运输工具的性能尽量满足各种类型的需求（包括价格）。要适应需求的变化和波动。公共运输在发挥市场作用的同时，要保障达到社会普遍服务、基本服务的要求。

③非公共运输包括私家车和单位自有车辆的出行（还会有少部分船舶和航空器），具有随机性，由需求和市场主导，不能进行刚性组织，而只能诱导。它们和公共运输同时占用物理网的资源，要掌握其规律实行市场化的管理。这是要重点研究的问题。

④业务包括客运、货运两大类，并可进一步细分，要分类组织。在有足够的需求时应在物理网上也相应地分开，建立高速线路、重载线路等以提高整体效率。

⑤运输工具处于物理网和业务网之间，是移动的物理设施，又是业务组织的基本单元，运输工具自身技术进步与物理网的技术进步密不可分，并要求相应的业务组织的变化。运输业务组织应包括运输工具组织和运输对象组织两个层次。

⑥业务网中应充分发挥市场机制作用，排除体制机制障碍，促进形成大型全国性及跨地区性运输企业，并进一步大力发展第三方物流。

（6）综合运输网络

①综合运输网络是由各种运输方式共同构成的全社会网络。各种运输方式适用范围之间有交叉，存在竞争，但需要在一定时期内估算出各种方式的大体运用范围和合理比例作为宏观指导，以避免出现大量汽车运煤等不合理情况。

②各种不同运输方式特点如下。

根据分析，水运是成本、能耗、占地面积和污染最少的运输方式，但其速度也最低，应该承担对时间要求不高的大规模货物运输业务和一些特殊客运业务（如特色旅游等）。水运受到航道地理位置的限制，依赖于和其他运输方式及城市之间的良好衔接。

航空运输速度最快，占地面积小，但成本高、能耗高，主要适合对速度要求高的客运业务和价值高而体量小的货运业务。

公路作为唯一可以实现门到门的运输方式，灵活性大，适应范围广。在其他运输方式的衔接中也起到辅助作用。高速公路更有速度快的优势，但能耗高、污染多、占地面积都较大，安全性也低，在选用时要考虑这些因素。

铁路运输能力强，速度适中，能耗和污染较少，也较少受地理限制，适用于大规模的客运和陆地货运。

管道运输因情况特殊，运输对象较为单一，故未展开分析，但随着经济技术的进步，管道运输会有较大发展，在大宗货物运输中占一定的比重。

③各种方式之间除竞争外，更重要的是合作。首先是做好衔接，由于物理层是各自独立建设的，各自成网，故要形成衔接点和衔接通道，由公路或轨道交通连通。要实现枢纽内部"零距离换乘"和相互间的无缝衔接。

在业务层面上，应该大量组织联运，使不同运输方式之间能良好沟通，直接到达。客运应做到一次办理、全程实现，在时间上尽可能紧密衔接。货运则承运人要负责到底。要建立信息共享制度。

④随着技术进步，各种新的运输方式出现，如高速铁路运输、高速公路运输、支线航空运输、高速水运等；以上分析会发生变化，综合运输网络的内涵会更丰富多彩。

（7）建议

①要详细调查需求及其变化趋势，充分考虑需求的波动性。进

行网络规划设计时要综合考虑峰值需求和削峰措施，而不仅仅考虑平均需求。

②应统筹规划，对各种运输方式进行详尽定量比较，确定大致的比率，作为引导发展的依据，并根据情况变化和发展趋势不断调整。

③自改革开放以来，铁路运输和水运发展明显落后于公路运输和航空运输的发展，也大大落后于需求，从可持续发展的角度出发，在保持公路运输、航空运输持续发展的同时要大力加快铁路运输和水运发展。铁路中还应加大电气化的比重（从安全出发，要有一定数量的备用柴油机车），水运要大力做好码头与公路、铁路和城市之间的衔接。

④在私人小汽车的发展上，考虑到汽车工业和运输两方面，应采取类似日本等国"鼓励拥有、限制使用"的方针，防止石油消耗过多。

⑤要加强对物理网能力的研究，在研究线路通过能力、枢纽功能及其体现和网络拓扑对能力的影响上取得进展并能应用于网络规划设计，以提高投资效益和资源利用效率。

⑥要通过改革，放开业务组织，引入竞争，要大力发展和规范运输业务，提高运输企业的规模和效率，促进形成全国性大运输公司。要开展非公共运输规律研究，提出业务引导思路。

⑦要统筹规划做好不同运输方式之间的衔接，包括物理层的硬衔接和业务层的软衔接以打破部门界限，大力提倡综合运输业务。在货运中大力发展综合运输和第三方物流。要建立不同级别的管理层，首先做到信息共享和监控。

⑧要确立网络安全概念，针对各种灾害和故障情况展开研究。路由上要有迂回并预留一定能力，要有备用设施。要有应急情况下的流量控制措施，包括限制进入和疏散。要有整体规范和标准。在网络末端的最后手段是空运，要考虑大力发展通用航空。

⑨建立交通运输网络学科，作为集科学和工程问题于一身的专门领域。既要开展基础理论研究，也要做大量应用研究，以指导交通运输事业的发展。

# 第五章　制造强国的战略研究

从20世纪80年代到21世纪初，中国曾经出现过一些"否定工业化"的奇谈怪论，而西方的某些人也就势在中国鼓吹"西方都不搞工业化了，中国完全可以不搞工业化，而直接进入信息化"等论调。"造不如租，租不如买"的声音一时间不绝于耳。中国真的不需要工业化了吗？中国的制造业应该就此放弃了吗？朱高峰一直不认同这个观点。一个大国不发展制造业、不进行工业化，靠什么立国？靠什么强国？难道"信息化"能解决中国的一切问题？

朱高峰力主进行的"制造强国战略研究"就是在这种背景下提出来的。制造业作为实体经济的主体，是国民经济的支柱产业，也是保障国家安全和人民幸福安康的物质基础，更是我国经济实现创新驱动、转型升级的主战场。

经过新中国70多年特别是改革开放40年的艰苦发展历程，中国制造业总体规模已经很庞大，综合实力不断增强，不仅对国内经济社会发展作出了重要贡献，而且成为支撑世界经济发展的重要力量。世界银行数据显示，自2010年以来，中国制造业产值连续3年超过美国，在全球制造业产值中的占比达到20%，成为名副其实的全球制造大国。同时，我国已拥有世界上最为完整的制造业产业体系和制造业人力资源优势，实现了"上天"、"入地"、"下海"、超级计算、高铁、百万千瓦时级发电、超高压输电等一系列辉煌成就。

然而，当时我国制造业仍然"大而不强"，产业产能过剩和重复建设问题突出，资源、能源、环境、市场的约束不断加剧，长期依赖的低成本优势逐步削弱，制造业正面临综合成本上扬、需求放缓的持续压力。与发达国家相比，我国制造业的整体素质和竞争力仍有明显差距，突出表现如下：自主创新能力还不强，核心技术和关键元器件的开发受制于人；产品质量问题突出；资源利用率偏低；产业结构不尽合理，大多数产业尚处于价值链的中低端等几个方面。因此，实现我国从"制造大国"到"制造强国"的发展，是新时期我国制造业发展面临的重大课题，是推进产业结构升级、加快经济发展方式转变的重大举措，是实施创新驱动发展战略、提高我国国际竞争力的迫切要求，是实现国家现代化、中华民族伟大复兴的重要途径。

2000年，在朱高峰的直接推动下，中国工程院召集专门会议就如何开展制造业研究进行了认真讨论，决定针对振兴中国制造业开展调研工作，立项了"新世纪如何提高和发展我国制造业"的咨询项目，聘请宋健、袁宝华、马洪和何光远同志担任项目顾问，朱高峰为组长，郭重庆、栾恩杰为副组长，由25位两院院士和40余位专家组成项目组。经过两年的研究，项目形成了5个研究报告——《我国制造业发展现状》《新时期我国制造业的作用、地位及发展趋势》《新世纪振兴我国制造业的对策研究》《企业深层次体制改革是制造业生存和发展的前提和关键》《振兴军工制造业》。

21世纪初，在世界已进入信息时代的一片声浪中，朱高峰和其他院士、专家借助各种途径呼吁我们一定要头脑清醒，要立足于中国的国情，正确选择我国的产业发展道路。我国工业化尚未完成，经济的主导产业仍然是制造业。信息技术与信息产业发展迅速，要充分抓住这个机遇，大力推进国民经济和社会信息化。信息化不能脱离国情和产业，不能用信息化代替工业化，而只能用信息化来带动、促进工业化，提高设计、生产、流通、管理的效率，而工业、制造业也为信息技术提供了发展基础和用武之地。应以信息化带动工业和制造业发展，同时应大力加强政府的调控力度，建立专门管理结构，建立发展制造业的长期规划和近期规划。

同时期，中国工程院在国家制定《中华人民共和国国民经济和社会发展第十个五年计划纲要》中承担和参与了若干咨询课题，朱高峰参与了徐匡迪院长牵头的《中国装备制造业发展研究报告》咨询项目全过程，提出了较多很好的见解，其中所提出的重视工业和制造业在我国现代化大业中的地位和作用、恢复政府中的工业主管部门的建议被采纳后，成为组建工业和信息化部的由来。

2008年10月，朱高峰又联合中国社会科学院数量经济与技术经济研究所的李平所长等人，一起开展了名为"中国制造业可持续发展战略研究"的咨询项目，项目选取了10个行业开展研究，包括原材料加工业（钢铁制造业、石化工业）、装备制造业（能源装备制造业、机床制造业、汽车制造业、轨道交通装备制造业）、轻纺工业（轻工制造业、纺织制造业）、新型产业（电子信息制造业、通信设备制造业）等，项目结题后，研究成果汇总出版了名为《中国制造业可持续发展战略研究》一书，主要从制造业现状、国际动态、紧迫性、发展目标、发展思路和途径、结论和建议6个方面，叙述了21世纪我国制造业在相当长的历史时期内仍将是经济社会发展的基础和主导力量，必须实现可持续发展。结合世界各国的发展经验和我国的实际情况，认真贯彻科学发展观，转变发展思路和发展方式，通过努力可以实现制造业的可持续发展，从而为我国经济社会的长期健康发展发挥应有的作用。

到21世纪第二个10年开始后，中国工程院内很多同志认识到对于振兴和发展我国制造业要有一个大型的咨询研究项目，包括对国内外形势、工业化进程的正确认识，对制造业的性质和地位的正确认识，中国制造业在世界制造业中的地位和作用，中国制造业的优势和劣势，中国制造业的下一步发展目标、发展途径选择，以及装备制造业各领域发展的具体技术和组织内涵等，进行了全面的论证和阐述。

在经过一段时间的酝酿和筹备后，2013—2014年，由中国工程院出面，会同工业和信息化部、国家市场监督管理局联合组织开展了这项重大的咨询研究项目。项目特邀中国工程院主席团名誉主席徐匡迪院士、时任工业和信息化部部长苗圩、中国工程院常务副院长潘云鹤院士、原机械工业部副部长陆燕荪担任顾问，由中国工程院院长周济院士和朱高峰院士担任组长，组织50多位院士和100多位专家共同参与了这一重大项目的研究工作。

项目研究紧紧抓住了我国实现从"制造大国"到"制造强国"发展中亟待解决的重大问题，包括制造强国评价指标体系、制造业创新驱动发展、制造业质量提升、制造业绿色发展、制造业体制机制改革及制造业服务化等，设立一个项目总体组和6个综合课题组，同时考虑到制造业涵盖范围广，项目研究按照制造业主要行业，拓展到机械、航空、航天、轨道、船舶、汽车、电力装备、信息电子、冶金、化工、纺织、家电、仪器13个领域，进一步研究各行业各领域实现制造强国的发展战略。

项目研究按照"总—分—总"3个阶段来推进。第一阶段从2013年1月至6月，主要是各个综合课题组率先开展研究，项目总体组在汇集各综合课题组前期研究成果的基础上形成阶段性研究成果，并向各领域课题组提出统一研究大纲和研究要求；第二阶段从2013年6月至2014年6月，各领域课题组按照项目总体组提出的研究大纲，结合本领域实际情况，深入开展本领域研究工作并形成领域研究报告；第三阶段从2014年7月至2014年12月，各综合课题组根据各领域课题组反馈的阶段性研究成果，进一步修改完善综合课题报告，同时，项目总体组在与各综合课题组及各领域课题组充分沟通的基础上，形成项目综合报告，上报党中央、国务院。从2013年1月启动该项目以来，项目组先后奔赴广东、贵州、天津、浙江、江苏、山东、辽宁、黑龙江、陕西、安徽、福建、湖北、重庆、河南等省市，与当地政府领导、行业协会及企业代表就制造业转型升级展开了深入交流和座谈，同时还组织专家赴德国等国家开展考察调研。在此基础上，项目组多次召开研讨会，分阶段召开4次大型成果交流会，在全国各地开展学术报告8次，数千名专家学者、企业人员、政府官员参与项目研究活动。在项目研究过程中，高度重视加强咨询团队建设，积极构建"强核心、大协作、开放式"的咨询队伍体系，即一方面充分吸纳院士研究团队及来自政府、企业、高校、研究院所、行业协会、学会等各方专家，形成涵盖工程科技、经济、社会、人文等不同学科领域的专家队伍；另一方面，项目组专门成立制造业研究室，聘请专职研究人员，负责推进项目组织及研究工作，保障项目研究顺利进行。

此外，项目研究十分注重科学研究方法和先进手段的运用和推广，鼓励各个课题组和专题组采用路线图、问卷调查、建模计算、案例调查分析等科学方法，将需求、市场、技术、产业政策结合起来，科学分析，量化评估，在更科学、更有效地反映制造业发展趋势的同时，项目研究突出工程科技特色和优势，围绕核心技术、关键装备、重点产业集中力量开展研究，实事求是地提出明确、具体、具有可操作性的工程化解决方案，为决策提供科学依据。在项目调研中，曾对集成电路和汽车制造两个产业进行了专门调研，分析了现状，指出存在的问题，并对改进与发展提出了建议。

经过系统深入的调查研究，首先明确了制造强国是一个相对概念，是与西方发达国家相比较的结果，根据向工程技术、企业管理和工业经济研究等方面专家的调研、访谈和结果分析，设计了衡量制造强国水平的一套指标体系，明确了对比国家的选择，并计算出来了中国和对比国家的制造强国指数，在此基础上项目明确提出了我国跨入制造强国行列的"三步走"战略步骤，提出实现制造强国必须遵循的"创新驱动、质量为先、绿色发展、结构优化、人才为本"的发展方针，以及实施制造强国战略的八项战略对策，并提出要牢牢坚持发展制造业不动摇。

在研究过程中，项目组按照"服务决策、适度超前"的原则，高度重视与国务院相关部委的沟通，推动项目研究成果及时为政府决策提供科学支持。

# 附　　录

# 附录一　朱高峰生平大事年表

1935年5月27日（乙亥年四月廿五）：朱高峰在上海出生。

1939年：4岁进入上海飞虹小学学习。

1945年：进入南洋中学学习。

1948年：升入南洋中学高中部学习。

1951年9月：考入清华大学物理系。

1952年年初：加入共产主义青年团。

1952年9月：进入北京俄语专修学校学习俄语。

1953年9月：启程赴苏联留学，在列宁格勒电信工程学院有线系学习。

1958年：从苏联列宁格勒电信工程学院毕业回到北京，入职邮电部邮电科学研究院第一研究室，从事长途通信的研发；参与3路载波机的研制。

1958年12月：参与12路载波机的方案研讨和调研。

1960—1965年：全程参与60路载波通信系统的研制工作。

1964年11月：邮电部邮电科学研究院第一研究所党支部大会通过决议，接受朱高峰为中国共产党预备党员。介绍人是张颂波和江廷林。翌年转正。

1964年11月至1965年12月：在上海外国语学院学习法语。

1968—1969年：主持完成了6503工程全线调测开通工作，这是由朱高峰独立主持完成的我国第一个晶体管对称电缆60路载波通信系统工程。

1969年10月：正式接手中同轴电缆1800路载波通信系统总体组的工作。

1976年10月：朱高峰主持研制的京沪杭中同轴电缆1800路载波通信系统顺利通过国家鉴定。

1977年4月：朱高峰负责的4380路载波通信系统工程正式上马。

1977年6月：被任命为总体研究室的负责人。

1977年11月：被选为第六研究所党委委员。

1978年3月：参加在北京举行的全国科学大会。

1978年3月：中同轴电缆1800路载波通信系统荣获"全国科学大会科技成果奖"。

1978年3月：被任命为第六研究所总工程师、邮电部邮电科学研究院学术委员会委员。

1980年3月至6月：赴意大利学习、考察马可尼公司。

1980年12月：参加邮电部研究院高级工程师考试合格，正式被评为高级工程师，之后又被评为主任级高级工程师。

1982年2月：在杭州电信局主持召开了4380路载波通信系统工程试验段准备会议。

1982年4月：被中央任命为邮电部党组成员、副部长。

1984年12月：主持制定的邮电通信企业经济核算制在全网推行。这是新中国成立35年来，邮电部第一次根据邮电通信网运行的特点，科学制定的一套适合中国国情的内部经济管理办法。

1985年10月15日：邮电部第一届邮票图稿评议委员会正式成立。朱高峰出席成立大会，向每一位评委颁发了评委证书，并代表邮电部对邮票图稿评议委员会的成立表示祝贺。

1986年3月10日：朱高峰代表邮电部与中国人民银行代表正式签署了《关于开办邮政储蓄的协议》。经过两年多的积极沟通，邮政储蓄业务开办协议终于达成。

1986年4月1日：陈慕华代表国务院出席邮政储蓄业务开办仪式，朱高峰陪同。

1986年7月1日：邮政活期储蓄异地存取业务在北京、天津、上海、广州4个城市的9个邮局开办。国务委员、中国人民银行行长陈慕华出席了在北京举行的开办仪式。

1987年2月至7月：根据中央的安排，参加中央党校举办的第二期省部级培训班学习。学习期间，通读了马克思的《资本论》，撰写了《邮电通信经济学》的论文。

1989年：在拉萨出席全国省会城市长途电话自动化联网仪式。

1991年：决策建设京汉广架空光缆。

1992年9月21日：在北京主持了由哈萨克斯坦共和国邮电部副部长巴兹洛夫、吉尔吉斯共和国邮电部副部长塔加耶夫、塔吉克斯坦共和国邮电部部长乌斯曼诺夫、土库曼斯坦邮电部建设公司总经理哈那利耶夫、乌兹别克斯坦邮电部部长拉黑莫夫等出席的亚欧通信光缆工程研讨会。亚欧通信光缆建设项目正式启动。

1992年：参加国际农村通信大会。

1993年4月5日至9日：在乌鲁木齐主持召开由中国、德国、哈萨克斯坦、吉尔吉斯斯坦、波兰、俄罗斯、塔吉克斯坦、乌克兰和乌兹别克斯坦9国邮电部门代表出席的亚欧陆地光缆会议。朱高峰副部长当选为本次会议主席。

1993年6月6日至10日：出席在乌兹别克斯坦首都塔什干举行的亚欧陆地光缆第一次管理委员会会议。

1994年：选拔首批赴美AT&T公司学习的学员。

1994年6月：中国工程院召开成立大会。大会通过了工程院章程，选出了院长、副院长和主席团。朱高峰被选为中国工程院常务副院长。

1995—1996年：参与"三峡工程发电设备的进口与我国水力发电设备的持续发展"课题，并就有关问题向国务院作了报告，引起了国务院的重视。时任副总理邹家华召开会议，听取了相关汇报。

1996年年初：由上海市委、市政府举办的，上海市干部和科技人员参加的大型学术报告会在上海举行。朱光亚、路甬祥、师昌绪、卢良恕、顾健人和朱高峰分别以当代工程技术发展趋势、先进制造技术、新材料现状和展望、农业和农业科学技术、医药生物高技术和产业化、信息技术和产业化为题作了专题报告。

1996—1998年：倡议并确定了"我国工程教育的问题和对策"咨询课题，由朱高峰和张维两人牵头，一批院士和包括清华大学、北京航空航天大学等院校的同志参加了该项目的研究，于1998年完成了研究报告。

1997年：CAETS理事会在英国苏格兰的爱丁堡举行。经过近两年的工作，中国工程院加入CAETS的申请顺利通过。朱高峰、张光斗和高从堦院士等出席了大会。

1998年3月：经邮电部推荐，朱高峰成为第九届全国政协委员。在该届政协全会上进行了题为《要现代化就要大力发展制造业》的发言。

1999—2001年："中国制造业"课题由朱高峰和郭重庆、胡启恒、李京文、徐性初（中国科学院）等院士，以及国务院原重大技术装备办公室主任李守仁等成员组成课题组。宋健、袁宝华、何光远、马洪为课题组顾问。经过近两年的工作完成了课题报告，国务院副总理吴邦国在中南海召开会议，专门听取了汇报并对报告内容作了肯定。

2002年6月：中国工程院召开院士大会，进行了换届改选，朱高峰不再担任副院长。

2002年12月18日：中国通信标准化协会召开成立大会，并选出理事会。朱高峰被推举为理事长。

2010年8月30日至9月2日：第十五届全球标准合作大会在北京隆重召开，会议由中国通信标准化协会主办。朱高峰在开幕式上致辞。来自全球主要的电信和无线通信标准化组织齐聚北京，共同推进有关固定和移动通信业务融合的下一代网络标准的创新与合作。工业和信息化部副部长奚国华、国家标准化管理委员会主任纪正参加开幕式并讲话。

2022年5月30日：中国工程院院士大会暨第十四届光华工程科技奖的颁奖大会在北京隆重举行。中共十九届政治局委员、国务院原副总理刘鹤出席大会。朱高峰荣获第十四届光华工程科技奖成就奖。

# 附录二　朱高峰主要论著目录

## 著作文献

1.《工程学与工程教育》（上册、下册），高等教育出版社，2021；

2.《论教育与现代化》，高等教育出版社，2015；

3.《现代服务业培育与发展研究报告》，科学出版社，2015；

4.《中国特色新型城镇化发展战略研究第二卷》，中国建筑工业出版社，2013；

5.《中国制造业可持续发展战略研究》，机械工业出版社，2010；

6.《交通运输网络理论探讨》，高等教育出版社，2009；

7.《面向产业与科技的思考》（全2卷），人民邮电出版社，2005；

8.《全球化时代的中国制造》，社会科学文献出版社，2003；

9.《21世纪的工程教育》，高等教育出版社，2001；

10.《产业大观》，清华大学出版社、暨南大学出版社，2000；

11.《邮电经济与管理》，人民邮电出版社，1995；

12.《邮电的正确经济效益观》，邮电部管理干部学院，1986。

## 期刊文献

1. 少子化趋势对工程教育未来发展的影响初探，科教发展研究，2023；

2. 我的留苏岁月和新中国电信事业的发展，上海党史与党建，2023；

3. 对职业教育的再认识，高等工程教育研究，2023；

4. 全社会树立大人才观　共同建设社会主义现代化强国，科教发展研究，2022；

5. 再论教育中的一些基本问题，高等工程教育研究，2022；

6. 关于工程教育和一般教育问题的再思考，高等工程教育研究，2021；

7. 从制造大国到制造强国，清华管理评论，2020；

8. 对高技术产业化的几点思考，高科技与产业化，2018；

9. 中国工程教育发展改革的成效和问题，高等工程教育研究，2018；

10. 当前中国制造业发展情况分析与展望：基于制造强国评价指标体系，管理工程学报，2017；

11. 制造业服务化发展战略研究，中国工程科学，2017；

12. 让创新真正驱动经济发展，高等工程教育研究，2017；

13. 对工匠精神的理解和思考，苏州市职业大学学报，2016；

14. 我国工程教育的改革发展趋势，高等工程教育研究，2016；

15. 为培养高层次应用型人才作出贡献，应用型高等教育研究，2016；

16. 关于中国工程教育发展前景问题，高等工程教育研究，2016；

17. 对工程伦理的几点思考，高等工程教育研究，2015；

18. 中国工程教育的现状和展望，清华大学教育研究，2015；

19. 教育中的几个基本问题，高等工程教育研究，2015；

20. 论工程教育研究与改革 —— 对建立工程教育学科的思考，高等工程教育研究，2014；

21. 构建制造强国指标体系，工业经济论坛，2014；

22. 制造强国战略，上海电机学院学报，2013；

23. 教育思想论札之一、二（二则）， 高等工程教育研究，2010、2012；

24. 中国工程教育的现状和展望，清华大学教育研究，2015；

25. 素质教育与沟通能力培养，高等工程教育研究，2011；

26. 论工程的综合性，高等工程教育研究，2011；

27. 工程教育中的几个理念问题，高等工程教育研究，2011；

28. 论应用型本科教育，国内高等教育教学研究动态，2011；

29. 自主创新中的若干问题，高等工程教育研究，2010；

30. 技术创新和电信发展，管理工程学报，2010；

31. 论科学与技术的区别 —— 建立创新型国家中的一个重要问题，高等工程教育研究，2010；

32. 工程教育的几个问题探讨，中国高等教育，2010；

33. 高等工程教育研究的战略意义 —— 在清华大学工程教育研究中心成立大会上的讲话，清华大学教育研究，2009；

34. 试论素质教育，高等工程教育研究，2009；

35. 对工程管理信息化的几点认识，中国工程科学，2008；

36. 创新人才与工程教育改革，高等工程教育研究，2007；

37. 中国的工程教育 —— 成绩、问题和对策，高等工程教育研究，2007；

38. 创新与工程教育 —— 初议建立创新型国家对高等工程教育的要求，高等工程教育研究，2007；

39. 聚焦工程管理（二）—— 试论信息化工程管理，科学中国人，2007；

40. 中国是不是要提出 u–China 战略，财经界，2006；

41. 要关注农村信息化，信息网络，2006；

42. 畅谈网络　探索 3G 新灵感，通信世界，2006；

43. 对自主创新的理解，科技成果纵横，2005；

44. 转变增长方式要靠职业教育，职业技术教育，2005；

45. 节约应注意综合性和前瞻性，科教文汇，2005；

46. 信息化学习——信息内容产业的问题与建议，中国信息界，2005；

47. 关于中国工程教育的改革与发展问题，高等工程教育研究，2005；

48. 信息化与科学发展观（上）（下），中国信息界，2005；

49. 对实践教育问题的分析和认识，清华大学教育研究，2005；

50. 政府主导，中国信息界，2004；

51. 谈工程教育，高等工程教育研究，2004；

52. 积极务实　稳步向电信强国迈步，当代通信，2004；

53. "信息化"与"工业化"，中国信息界，2004；

54. 信息的制约，中国信息界，2004；

55. 试论中国信息化之路，武汉理工大学学报、学会、世界电信，2003、2004；

56. 从移动通信发展看标准化的重要与艰巨，企业标准化，2003；

57. 现代化研究不宜过分定量化，科学咨询，2003；

58. 职业教育的指向是什么，职业技术教育，2003；

59. 论中国信息化之路，重庆工商大学学报，2003；

60. 论高等工程教育发展的方向，高等工程教育研究，2003；

61. 新世纪如何提高和发展我国制造业，中国制造业信息化、机电产品开发与创新、苏南科技开发，2003；

62. 要现代化就要大力发展制造业，首都经济、机电产品开发与创新、科技和产业、电器工业、中国高校科技与产业化、中国机电工业，2002、2003；

63. 如何提高和发展我国制造业，中国机电工业，2003；

64. 大力发展制造业，科学新闻，2003；

65. 新世纪中国工程教育的改革与发展，高等工程教育研究、南京邮电学院学报，2003；

66. 通信发展要与国家的总体经济水平相适应，中国无线电管理，2003；

67. 众专家谈 IT 产品制造，高科技与产业化，2003；

68. 对发展私车要有全面认识，群言，2003；

69. 发展制造业促进现代化（摘要），学会，2002；

70. 中国信息通信业的发展及其展，邮电商情，2002；

71. 跨越发展、物质生产和经济数字，中国高校科技与产业化，2002；

72. 要跨越，也要循序渐进，港口经济，2002；

73. "信息化带动工业化"之我见，港口经济、中国科技产业，2001；

74. 科学预测 科学地对待预测，邮电商情、中国经贸导刊，2001；

75. 关于发展我国制造业的几点思考，中国工业经济，2001；

76. 通信领域中的几个热点问题，邮电商情，2001；

77. 关于未来移动通信发展的几点思考，通信世界，2001；

78. 院士眼里的"信息化"，中国经济快讯，2001；

79. 对企业技术创新的几点看法，机电产品开发与创新，2001；

80. 面向21世纪的工程教育改革与发展（摘要），洛阳工业高等专科学校学报，2000；

81. 关于当前工程教育的几个问题，高等工程教育研究，2000；

82. 要鼓足干劲更要实事求是，协商论坛，2000；

83. 我国距"知识经济时代"有多远，科学新闻，2000；

84. 人才的经济价值不容忽视，中国改革，2000；

85. 信息技术和信息产业及其发展趋势，南京邮电学院学报，2000；

86. 面向21世纪的工程教育改革与发展，高等工程教育研究、继续教育，2000；

87. 下世纪产业发展走向，中国科技月报，1999；

88. 信息技术和信息产业及其发展趋势，世界科技研究与发展，1999；

89. 略谈技术创新与制度创新，高等工程教育研究，1999；

90. 论我国工程教育的问题与对策，教学研究，1999；

91. 任务·视角·希望——祝工程院教育委员会会刊新年出版，高等工程教育研究，1999；

92. 论我国工程教育的问题与对策，中国高教研究、高等工程教育研究，1998；

93. 面向21世纪的工程教育改革与发展，教学与教材研究，1998；

94. 应用是网络建设的关键，中国计算机用户，1998；

95. 工程与工程师（上）（下），中国工程师，1998；

96. 现代新技术革命将对人类社会产生重大影响，世界科技研究与发展，1997；

97. 当代数据通信与网络发展趋势（一）（二）（三）（四），信息系统工程，1997；

98. 加强合作共同繁荣，世界科技研究与发展，1997；

99. 对发展高科技产业的几点认识，高科技与产业化，1997；

100. 论"人才产业"，科技导报，1997；

101. 关于科技成果转化问题，深圳特区科技，1996；

102. 当代数据通信与网络发展趋势（上）（下），通讯产品世界、市场与电脑，1996；

103. 关于科技成果转化问题，科学学与科学技术管理，1996；

104. 数据通信展望——当代数据通信与网络发展趋势，信息经济与技术，1996；

105. 信息技术和信息产业的发展（上）（中）（下），现代通信、自然杂志、学会、微型电脑应用，1996；

106. 数据通信未来发展趋势，中国信息导报，1996；

107. 大力推进邮政现代化，中国邮政，1996；

108. 信息时代的通信，世界电信，1996；

109. 全面理解科技对国民经济的作用，中国科技论坛，1995；

110. 信息业与中国的电信发展，电子展望与决策，1994；

111. 中国电信事业发展的政策和策略，电信科学，1994；

112. 关于通信发展的几个政策性问题，电信技术，1994；

113. 蓬勃发展的中国通信事业，现代电信科技，1994；

114. 解放思想　转变观念　加快发展中国电信事业（上）（下），通信企业管理，1993；

115. 邮电行业与社会主义市场经济，通信企业管理，1993；

116. 我国电信事业的新发展，瞭望周刊，1992；

117. 更快更高更新——部领导谈通信建设，邮电企业管理，1991；

118. 努力提高服务质量　积极发展邮政储蓄业务，中国邮政，1991；

119. 对邮电经营工作的几点意见，邮电企业管理，1990；

120. 要重视研究邮电经营工作——《市场·经营·决策》序言，邮电企业管理，1990；

121. 开展邮政通信网的研究——朱高峰副部长在邮政通信网研讨会上的讲话，中国邮政，1990；

122. 在治理整顿中继续发展，中国邮政，1990；

123. 关于邮电经营工作的几个问题，邮电企业管理，1989；

124. 学习马克思主义经济理论　推动和发展邮电经济学，邮电企业管理，1988；

125. 开发信息资源搞好信息系统的协调发展，中国科技论坛，1986；

126. 开办邮政储蓄利国利民，邮电企业管理，1986；

127. 邮政是和平的使者 —— 在世界邮政日报告会上的讲话，中国邮政，1986；

128. 重视管理工作　加强管理工作，邮电企业管理，1985；

129. 试论邮电通信的经济效益 —— 为庆祝建国三十五周年而作，邮电企业管理，1984；

130. 通信的社会作用和效益，中国邮政，1983；

131. 电缆多路传输系统中的预均衡，通信学报，1981。

# 附录三 广东省信息化调研总报告

## 广东省信息化课题调研

这是在信息化方面比较系统的一个咨询项目，受广东省委托，中国科协请中国工程院共同进行，集中了上百位专家学者，在2003年10月至2004年7月期间，历时10个月共同完成该项目，共有1份总报告和13份分报告。虽然已20年，但其中一些基本情况和概念至今仍有参考意义。现将总报告内容摘录如下，总报告文字由朱高峰等人执笔，其中引言部分对世界和中国信息化的概念内涵作了概括阐述。

## 引言

当今世界开始进入信息时代，信息技术的飞速发展、信息资源的广泛开发和应用不仅为经济发展注入了巨大活力，而且深刻影响着社会的政治、经济、文化、军事等方方面面，并正在改变着人们的生活方式。自20世纪60年代初日本的梅卓忠夫率先提出"信息社会"的概念，到20世纪90年代美国政府推出"信息基础设施行动计划""以现代信息技术应用推动国家与社会进步"的基本理念逐渐为国际社会广泛认同，追逐"信息时代"的波澜在全球范围内掀起，推动信息技术的广泛应用已普遍成为发达国家和处在起飞阶段的发展中国家的战略决策。2003年年末，联合国在日内瓦召开"信息社会世界高峰会议第一阶段会议"，提出建设信息社会《原则宣言》（又称"千年宣言"），把建设信息社会的目标提到了各国政府面前。世界各国对"信息社会""信息时代"的理解和认识并不完全相同，我国当前仍处在实现工业化阶段，需要通过信息技术的广泛渗透和增强各领域信息应用能力，加速工业化进程。因此于20世纪90年代提出了"信息化"的概念，逐步明确了要大力发展信息产业，以信息化带动工业化的方针，并在党的十六大上将"信息化带动工业化、以工业化促进信息化"战略提到了走新型工业化道路、实现国家社会生产力跨越式发展的高度，形成了我国信息化发展的总方略。

信息产业（电子信息产品制造业与信息服务业）作为国民经济的支柱产业直接拉动经济增长。电子信息产品制造业不仅为国家积累着财富，同时也为国家信息化实施提供了装备与基础设施；而信息业和服务业的发展一方面为电子信息产品制造业提供了需求，拓宽了市场空间，另一方面又为国民经济与社会信息化提供了基础设施和创造了良好环境。与此同时，信息技术在各产业领域得到广泛应用，大大提高了劳动生产率，降低了成本，增加了产品技术含量和企业活力，促进了传统产业的改造与升级，从而使企业与产业部门不断增强竞争力和迈上新台阶。信息应用还日趋渗透到国家社会生活和人民日常生活的各个领域，有力地推动着政府公共管理与服务的变革，促进着社会文化事业的进步，提高了人民的生活水平和生活质量。信息化正在不断推动着社会的物质文明、政治文明与精神文明的进步。

信息化是一个信息技术应用在广度与深度上持续进展的动态进程，至今还未能对其终极目标作出清晰描述，也没有一个公认的科学指标体系，包括发达国家政府在内的各国政府都还在不断探索和尝试。当前全球信息化呈现出技术支撑、需求驱动和应用主导的明显特征，应用与服务内容的深度开发受到越来越多的重视，并正在对信息产业发展和信息化进程产生更大的作用与影响。信息化已成为未来发展的战略制高点，关系到国民经济和社会发展全局，信息化程度已成为衡量国家、地区或城市综合竞争力、现代化程度与可持续发展能力的重要标志。

信息化与企业发展、产业振兴、政府职能转变、社会事业发展和人民生活改善密不可分，与国家工业化及现代化进程互动与融合，同时又通过融合、渗透与倍增效应推动着工业化与现代化的发展。信息化进程将保持与工业化及现代化发展水平基本相适应，并将会伴随我国实现全面建成小康社会。

信息化是大力发展信息产业（电子信息产品制造业、软件业与信息服务业），不断加强信息基础设施建设，深入开发信息资源，通过现代信息技术的广泛应用与渗透，不断提高农业、工业、服务业及社会生活各方面获取信息服务的能力，促进三大产业和社会公共管理的提升与变革，促进人民生活水平的提高，加速实现国家工业化与现代化进程的总体概括。

国内目前对信息化的内涵也有不同理解，主要区别在于是否包含信息产业；对信息产业也有不同理解，有的定义只限于电子信息产品制造业和软件业。我们主张的信息化是广义的，涵盖了产业、应用与各领域的信息化，是需求驱动、应用主导的信息化，是追求高效、资源共享与整合的信息化，是不断发展与丰富的动态的信息化，是走新型工业化道路，实现社会生产力跨越式发展，实现国民经济和社会全面、协调与可持续发展的信息化。

中国科协受广东省委、省政府委托，组织了上百名专家（包括北京与广东的专家），从2003年10月至2004年7月对广东省推进信息化现状进行了一次较为全面和深入的调研。本报告在充分分析广东信息化建设现状和内外部条件的基础上，阐述了大力发展信息产业，建立信息网络基础平台与服务体系，推进国民经济与社会各领域的信息应用，营造信息化发展支撑环境等方面的内容，从不同方面和不同角度对广东省信息化提出了一些思考和建议，供广东省委、省政府领导各主管部门和社会各界参考。

一、广东信息化基本现状与问题分析

（一）基本现状

广东省抓住改革开放的先机，认真贯彻中央方针，并制定了一系列政策措施，有力带动与促进了广东经济的快速发展，取得了经济强势地位，对全国的经济和社会发展具有带头和示范作用。广东推进信息化的成绩是广东长期坚持改革开放的重要成果，是广东顺应经济全球化的潮流，勇于承接国际信息产业战略转移的结果，同时也与广东省委、省政府历届领导班子的重视、倡导与大力支持密不可分。

1.电子信息产品制造业与软件业走在全国前列

信息产业的快速发展是中国经济持续高速增长的重要动力。近年来，我国进出口贸易中电子信息产品已稳居第一位。自改革开放以来，广东省电子信息产品制造业与软件业一直保持高速增长的态势，成为我国三大电子信息产品制造业基地和重要的软件产业基地之一。

（1）超常规的发展速度

产值从1985年至今（报告撰写时间）18年内增长近200倍，平均年增长速度达34.88%，位居广东各产业之首。

（2）产业规模位居全国第一

2003年产值已达到5654.7亿元，其工业总产值、工业增加值、销售收入、实现利润均占全国的30%左右，连续13年居全国第一。

（3）大企业群的崛起

在我国电子信息百强企业中，广东省的电子信息企业占比在1/4左右；在电子计算机行业里，销售额超过50亿元的广东企业有7家，销售额超过100亿元的有两家。一批优秀自主型企业如华为、中兴、TCL、康佳、美的、科龙、风华高科等已成长起来，其企业模式、成长道路、改革方略为国内企业提供了发展经验。

（4）"珠三角"电子信息产业生产基地基本形成

"珠三角"地区的深圳、东莞、广州、佛山、惠州等地已形成电子信息产品制造业产业集群，其中深圳至东莞产业走廊成为全球台式计算机零部件加工生产和 OEM 产品生产的重要基地，整机的零部件配套品种可达95%；通信设备研发与制造基地也已有相当大的规模，交换、传输、互联网、移动通信、接入产品生产能力和水平居全国之首；消费类电子产品中的 DVD、VCD、电视、数码产品数量大，多数产品更新换代能紧跟世界潮流。

（5）电子信息产品出口与吸引外资总规模在全国名列前茅

2003年广东电子信息产品出口额达693.9亿美元，大于江苏、上海、天津、北京、福建之和，位居全国第一；近年来广东吸引外资总规模在全国名列前茅，在规模以上电子信息产品制造企业数中，外商投资企业占有70%。

（6）软件产业已具相当规模（尤其是嵌入式软件）

软件产业自2000年以来一直居全国第二位，2003年软件与计算机服务收入达275.4亿元；其中嵌入式软件产值占全国的64.8%（2002年）。全省软件企业累计达1380家（2003年），形成了一批具有一定规模和市场竞争力的软件企业集团。

2.信息网络基础设施国内领先，应用服务发展态势良好

自改革开放以来，广东省已建成了一个国内领先、初步达到世界先进技术水平的电信通信基础网络体系及广播电视传输网络，广东的电话普及率及"珠三角"的计算机拥有率已接近国际中等发达国家水平。2003年年底，通信网光缆总长度（含支线）达3.89万皮长公里；通信网线路（含铜缆）总长达29.4万千米，数字微波线路长度2.57万千米。广东省拥有一批卫星地球站。（当时）广东省固定电话用户为2567万户，占全国的9.7%；移动电话用户为4055万户，占全国的15.1%。广播电视传输网光缆干线长度超过1万皮

长公里，全省有线电视用户达931.8万户。全省实现了电话和广播电视"村村通"。

（1）电信业得到高速发展，装备水平高

2003年电信业务收入达781亿元，占全国电信收入的1/6，电信技术装备水平步入全国前列乃至达到世界先进水平。

（2）邮政改造升级，迅速扩大业务范围

省内外邮政网络四通八达，在努力巩固传统邮政业务的同时加快了新技术的应用，不断开发新业务。

（3）广播电视事业在全国处于领先地位

广播电视的节目播出与制作时间居全国首位，全省有线广播电视传输光纤网覆盖了全省约60%的镇及约50%的行政村。

（4）互联网发展呈现快速增长态势

截至2003年年底，全省互联网用户数量已达1126万户，在全国总数中的占比超过16%；上网计算机达438万台，占全国总数的14.19%，WWW站点数超过10万个，占全国总数的17.6%。

（5）各类信息服务稳步发展

新闻出版、图书资料与科技信息等信息服务部门在推进数字化过程中取得不小进步，不断满足当前社会的需求。

3.经济社会信息化成绩明显

广东省在大力发展信息产业的同时，也不失时机地在经济和社会各领域中积极推广信息技术应用，并取得了骄人的成绩。

（1）企业信息化有较大发展

全省固定资产超亿元的115家企业中有80%以上的企业使用了办公自动化（OA）系统，50%以上的企业使用了管理信息系统（MIS），35%以上的企业使用了制造资源计划系统（MRPⅡ）/企业资源计划（ERP）系统，22%的企业使用了计算机辅助设计（CAD）系统/计算机辅助制图（CAM）系统，10%的企业建成了计算机集成制造系统（CIMS），13%以上的企业使用了供应链管理（SCM）系统，23%以上的企业使用了客户关系管理（CRM）系统，15%以上的企业应用了电子商务，40%以上的企业建立了企业网站。涌现出一大批企业信息化典型（珠江啤酒、美晨、美的、特种变压器、南海五金网等）。

广州市是全国第一个国家级企业信息化试点城市，有85.6%的企业通过各种方式接入互联网，电子商务交易额在2002年达179.92亿元。"羊城通"推广与应用发展迅速，广东是全国银行卡（包括借记卡和信用卡）发行最早、数量最大的省份。广东的交通运输与物流信息化也处在全国前列。

（2）电子政务网络已开始普及，应用服务取得良好开端

电子政务已在各级政府部门中广泛开展，并正由注重形式向注重实效发展，在与业务重组、机构改革结合方面有突破。典型的例子是地税信息的大集中方案，省工商局将原来十几项单独的业务管理线重组为登记、案件、监管3条新的业务流。还有省出入境管理系统、深圳应急指挥系统、珠海市政府采购系统、江门市的一站式服务系统等。电子政务已逐步成为地区吸引投资、提高地区竞争力的重要手段。

（3）社会事业信息化稳步展开

以科技、邮电、信息、广电、高教等五大信息网络（简称"五网"）为主的公用及专用信息网络已基本覆盖全省。

（4）农村信息化逐步推进

广东的农村信息化起步较早，基础设施已初步到位。如"珠三角"农村地区已普遍实现有线电视光纤进村，大部分山区县的广播电视覆盖率达到了95%以上，电话覆盖率达到了60%，大多数地区的电信局已经基本实现光纤到镇。

正在实施的山区信息化工程，将建立村、镇、县市和省级互联互通的信息服务中心，连接山区内外，致力于缩小山区与发达地区之间的"数字鸿沟"。

4.信息化的保障环境明显改善

（1）信息化政策法规初步建立

广东率先于2002年出台了全国第一部地方性的电子商务条例——《广东省电子交易条例》；率先颁布了《广东省电子政务信息安全管理暂行办法》《广东省计算机系统安全保护管理规定》《关于扶持软件产业发展的实施意见》《广东省政府系统政务信息化建设2001—2005年规划》《广东省电子政务建设实施意见》等。

（2）引进人才取得成效，专业技术队伍基本形成

广东专业技术人才总量达205.9万人，居全国第二位。在广东境内工作的我国港澳台地区，以及外国专家共有16.7万人次（2002年），占全国总量的39.4%；短期服务专家为11.3万人次（2002年），占全国总量的46.41%。由于没有单独的统计数据，因此缺少信息化人才方面的情况分析。

2002年，全省有普通高校71所，在全国排第5位；全省有成人高校37所，在全国排第4位，人才培养的大环境初步建立。

（二）存在的主要问题及原因分析

1.电子信息产品制造业与软件业

（1）自主型（"内源型"）企业发展不够充分

在电子信息产业的出口值、工业增加值中，加工贸易型（"外源型"⑩）经济占据主导地位，占比超过80%；在电子信息产品生产企业中，加工贸易型（"外源型"）企业占比（规模）超过70%，资金、技术和管理过多依赖于外部，市场由外部操纵，企业并未在本地生根，产业发展受国际信息产业市场变化影响极大。在地方税收总额中，电子信息产品制造业中的加工贸易型（"外源型"）企业所占部分却仅仅与其他类型企业大致相当，远远低于其经济规模

---

⑩ "外源型"经济（企业）主要相对于"内源型"经济（企业）而言，其基本特征是生产要素中资本、技术、中高层管理源于国外，市场主体也在国外，在这里主要指广东电子信息制造业中外资（含我国港台地区）独资或控股的加工贸易型企业。

所占比重。

（2）缺乏自主知识产权技术，经济效益低

具有自主研发能力的企业只占少数（华为、中兴、TCL、科龙、风华高科等），大多数企业的研发投入都严重不足，拥有自主知识产权的关键技术与产品不多，产业链核心环节薄弱，产业基础不牢固。

企业规模小、工业增加值率低是广东省电子信息产品制造业企业的突出弱点。基础产业发展严重滞后，关键零件基本上依靠进口，核心硬件和软件大多是国外产品，每百元工业产值所实现的利润，在北京、天津、上海、江苏、浙江、广东的比较中处在第5位。

（3）软件产业化水平亟待提高

软件产业化进程远远落后于硬件制造业进程。软件企业普遍小、散、弱，管理水平偏低。嵌入式软件"一头独大"，独立软件明显薄弱。大多数企业正在使用的设备软件仍是国外厂商生产的嵌入式软件。尽管应用软件行业已出现一批特色产品（譬如电信软件、财务软件、ERP软件、WPS办公系统软件和杀毒软件等），但软件产品大都集中在低端，具有核心竞争力、易于形成产业规模的系统软件、中间件、安全软件、管理软件及服务市场主要被国外厂商占领。

2.信息服务业

（1）发展不平衡，"数字鸿沟"显现

调研发现，山区和城市之间的信息化差距已经非常明显，经济差距拉大了获取信息能力的差距，而信息应用的差距反过来又加大了经济差距，从而使山区与不发达地区陷入与发达城市间"数字鸿沟"增大的恶性循环。全省仅有8个地级市教育系统接入广东教科网；政府光纤网也存在运营能力利用不足问题。

城市中低收入人群（其中外来务工人员占有相当大的比例）通

常也是教育水平较低的人群，他们已成为信息化进程中的边缘人群，随着社会信息化不断深入，与那些充分享用信息化成果的人群相比差距将越来越大。

（2）共享性差，"信息孤岛"问题突出

广东目前建成的网络容量已超前于应用，营业性公用网络有一定程度的重复建设，在互联互通上还存在问题，各个应用网络仍基本封闭于自身体系内，但跨部门、跨行业、跨领域的公共信息服务平台基本没有构建，也缺乏足够的公共数据库提供综合服务内容支持，形不成信息服务业的完整产业链，应用成效因而大打折扣，"信息孤岛"问题突出是现阶段信息化的一大缺陷。

（3）利用率低，资源浪费与内容挖掘不足

全省的电话普及率和覆盖率已经达到了世界上一些中等发达国家的水平，但在服务产品开发、服务体系结构完善、服务质量提高等方面的工作明显薄弱。全省电视普及率与有线电视覆盖率很高，但基层特别是山区的群众却未能借此获得更多急需的市场和科技信息，"珠三角"大部分地区已实现光纤到镇，但实际利用率不到10%，其他地区更差。

3.经济领域与社会信息化

（1）企业信息化实效欠缺

发展很不平衡，"珠三角"地区与"珠三角"以外地区的企业信息化普及率差别巨大，相当一大批中小企业还游离于信息化浪潮之外，信息化手段在改造传统工业中发挥的作用还不够明显。企业信息化投入资金偏少，全省固定资产超亿元的大型企业的信息化技术类固定资产仅占固定资产总值的约0.5%，而发达国家为8%～10%。

行业信息化发展滞后，除银行、证券等少数领域，大部分行业的电子商务刚刚开始进行尝试；电子商务仍处于各自为战的传统状态，管理引导不足。

（2）电子政务缺乏统一规划，应用服务亟待深入

电子政务重建设轻应用、重自我服务轻社会服务现象较为严重，网站内容以发布政府信息为主（信息发布也不及时），缺少为广大城镇居民和农民服务的内容，对电子政务的理解停留在办公自动化阶段，没有与政务改革和加强服务挂钩。业务"条块"基本未连通。

（3）社会事业各领域的信息化推进成为明显的弱项

教育、科技、文化、医疗卫生等属于普遍服务的信息内容和信息服务项目缺乏有效的深度开发、足够的资金投入和稳定的发展机制，全省教育经费和教育信息化经费投入与经济规模相比明显不足。

（4）农村信息化道路仍需探索

尽管农业主管部门与其他有关部门已经完成了大量工作，农民迫切需要符合本地实际情况的农产品市场信息、农业技术信息、城市用工信息和气象信息等，内容或是开发得不够，或是获取信息的手段不多。"数字鸿沟"的加剧已成为广东"三农"中的重要问题。

4.信息化保障支撑环境

（1）政府协调机制偏弱，投入不持续，资源集成差

政府主管部门的权威性不够，整合协调能力弱；部门与地方各自为政，重复建设现象严重。信息化建设投入基本上是"一事一办"，缺乏可持续性与协调性；标准不统一，不规范，缺乏评估考核机制；典型经验总结挖掘不够、推广不足。

（2）人才结构矛盾突出，人才资源不足已成瓶颈

据统计，到2005年，广东省技术工人的缺口将超130万名，其中高级技工的缺口为25万名。每万人中拥有的在校大学生和研究生分别为59.5人和2.7人（2002年），低于全国平均70.3人和3.9人。人才结构性矛盾比较突出，在地区和行业中人才分布不够合理，高

级人才仅占人才总量的10%，企事业单位中研究生以上学历人才的占比只有1%，信息技术人才普遍缺乏，迄今为止高端集成电路设计人才不足百人。本地人才缺乏和劳动力素质低。

（3）信息安全隐患不容忽视

对推进信息化与信息安全保障的辩证关系认识不够，信息安全管理机制不够健全，技术与管理人才缺乏，技术基础薄弱。

5.原因分析

（1）认识原因

一部分人对信息化任务的艰苦性与长期性认识不足。在外资引进上不注意内涵与技术含量，不注意产业链各环节特别是核心环节的思考与合理配套，多数企业始终处于产业链的下游，发展主动权外落。企业在快速成长中忽视品牌建设、自主技术开发和国内外市场的开拓，在激烈的国际国内竞争中显得乏力。

（2）制度与政府职能原因

相关制度不适应推进信息化的需求。受国家相关制度制约，产业发展指导与信息化中的"条块"分割痕迹明显，直接导致建设项目重复和资源浪费。互联互通难、数据共享难、政务公开难、安全保障难等问题也突出显现。

政府职能存在"越位""不到位"，推进信息化的保障机制不完善。主管部门对具体建设项目关注较多，缺乏有效监管机制与有力协调。产业管理部门与科研管理部门在信息产业发展和推进企业信息化上各抓一段，职责不清，缺乏整体协调。

（3）科技发展与人才原因

科技发展对信息化建设的支持力明显不够，电子信息产品制造业核心技术开发能力不足；信息化技术普及工作不够深入；基础研究环境存在不足和资源整合不够；科技投入和产出都远远赶不上经济发展的要求。

信息化人才总量仍显不足，高端技术人才与高级管理人才缺乏，既懂信息技术又懂业务管理的复合型人才更缺乏。科技研发人员在行业从业总人数中所占的比例，近年来（撰写报告时）不但没有增加，反而大幅下滑。此外对已有的高层专家的作用发挥也不够。"外源型"经济的弊端对广东信息化人才环境造成消极影响，存在重引进、轻培养，重待遇、轻工作条件与人文环境等问题。

（4）外部环境原因

广东电子信息产业近年来迅速发展得益于国际信息产业布局调整与战略转移和国际信息产品的市场需求，动力在外而不在内。第一波转移的加工组装环节被广东承接主要得益于广东改革开放的先锋地位。而第二波、第三波的国际产业布局调整还存在着许多不确定因素。产业结构调整与升级的客观条件与主观因素是可相互影响的。与其他地区比较，广东在改革开放初期形成的政策优势和区位优势已不明显。在电子信息产品制造业发展中，广东的优势多集中在下游，中、上游产业聚集力不够，缺乏科研开发能力和创新服务体系的支撑。

要继续保持广东经济增长"排头兵"、社会发展"领头羊"的地位，有赖于广东各级领导保持清醒头脑，用科学发展观审视自广东改革开放以来的成绩与不足。广东的产业结构不合理与区域发展不平衡等弱项已开始制约与影响广东的持续发展。抓住推进信息化的机遇，真正做到以信息化带动工业化，是广东经济社会全面、协调发展的关键之一。

二、广东信息化的基本思路与主要目标

信息化要为贯彻科学发展观服务。信息化带动工业化是指信息化应对处于工业化时期的中国的政治、经济、社会各个方面进步起促进作用。信息化的深入有助于缩小地区差别、城乡差别、工农差别；信息化的推进有利于促进我国经济自主地参与到经济全球化的浪潮中去；信息化的实施可以节约资源与能源，大大减少浪费，促进社会的可持续发展；信息化的目的之一是要促进人的全面素质的提高、人们的生活质量的提高。

要依据科学发展观的要求全面理解和正确认识信息化。信息化不仅要带动工业化，也要促进现代化，要实现经济与社会的均衡发展，实现"外源型"经济与"内源型"经济的协调、同步发展，实现电子信息产品制造业、软件业和信息服务业的协调与同步发展。

要重视信息作为战略资源对经济增长和社会发展的重要支撑作用，重视信息技术广泛深入应用对于促进工业化进程的带动与倍增作用，重视信息资源的深度开发和有效利用对走向现代化的推动作用。

要把服务于人民作为发展信息化的出发点和落脚点，不断满足人们对信息的多方面需求，不断提高人民群众的物质生活和精神生活水平，提高全民的科学文化素质和健康水平。

（一）指导思想

坚持科学发展观，充分认识信息化在社会主义物质文明和精神文明建设中的先导与带动作用，牢牢把握现代信息技术发展趋势，紧密结合实际，充分发掘利用已有的基础优势，统一规划、应用主导、求真务实、改革创新，继续大力发展信息产业和积极推进国民经济与社会信息化，促进经济社会和人的全面协调发展。

（二）发展目标

到2010年，全广东省形成信息技术普遍适用、信息资源合理利用、覆盖国民经济和社会各领域的较为完善的信息化体系。提高电子信息产品的技术档次，掌握部分关键核心技术，具有自主知识产权的产品率要有较大幅度提高，调整产业结构，"内源型"产业规模所占比例也要有较大幅度提高。

信息服务业要建成一个技术先进、面向用户、灵活透明、无缝连接的信息网络与公共信息服务平台，整合社会信息资源，构建产业链，提供满足社会需求的各类新服务。

全面推动电子信息技术和网络信息服务在经济领域、政治领域和社会各项事业发展中的应用。

形成一支满足全省发展需要的信息化人才骨干队伍；坚持改革开放的方针，积极建立和实施有利于全省信息化的管理体制、运行机制和各项政策。

（三）发展重点

坚持"以信息化带动工业化，以工业化促进信息化"，全面提升珠江三角洲整体竞争能力，保持广东经济社会发展在全国的强势地位。

1.继续发展电子信息产品制造业和软件业

电子信息产品制造业和软件业发展要基于广东已有的基础条件与特点，坚持面向国际国内两个市场，在优化、调整、提升的前提下继续发展。

电子信息产品制造业在一段相当长的时间内仍将是广东经济的重要支柱，但必须提高档次和竞争力，将现有的竞争优势从劳动力成本低向技术、装备和研发发展，以及商贸、渠道、金融、品牌等方位全面延伸。

（1）对加工贸易型（"外源型"）经济重点提高竞争力

要区分不同情况，把提高生产技术水平、提高企业管理水平、提高工业增加值作为政府引导的重点，在继续招商引资时应适当注意提高技术与管理的门槛。引进外资要从以加工贸易为主向引进技术与合资经营转变。

（2）大力发展自主产业

要矢志不移地发展壮大"内源型"经济，有目标地逐渐提高自主型经济成分所占的比例，壮大其实力与提升其竞争力，重点是掌握关键技术的领头企业，逐渐形成规模与影响，这不仅是企业生存发展之根本，也是本地区乃至国家发展之根本。

重点支持高端产品的研发，培植若干掌握核心技术、具备著名品牌、在国内有明显优势的电子信息产品制造骨干企业，还要积极走出去，主动参与国际竞争，实现国际化。

（3）重视电子信息产品新技术的发展

要以通信设备、计算机、家用视听数字化装备、电子元器件、汽车电子等专用设备及材料、微电子、TFT、PDP 6个领域的研发与制造产业基地建设为龙头，带动相关配套产业链与产业集群的发展。

（4）优先发展集成电路（IC）设计及后工艺（测试、封装等），有选择地适时引进芯片制造生产

集成电路产业是战略性基础产业。广东拥有国内目前最大的集成电路市场，优先发展IC设计业。IC设计业具有巨大的市场和创新空间，是IT产业从加工装配型向集成系统型转化，提升IT产业层次的重要途径。

应充分依据自身的基础与优势，从量大面广的中低档芯片入手，从设计专用芯片ASIC开始，逐步建立自己的芯片设计与制造业。

要对当前世界先进水平的芯片研发和生产制造进行详细的行业需求和市场细分调研。广东的思路应与国家总体战略相适应、相融合。对投资芯片制造业应慎重和有选择，目前阶段主要还是应以基础准备工作为主，待市场（包括国际市场）发展空间比较大和把握较大时，再积极着手引进与建设。在此之前，芯片制造可以利用国内外特别是"长三角"地区芯片制造厂。

（5）加速软件产业化进程，进一步提高服务水平

软件业是信息产业的灵魂，同时也是经济社会信息化的基础，是决定广东未来竞争力的战略性产业。

应大力扶持独立软件产品，重点发展应用软件，包括应用支撑软件（中间件、平台软件等）及典型应用软件。同时，通过发展应用软件可积累经验与资金。

对于嵌入式软件，应依据广东已有的基础继续积极发展，选择的方向应以独立的嵌入式软件产品和大批量的应用产品为重点。

要扶持软件企业按产业方式发展，树立产业化理念，以工程化、标准化、规模化、模块化为目标。大力提倡发展系统集成商，

解决好模块化和用户的个性化需求间的关系。

大力发展对软件外包的承接（既包括软件开发设计的外包，也包括软件服务的外包，后者所占的比重呈上升趋势）。

2010年前，广东电子信息产品制造业的结构与内涵应有明显的变化，其产业链重心应明显上移（向中上游），产品附加值应明显提高，自主知识产权产品占出口比重应有较大增加，自主性企业所占的比重与规模应有较大提高；行业电子产品与关键设备的信息技术应用在若干领域应有大的突破和发展；初步形成在国内占有重要地位和具有重要影响的 IC 设计与后工艺生产基地；软件业的发展速度应高于硬件制造业，独立软件产品和软件服务业（包括软件外包）应有大的发展，其在软件业中所占的比重应有明显提高。

2. 积极扶持与优先发展信息服务业

信息服务业已成为当今世界经济增长的重要动力，是促进市场经济发育、优化社会资源配置，提高就业率的重要途径。

信息服务业包括传统信息服务业（通信、传媒等）和新兴信息服务业（内容、存储、咨询及支撑性信息服务等），广东在传统信息服务业方面已有良好基础，应更好发挥其作用，但目前重点是扶持和发展新兴信息服务业。

（1）加快电信服务业的发展

注重大幅提高电信服务质量，不断拓展新型业务。要以服务普及、内容丰富、用户需求得到广泛满足作为基本目标。

信息内容开发是目前信息服务业的弱项，在开发信息内容和扩大服务上要有新思路，不断激发新需求，由单纯计时计量服务向提供丰富内容服务方向发展。

（2）积极推动现代媒体的快速发展

①加快出版业电子化。

②广播电视要上新台阶。积极发展数字广播与数字电视，积极推动发展卫星电视。要以内容促发展，为群众提供更优质便捷的服

务。解放思想、大胆探索，实现从广播电视业务向综合内容服务提供商的转变，探索产业化发展道路，使广播电视步入良性发展和更广阔的空间。

（3）大力发展各类新兴信息服务业

①优先发展内容服务业（包括信息采集、分类、贮存、加工与再加工、内容提供、服务与检索等），采取措施积极支持互联网内容提供商（ICP）、互联网服务提供商（ISP）开展经营。

②积极发展系统集成服务业，包括各类信息系统（电子政务、电子商务、企业信息化等应用系统）的分析设计、应用软件开发、软硬件成套安装调试、应用系统承包及咨询服务。

③支持发展信息加工与咨询服务，将信息咨询、技术服务、会计理财及法律服务等作为发展信息服务业的重要内容。

④鼓励和支持信息技术应用系统的外包服务，包括系统开发、组建和运行，政府部门应带头做表率，将政府业务工作之外的支撑性技术工作放给社会，实现社会化服务。

⑤支持建立基础性的社会公共数据库、资源库（包括各类公共资源数据库、数字图书馆、数字博物馆等），大大提高信息网络资源的活力与效能。

应在加强政府监管的前提下，进一步放宽市场准入，同时部分政府管理与服务业务实行外包，形成加快发展的市场环境与氛围，促进社会信息化深入发展。

要继续有差别地、持之以恒地推动实施信息普遍服务目标，尤其是针对农村山区和城市低收入人群，建立起由政府保障、各方面参与的信息普遍服务机制。

3.积极推进企业信息化，促进国民经济各个产业的发展与升级

（1）企业信息化是企业现代化的重要标志和推动力量

企业信息化是提高企业经济效益与竞争力的捷径和企业做大、做强的重要保证。在产品功能、产品设计、工艺流程、过程控制、

产品配方、信息采集、经营管理、市场销售、物流配送等方面广泛应用信息技术，可以极大地降低成本，提高效率，使传统产业一改旧貌，重获新生。

企业信息化的对象不同，性质不同，核心业务也不同。如连续生产型企业看重流程优化，离散生产的企业则注重单机性能的提高，而流通企业则注重供应链管理。

（2）深入挖掘企业信息化内涵

企业信息化是为了提高企业的核心竞争力，目标要紧密结合经济和社会的发展，注重深入挖掘实际应用需求，以有利于提升经济发展的质量和内涵。广东企业信息化的广度和深度将在国内起到很好的示范作用。广东的领导干部和企业高层深入思考企业信息化的内涵，能真正坐下来研究和分析问题。要从顶层设计着手并在实践中形成一种有力有效的体制和机制。

（3）发展行业信息化与电子商务是广东经济领域信息化的重要任务

行业信息化与电子商务是企业信息化的延伸。行业主管部门要抓好行业信息化标准规范建设，加快行业信息资源开发利用，建设行业公用信息网络服务平台和行业通用电子商务平台，研制开发有行业特色的技术解决方案及相关软、硬件产品，建立与完善区域、行业技术创新中心和信息化服务机构。要积极创造促进和支持中小企业信息化，引进国际先进企业信息化建设模式，支持发展应用服务提供商（ASP），创造配套的市场平台。

电子商务不仅是流通领域信息化的核心内容，对生产领域竞争力的提高，社会生活质量的提高及社会信息化氛围的形成也有重要的促进作用。

广东历来有重商的传统，要利用现代信息技术手段和现代管理理念，在积极发展信息服务业的同时，大力推进企业信息化与电子商务，促使其有较大提高。

　　企业信息化应与地方的产业发展规划、产品市场定位紧密结合，应紧扣企业发展的战略需求，与支柱产业、名牌产品和专业镇相联系，形成各自特色，这样才能真正形成有效竞争力和产生带动性影响。"珠三角"的企业信息化以技术、管理和流程创新为重点，东西两翼与山区则应将重点放在以信息技术改造生产过程和提高产品的技术含量。

　　4.切实发展好电子政务

　　电子政务不是政府业务的简单电子化，而是政府管理服务方式与内容的改革，其实质是以政务公开为基础，以社会监督为手段和以民主政治为目标的政治文明建设。

　　（1）内容与目标

　　发展好电子政务有两层内容，一是提高自身效率，降低管理成本，二是做好公共服务，提供公共产品和服务，包括加强城乡公共设施建设，发展社会就业、社会保障服务，发布公共信息等，为公众生活和参与社会经济、政治、文化活动提供保障和创造条件，努力建设服务型政府。发展好电子政务对推动社会信息化具有示范与表率作用。

　　①政府办公自动化（OA）：办公业务资源系统要在已经完成的OA建设基础上，开发利用好政府信息资源，提高政府效率。

　　②网上管理与服务：要针对不同需求，通过网上管理与服务，促进政府与公众（G←→P）、政府与企业（G←→B）和政府机构之间（G←→G）更加友善、便捷、透明和低成本的互动。应重点建设和完善海关、税收、金融监管、宏观经济管理、财政管理、工商管理、社会治安、审计监督、社会保障、社会信用、质量监督管理、农业、水利的信息应用系统，建立适用、有效、方便企事业单位和广大群众的公共信息平台。

　　（2）统筹规划与标准化是当务之急

　　电子政务下一阶段的一个重要任务是"联岛成陆"，要加强公共信息物理平台搭建与业务整合的总体规划和统一规范，从统一标准、规格、接口等着手，率先在广东尝试集资源整合与共享于一体的新型电子政务运行模式。要以效率和社会满意度作为电子政务的基本评价指标；要将电子政务作为巩固政府改革，提高政务效率的工具，可先从基层和业务相近相连的部门进行试点，逐步实现资源共享。要高度重视电子支付、安全认证、电子签名等配套工程的完善工作。

（3）政务信息公开与系统整合

信息公开是政务公开的手段和内容，也是电子政务的一项基本工作。界定政府公开信息资源的性质，区分秘密信息、内部信息、公共信息、公益信息、增值信息、商业信息等，针对不同性质的政府信息资源，制定信息公开的原则和范围，以公开为原则，以不公开为例外，尽可能地扩大信息公开和共享的范围，要用政务公开的原则和电子政务的手段推进廉政建设，真正实现管理型政府向管理服务型政府的转变，服务公众、方便公众，推进政治文明建设。

在今后的电子政务建设中，要重点对已有的系统进行有效整合，清理政府业务，加快改革步伐，避免强化和固化原有的政府结构，要采取措施连通"条块"，把诸多政府部门管理的关联业务改为"一站式"服务。提高电子政务整体互联互通能力、资源共享与协同发展的水平，促进政府管理水平与社会服务能力的提高。

省级的电子政务建设要以互联互通、资源共享、建立要素数据库和搭建公共信息平台为重点；地市级以下（含县、镇）的电子政务建设则应以实现社会化服务为重点。

5.加快发展社会事业信息化

社会事业信息化通过促进文化、教育、卫生等事业的发展，达到提高全民素质和提高人民生活质量的目的。以社会、经济和人的全面协调发展为基本目标，以资源开发整合为基础，实现教科文卫体等事业的整体融合，建立全方位、全覆盖、讲实效、可信赖的社会事业服务大平台。社会事业信息化要立足于服务，达到人人受益。社会事业属第三产业（现代服务业）范畴，它以信息化建设作为促进自身发展的重要手段，同时又以自身事业的发展作为社会事业信息化的基本内容和基础。

（1）教育信息化

主要针对学校教育，包括信息技术教育和教学手段的信息化，但同时应着眼于建立学习型社会，利用现代信息技术为全社会接受继续教育、终身教育提供条件。

教育信息化的基本内容如下。

①教育资源的开发与共享。

②学校间的交流与师资培养。

③学校管理信息化。

④学生的信息科技知识应用水平的提高。

远程教育是教育信息化的重要内容之一，是普及教育与开展继续教育的有效途径，但不是全部途径。远程教育在教育体系中是重要的辅助手段，但不能替代面对面教育。

（当时的目标）至2010年，全省95%的县市教育局和中小学应接入广东科教网，基本完成"校校通"工程。

（2）科技信息化

科技信息化是应用信息技术，使科技向生产和服务领域扩散的主力军和基础保障条件，其主要内容如下：

①科技信息获取与传播及技术成果推广的手段（包括学术交流）。

②促进科技资源共享（包括人才、条件、成果与信息资源）。

③建立区域科技支撑与服务体系、公共技术与信息服务平台，为企业与市场提供技术服务和科技信息服务，加强创新环境和氛围的营造与建设。

（3）文化信息化

要重视信息技术应用和网络普及对于文化发展（包括文化产业

发展）的广泛与深刻影响。

①重视文化信息资源开发与利用。

②采取多种形式创造全社会接触网络的机会：通过网络把先进文化最大限度地送到广大农村、山区和海岛；建设"网吧"[11]应以缩小"数字鸿沟"为目的，彻底改变"网吧"脏、乱、差的形象，引导广大青少年健康成长。

（4）卫生信息化

要优先发展公共卫生信息化。

公共卫生信息化应以有效和有利于服务广大人民为基本目标，其发展重点是公共卫生系统、医院信息系统（HIS）、资源共享信息系统、医疗卫生知识科普系统。

（5）体育信息化

（6）公共安全信息化（含食品药品监管信息化）

重点加强城镇户籍管理、治安管理、出入境管理等的信息化网络建设，既要方便民众，又要强化监管，重点推进电子身份证的应用推广工作。

利用信息化手段实现对药品、医疗器械、保健品、化妆品的研究、生产、流通和使用全过程进行动态监督管理。

（7）社区信息化

社区是政府的末梢，社区信息化是城市信息化建设的重要基础，在现代社会中，社区是地域范围内居民自治的基层组织。社区信息化主要包括利用先进技术手段对社区内居民生活进行管理和为居民提供服务（包括基层政府对社区居民的管理和服务）。

社区既是广大民众生活的居所，又是广大民众获得信息化成果的主要场所。居民既是社区的主人，也是社区信息化的主体，居民

⑪　"网吧"的管理目前由文化管理部门负责，但"网吧"是向社会公众提供互联网服务接入点的统称，它的基本目的是提供普遍服务，属信息服务业范畴，"网吧"提供普遍服务的宗旨必须坚持。

有权选择他们希望和需要的服务（包括服务内容与服务企业）。

在城镇建设规划中应将社区信息化作为城镇建设规划的内容，应注意社区信息化基础设施建设的统一规划。

（8）城镇发展管理监控与地理、气象、交通、旅游等服务体系信息化

社会事业信息化在全省国民经济与社会信息化中具有基础性与战略性的地位，随着经济发展和人们物质生活水平的提高，精神文明建设、人的素质和健康水平急需提高。社会事业信息化对提高全民素质和提高人民生活质量至关重要。通过信息化建设推动经济和文化事业的发展，可以有力地促进全民科学和道德素养的提高，这对推进现代化进程而言不可或缺。

6.大力推进农村信息化建设

（1）要将农村信息化与解决"三农"问题和城市与乡村发展不平衡的总体任务相结合。

（2）农村信息化应与省内不同区域农村发展的特点、水平相适应、相协调。

（3）农村信息化要从切实满足农业生产需要和提高农民文化素质入手。

农村信息化应以讲求实效、注重内容建设和首先满足农民要求作为基本目标，为保证重要农产品供求平衡和为相应政策与决策提供支持。应将服务于农业和提高农民素质作为基本任务，及时提供切合当地实际需要的信息内容。在继续加快农村信息基础设施建设的同时加快农村信息服务业的发展，增加服务内容，提高基础设施使用效能。推动农村信息化必须以农业管理部门为主，其他相关部门积极参与，形成有力的整体与合力。

7.加强信息化人才培养工作

（1）广东推进信息化必须有一支强大的人才队伍作为支撑

人才资源是第一资源，"以人为本"和服务人民、方便人民是

信息化发展的基本要求。大量信息化人才的成长、成才和成功既是广东信息化的基本条件，也是实现广东经济发展与社会进步的重要标志。

信息化人才包括信息技术人才与信息应用人才。信息技术人才主要聚集在产业领域内，包括电子信息产品制造业、软件业、信息服务业和其他产业领域，对信息技术人才要强调创新性和适应能力，要适应技术快速发展的需要；信息应用人才的范围更宽，既包括产业领域，也包括国民经济和社会事业的其他领域，信息应用人才一般为复合型人才，既要懂技术，更要懂业务，应用人才应主要从业务人员中选择和培养。

（2）从提高全民科学素质着手，设法改善人才结构，重点加强广东本地人才的培养

（3）要善用人才，用感情、文化、环境条件去留人

（4）"政府引导、市场主体"的长效机制是完成好信息化人才培养、运用等工作的关键

8.加强与改善信息安全保障工作

信息安全指在政府主导和社会参与下，综合运用法律、行政、技术、教育等手段，应对敌对势力攻击、网络犯罪和意外事故等信息安全面临的多种威胁，有效保护信息基础设施、信息应用服务和信息内容的安全，为经济发展、社会稳定、国家安全和公众权益提供保障。

（1）信息安全是信息化过程中不可或缺的组成部分

（2）信息系统安全是信息安全最主要的内容之一

它包括关系国计民生的信息系统、应用服务信息系统、有线和无线通信系统等，由接入安全、传输安全、存储安全、内容安全及访问控制安全等组成。信息安全技术随着信息化的发展而不断发展，当前信息安全技术主要有加/解密、认证、密钥管理、访问控制、日志审计、数据库安全、操作系统安全、网络隔离、防火墙、漏洞扫描、入

侵检测、病毒防治技术、防辐射、抗电磁干扰、防窃听、备份和恢复技术等。在这些技术的基础上，构建 PKI/CA（公钥基础设施/数字认证中心）、PMI/AA（授权管理基础设施/属性权威机构）、VPN（虚拟专用网）等安全支撑和安全应用系统。

（3）积极发展信息安全产业

（4）加强和改善广东省信息安全保障工作，要注意处理好以下6个关系

①正确处理安全与发展间的关系。

②正确处理保护合法权益和打击违法活动间的关系。

③正确处理网络互联互通、信息资源共享和网络运行安全、秘密信息安全间的关系。

④正确处理发展信息安全技术和加强管理间的关系。

⑤正确认识和对待安全和风险间的关系。

⑥正确处理信息安全事件和案件间的关系。

（5）进一步提高信息安全保障工作的能力和水平

三、推进广东信息化的主要政策与措施

政府在社会主义市场经济条件下的主要职能是"经济协调、市场监管、社会管理、公共服务"，对于发展信息化主要是做四件事：一是规划引导；二是政策扶持；三是监督管理；四是发展好电子政务，做好应用与服务表率。

1.努力提高干部群众和全社会的信息化意识

要加强宣传培训，努力提高广大干部群众和全社会的信息化意识。要深刻认识信息化对整个社会的变革性作用与影响，认识信息化对产业升级和社会进步的巨大作用与影响（尤其是非物质的影响）。自改革开放以来，广东在经济社会发展上已有了较好的基础与条件（包括信息化基础条件），目前是要在已有基础上有所突破、有所前进，从观念、业务、产业结构优化、资源整合、应用实效和体制改革方面都要有突破，率先突破就能抢得先机。

要认识到信息化的目的不是用电子方式"固化"已有的生产与管理流程，而是要变革与创新；不只是要服务自身与方便自身，而是要服务社会和方便社会；不只是局限于现代信息技术的一般性应用，而是要丰富产品的技术内涵，要以现代管理理念去变革企业和政府部门的业务流程与管理体制，以追求更高的效率、更好的效益和更大的活力。信息化究其实质是在生产、管理与社会服务领域里的一次革命，体制与业务流程的变革势不可挡。

要认识信息化不是孤立、独立存在的事物，它深深地融入各部门、各领域的基本业务之中，并成为广东经济社会发展总任务的组成部分。要强调信息化的全局意识与全局观念。资源共享是信息化的一个本质性要求，信息化本质是要交流，交流就是共享，共享才能高效、才能产生倍增与整体效益，才能对经济社会发展有更好、更有力的影响。

推动信息化要始终坚持需求牵动，以解决实际需求为目标。

需求牵动的实质是实事求是，是不搞"两张皮""花架子"或走过场，需求牵动就是深入应用，就是要讲实效，就是要为公众和社会带来实惠。

信息化建设中大力发展信息产业（电子信息产品制造业、软件业与信息服务业）和推动经济社会领域的信息技术应用是不同层面的任务，但彼此又是一个统一的整体，互为条件、密不可分。

要充分认识到信息化对人的作用与影响。信息化进程会逐渐改变人的生活方式，大量有益的信息能丰富人的生活，提高人的素质。各种信息联系沟通的渠道使人际交流更为广泛，社会更加和谐。信息化的根本目的是造福人民。

信息化是一个长期发展的过程，是一个不断前进，其内涵不断丰富与创新的过程。信息化进程对经济社会的影响在不断扩大与深化。人们对信息社会内容与意义的认识也在不断加深。不断创新、不断前进也是信息化的一个本质性要求。要根据发展不断提高认识和适时调整我们的战略与规划。

2.加强对信息化建设的统一规划

（1）要坚持统一规划，也要注意规划的可持续性

要将信息产业发展和国民经济与社会信息化作为一个整体来考虑，同时将信息化规划纳入全省经济社会发展规划，将各部门信息化发展规划纳入本部门发展规划。

规划的可持续性要求计划、任务与项目的协调性、阶段性和延续性，彼此间要协作、配合，根据阶段规划，逐一实现目标。发展规划的时间性不因政府换届而中断。

（2）针对重点领域适当增加安排一些专项调研

建议在本次调研的基础上适当安排一些专项调研，如"以信息化提升与改造传统工业"专项调研、"如何利用全国资源促进广东的产业升级"专项调研、"发展软件业与新兴信息服务业条件与支撑环境"专项调研、"社会公共信息服务平台建设与社会信息资源开发"专项调研、"扶持行业协会发展与建立良性运营机制"专项调研、"如何建立社会诚信体制"专项调研、"信息化统计及指标体系建设"专题调研、"'大珠三角'与'泛珠三角'信息化资源互补与共享"专项调研等，解析已有的成功范例与典型案例，认真总结经验、分析问题，找出解决方法与途径。

（3）加强"泛珠三角"的区域合作应以信息资源、科技资源和人才资源共享先行

"泛珠三角"（9+2）区域经济合作是我国目前以资源性合作、资产性合作、基础设施建设合作和科技及人才合作交流为基本内容的最大区域协作组合，显现出前所未有的合作潜能与资源互补性，为政府、企业和市场开辟了更为广阔的发展空间。广东信息化应积极配合这一合作并可在许多方面尝试先行，延伸产业链和共享信息、人才、科技资源的思路应放得更宽一些，推动"大珠三角"和"泛珠三角"经济圈（9+2）的信息化建设和产业合作平台建设，尝

试以信息、科技和人才资源共享先行，对内以广东省为龙头，辐射到其他省，对外充分利用香港、澳门本地资源，以及国际的资源来弥补广东的不足，实行优势互补共同发展。

3.制定与完善信息化建设相关法规条例

……

4.出台与实施推进信息化扶持性政策

（1）税收政策

（2）产业政策与技术政策

①研究制定电子信息产品制造业结构优化与升级政策。

要加强国际合作与交流，鼓励支持广东企业积极承接新一轮国际信息产业分工的转移。要重视高新技术的研究与应用，形成一批高新技术产业基地和优势骨干企业。重点支持设备制造业提高信息技术含量，形成研发优势。

②进行软件园整合，形成产业集聚效应。

③技术政策。重点支持软件应用产品开发，支持 IC 设计与开发，同时积极关注 IPv6 与无线接入技术的发展及应用。

④将积极支持发展信息服务业（含软件服务业）作为产业政策的重点。要加快信息服务业管理体制的改革，消除长期以来严重制约信息服务业发展的体制性障碍，按照国家政策加快信息服务业对内对外开放步伐，促进行业竞争，建立健全市场机制，同时建立起与市场经济体制相适应的政府管理体制，为信息服务业的加快发展创造宽松、灵活的客观经济环境。

引导从事软件与信息服务的中小企业向管理规范化、集约化、标准化、规模化方向发展。

（3）放宽管制与降低门槛

5.建立省级技术创新和服务支撑体系

应采取措施加强广东的科技创新能力，在鼓励研发投入和加强科技经济产业化风险资金投入方面，在加强高校、重点实验室和科研院所引进设备、技术等方面有更有力的动作。加大信息科学技术的研究与开发力度，积极支持发展企业研发中心（院、所），建立一批具有国际先进水平的信息技术研发基地，立足广东、面向区域，努力提高广东信息科学技术及应用的研究开发水平。在深化企业改革中积极支持与探索建立行业公共技术支撑平台，促进技术资源共享，为电子信息产业的产业聚集和行业升级提供技术与服务支撑，同时积极建立以各种中介机构为纽带的促进创新要素共享的创新体系。

南海、石龙镇等小城镇的信息化建设经验证明，行业信息中心、设计中心、模具中心等一批区域技术创新与服务支撑体系的形成，对推动区域的产业快速发展、传统产业改造与新兴产业兴起发挥了良好作用与影响。

6.采取措施加强对信息化人才的培养

人才是信息化发展的基础，也是信息化发展的目的。采取有力措施设法增加广东信息化人才总量、提升人才质量和加强人力资源的开发是推进广东信息化的一项基础性工作。

要切实解决在人力资源上急功近利的思想与做法，既重视人才使用，也重视人才培养；既重视人才引进，也重视发挥本地人才的作用。完善信息化人才的评估和认证等制度，关键在人才使用，人才在使用中才能发挥其巨大的潜力，才能更快地成长。要解决好人才的培养与使用的关系，解决好学校与社会的关系，要逐渐扩展社会教育系统，通过社会和工作岗位实践，造就千千万万的信息化人才。大企业应建立培训机制，社会要有专门的社会公共培训机构来为中小企业服务，以满足和解决从企业管理干部直到大批农民工的不同培训需求。

高等院校和各职业学校要根据市场用人要求，调整专业结构，培养大量信息技术人才和信息应用人才，包括大批既懂信息技术又熟练掌握相关业务的复合型人才，也包括信息产业需要的大批熟练技术工人。学校是培养人才的基地，岗位和环境是造就信息化人才的更有效的场所。大力加强职业教育与在岗培训，解决急需人才来源。

做好信息化人才的规划工作。

7.加强和改善政府直接投入与政府采购

（1）财政贴息

主要针对企业信息化、电子商务，也针对信息服务业与软件业发展相关领域，还可延伸至社会事业信息化领域。

（2）适当加大各级政府的信息化建设资金投入

除目前已有的信息化建设专项资金外，还应从财政拨出推动软件业发展专项基金、新兴信息服务业扶持专项资金、社会事业信息化发展专项资金、企业信息化扶持专项资金、信息化人才培训专项资金等。

社会事业信息化要坚持政府规划、企业与社会广泛参与的方针，充分调动和发挥市场机制的作用与活力。要有目标地促成社会领域与部门的资源整合，提高社会资源的利用率。

（3）政府采购

政府是最大的信息化用户，政府采购与服务外包对推动信息化进程及对推动信息产业的发展都起着至关重要的作用。政府对信息化建设项目的采购应尽快从硬件、软件继而向服务领域延伸，并将后者作为重点。应对一些简单管理与服务的业务逐步实行外包。

政府对信息化建设项目中软、硬件产品及服务（包括外包服务）采购在能满足要求的条件下应采用国内（包括本省）的产品和服务，以切实支持本省电子信息产品制造业、软件业与信息服务业的发展。

8.强化政府职能和社会管理机构，推进服务与管理监督

（1）继续强化省市各级信息化统一管理机构的管理职能

（2）研究与建立省级信息化能力评价指标体系

根据国家有关部门的指导意见，尝试建立城市信息化、企业信

息化、电子政务、电子商务等信息化应用评价指标体系。以有效考察和监测全省信息化规划实施进程、实施情况，在充分研究和汲取国内外成功经验的基础上加强信息化调查统计工作，率先在广东纳入统计渠道，积累经验，在全国推广。

（3）要加强对中介组织、有关行业协会的领导和支持

中介组织和行业协会是重要的社会基本组织，要充分发挥行业协会的重要作用。鼓励与支持，实现中介组织和行业协会性质的社会化（非政府化），在政府的支持和有效监管下实现行业协会的自立、自强与自我发展。中介组织和行业协会的强大与发展是社会活力的体现，要充分发挥它们在行业管理、政策研究、咨询评估、信息交流等方面应有的作用，研究制定相关扶持政策，规范指导、加快发展，使行业协会真正成为产业的与经济社会发展的不可缺少的组成部分。

# 结语

无论在国内还是在国外，人们对信息化和信息社会的认识仍处在探索阶段，人们在实践中摸索前进，不断总结经验，肯定成绩，纠正错误，提高自己的认识水平，继而又以新的认识指导新的实践，进入新的探索。从这个意义上讲，人们对推进信息化可以有远景展望，但要制定一个长期规划的想法不现实。推进信息化的规划应根据本地的经济社会发展状况进行定期调整与修订。

信息化不能脱离部门与行业的具体业务，也不能脱离经济社会发展的总目标。信息化要求公开和便捷，要求互联与共享，信息化会对经济社会的方方面面产生作用与影响，而经济社会发展反过来又会影响和制约信息化的发展进程。

信息化的深入推进有待于国家体制改革的深化和法律制度的完善，信息化的更大发展又与国家市场环境与市场机制建立有密切的

关联。信息化不是万能的，也绝非"完美无缺"，信息化进程中可能产生的负面作用（如"数字鸿沟"、信息犯罪、信息垃圾等）已经引起国际社会的普遍关注。趋利避害是我们推动信息化一直要坚持的原则。总之，我们既要深刻理解信息化对经济社会发展的有力推动和对人们生活质量的极大改善作用，同时又要对信息化过程的长期性、艰巨性与复杂性有清醒的认识。

由于信息化涉猎的领域与内容十分广泛，也由于专家本身条件与视野的局限性，本报告所述内容难免有遗漏，所进行的分析也未必准确深刻。信息化是一个持续发展的进程，我们的预测可以由实践来检验，我们的不足也可以由实践来纠正。这是我们的期盼。

# 附录四　我国工程教育改革与发展
## ——迎接二十一世纪的挑战

前言

第一章 工程教育发展与人才需求背景

第二章 院校工程教育改革与跨世纪人才培养

第三章 工程技术人员的使用与管理

第四章 "产学合作"与现代工程技术人才培养模式

第五章 全球性科技竞争与继续工程教育发展

第六章 总结性报告

现列出第六章框架，具体如下。

一、工程教育改革是时代的需要

（一）我国的工程教育与国外工程教育的简况

1.我国工程教育的历史回顾

2.我国工程教育的现状

3.国外工程教育改革概况

（二）我们所处的时代特征及工程教育改革的必要性与紧迫性

二、院校工程教育

（一）基本情况

（二）存在的主要问题

（三）对改革我国院校工程教育的若干建议

1.办学模式要多样化，要给学校更多的自主权

2.发挥学生学习的主动性，调动学生学习的积极性

3. 切实加强工程实践训练

4. 抓紧教学内容与方法的改革

5. 提高我国工程教育质量的最关键的措施是建设一支高水平的教师队伍

三、继续工程教育

（一）继续教育的重大意义

（二）从终身教育来看继续工程教育的两个关键阶段

1. 工程师职前（或学院后）教育

2. 工程师职后的继续教育

（三）基本情况与存在的主要问题

（四）建议采取的改革措施

四、工程师的使用与管理

（一）基本状况与存在的问题

（二）几点改革的建议

五、影响我国工程教育的社会环境问题

（一）院校前教育的问题与改革我国高考招生制度

（二）工程教育更广泛的社会环境问题

1. 工程技术在国民意识中的地位近年来不断有所提高

2. 国民对学校教育及继续教育的关心和参与意识也十分重要

3. 通过继续提倡产学合作办学的形式，来增加产业（部门与企业）对于大学教育的参与程度

4. 目前，工程教育与技术教育在我国尚未形成具有不同特点的两大系列

5. 我国的教育经费长期不足，与目前教育达到的规模是不相称的

# 后　记

　　朱高峰是我的老领导，为他撰写一部回忆录是我多年的一个愿望，为什么呢？ 1982年，朱高峰被任命为邮电部副部长后，一直到1994年他离开邮电部，我是在他身边工作时间最长的人员。

　　朱高峰在邮电部工作的12年，正是我国改革开放并逐步深化的12年；是整个邮电系统发展变化较快的12年。他参与策划并实施了一系列重大通信工程，如引进S1240程控交换机生产线、提出并实施统一国内长途干线通信网的交换设备、国内"八横八纵"光缆干线网的布局、策划建设亚欧陆地光缆及联通东南亚的光缆大通道等，为彻底摆脱我国通信业的落后面貌，作出了卓越贡献。当然，他对国家的贡献远不止通信建设一个方面，从1982年到2002年，朱高峰作为一位副部级的领导干部曾有20年的时间在邮电部和中国工程院工作，如何实施管理和如何科学地进行管理是他一直着重研究的另一个课题。这方面的建树，在《朱高峰传》中已有叙述，此处不再赘述。即便在2002年他退出领导岗位后，仍然关注和关心国家的经济建设，受邀主持和参与了多项关系国计民生的重大课题，其中就有当时尚在争论的有关制造业的课题。究竟在14亿人口的大国里，需不需要保持和发展门类齐全的制造业？他毫不犹豫地对放弃制造业的观点说："不！"他主持并亲自参与了关于制造业的课题研究，并将研究成果提供给国务院领导参考。今天，面对美国的极限施压和一波一波的制裁，中国没有退缩，没有让步，我们的底气从哪里来？门类齐全的制造业就是中国的底气！

　　总之，为朱高峰写一部回忆录或传记是我这几年来心心念念的一件事，特别是今年他已90岁，这让我又增添了几分紧迫感。那么，我有意，朱高峰有没有这方面的打算呢，我真的不清楚。2022年6月初，我怀着忐忑的心情给他打了一个电话。向他表达了这一想法。他并没有直接答复我，只是说：考虑一下。过了两天，我们约好一起见个面。是啊，最近这3年，我除了年节打电话问候以外，一直没有与他见过面。看看我的老领导，一起聊聊天，真是求之不得呢！

2022年6月10日，在工业和信息化部的一间会议室里，我终于和老领导见面了。朱高峰的头上虽然又增添了些许白发，但精神矍铄，神采奕奕。笑声还是那样爽朗，说话还是那样富有底气。寒暄过后，书归正传。

原来，朱高峰从岗位上退下来之后，一直在为国家的一些重大课题主持调研工作，退而不休，照常工作。朱高峰也曾自己整理过回忆录，按他的说法，只是想把一生中主要的经历记录下来，以便让后人了解他。中国工程院曾鼓励院士们撰写传记，也有一些院士出版了或正在筹备出版自己的传记。

这些背景情况的出现，也为《朱高峰传》一书的撰写出版铺平了道路。

见面是轻松的。在座的还有过去和现在的工作人员王迪和任博。由于我们和老领导彼此接触多了，聊天、叙旧没有丝毫生疏感。我再一次将想为老领导撰写传记的想法和盘托出，并恳请把这个任务交给我。在我的反复请求下，朱高峰最终答应了这个要求。

从2022年6月10日起，我进入了筹备阶段。我大致用了两三个月的时间查找资料，阅览并整理笔记。这期间，任博为我完成了大量的准备工作，并几次根据我的要求，开车到邮电档案馆查找资料，解决了不少困惑和问题。

2022年9月底，我开始动笔撰写。这期间，朱高峰自己撰写的回忆录成为我梳理他一生主要经历的抓手。这不仅是我进一步了解朱高峰、认识朱高峰、熟悉朱高峰的重要依据，更成为我仰视他高尚人格与卓越成就的窗口。朱高峰的一生经历是丰富的，他自幼便展现出非凡的天赋，无论在哪个年龄段都是"学霸"，尤其在数理化领域，更是展现出极高的天赋和潜力，堪称不可多得的可雕琢之才。青年时期，他把最宝贵的青春献给了电信科技研发，12路、60路、1800路、4380路载波传输系统的成功研制，都凝聚了他的心血；他被中央选拔进入邮电部领导班子后，深感责任重大，丝毫不曾懈怠，兢兢业业，砥砺前行，为我国邮电事业的发展作出了重要贡献；在中国工程院建院初期，他以花甲之躯四处奔波、沟通，确保院里的编制、经费、办公用房等问题顺利解决，推动了中国工程院的各项工作步入正轨，使其成为与中国科学院并驾齐驱的另一个高技术人才汇聚的咨询机构；2002年退休后，他承接了大量的咨询和课题研究，为国家的经济建设发展建言献策，至今尚未停下脚步。他的一生既充满传奇，又充满故事，是值得大书特书的一位高级领导干部。朱高峰虽然身居高位，却又是普普通通的一个平常人，在超市买菜，在街边散步，是他紧张工作之余的调剂。

经过两年时间的打磨，这本《朱高峰传》终于要付梓刊印了。在此，衷心感谢老领导朱高峰同志的信任，感谢为这本书的成书作出贡献的本书责任编辑苏萌，感谢自始至终无私提供帮助的黄澄清、任博、王迪等同志，感谢为封面设计提供帮助的王虎鸣同志，同时对原中国电信国际部总经理王洪建、原江西省邮电管理局办公室主任刘泉根及原中国邮政集团公司新闻中心的刘洪波、陶汪鹏为本书提供的诸多帮助一并予以感谢。

刘建辉
2025年1月于北京